표 징 적 교 회 [21]

—출애굽기 19·20장 영해(靈解)—

예 수 인

천계비의(天界秘義) 제 24 권

표 징 적 교 회 [21]

—출애굽기 19·20장 영해(靈解)—

E. 스베덴보리 지음
이 영 근 옮김

예 수 인

차 례

옮긴이의 머리말 [3]

저자 스베덴보리 선생님의 역작(力作) ≪천계비의≫(天界秘義 · Arcana Coelestia)를 우리 말로 옮길 수 있었다는 것 자체가 학문적으로나 신앙적으로 제대로 다 갖추지 못한 저에게는 한마디로 우리 주님의 축복이고 은총이었습니다. 왜냐하면 저자의 ≪천계비의≫나 그 밖의 많은 서책을 번역, 출간하면서 제 자신이 첫째는 주님을 올바르게 알 수 있게 되었고, 둘째는 성경말씀(聖言) 또한 올바르게 알 수 있었기 때문입니다.

스베덴보리 선생님은 본서는 물론, 다른 여러 저서에서 성경말씀을 영해(靈解)하시면서 일관되게 밝히고자 한 사실은, 첫째는 "주님 · 주님말씀 · 주님나라"이었고, 그 둘째는 우리 주님의 사랑이요, 자비이신 "인류의 구원" 그것이었습니다. 이 둘의 목적 자체를 달리 한마디로 표현한다면, 우리 사람이 주님의 나라에서 살게 하기 위하여 "주님말씀"(聖言)을 주셨고, 그리고 그 모든 역사(役事)를 주관하시는 분이 "주님"이시다는 것입니다. 따라서 오늘의 우리가 스베덴보리 선생님의 저서들에서 반드시 굴착(掘鑿)하여, 터득하여야 할 것은, 주님과 나의 관계이고, 주님말씀과 나의 삶의 관계이며, 주님나라와 나의 삶의 목적의 관계 그것입니다. 이 관계는 곧 우리 사람들이 주님말씀(聖言), 즉 성경말씀을 읽을 때 좁게는 "나 자신의 됨됨이"를 찾아야 하고, 넓고 높게는 "주님과 주님나라"를 찾고, 알아야 한다는 것이 저자의 주장입니다. 왜냐하면 성경말씀은 주님께서 우리 사람의 됨됨이를 보여 주고 있기 때문입니다.

그럼에도 불구하고 작금의 기독교회와 그 교회에 속해 있는 사람들은, 주님의 말씀을 이 세상적이고, 현세적으로 이해하고 있고, 또 자기 자신의 이 세상적이고, 현세적인 온갖 욕망 · 정욕의 원천(源泉)인 자기사랑(自我愛)과 세상사랑(世間愛)의 굴레에 사로잡혀 주님은 물론 주님말씀 · 주님나라를 잃어버렸고, 결과적으로 "나"라는 사람의 주님의 창조목적(創造目的)까지 잃게 되었다는 것이 저자가 오늘의 우리에게 피력(披瀝)하고 있습니다.

저자는 본서나 그 밖의 그의 저서에서 피력하려고 한 것은 성경말씀(聖言)은 주님께서 우리 사람을 주님나라로 구원하시는 주님의 안내서(案內書)이고, 따라서 주님의 나라와 주님 그분을 그려 보여 주고 있습니다. 그러므로 반복되는 말이지만, 성경을 읽을 때 우리는 거기에서 주님·주님나라·사람 즉 나 자신을 찾아야 하겠습니다.

여기서 우리가 잃지 말아야 할 사실은 오늘의 우리가 가지고 있는 "성경말씀"은 오늘의 우리 사람들뿐만 아니라, 육신을 벗은 인류들을 위한 것이다는 것, 즉 이 세상을 떠난 사람들에게도 "성경말씀"이 그대로 적용된다는 것입니다. 그러나 다만 그들에게 적용되는 내용은 육신을 벗은 사람들에게 맞게, 또는 그들의 이해에 영적인 뜻으로 이해된다는 것입니다. 육신을 벗은 사람들에게 적용되고, 또한 그들의 이해나 영적인 뜻의 내용이 다름 아닌 "성경말씀의 영적인 해석"(靈解)이요, 또한 성경말씀의 속뜻입니다. 왜냐하면 우리 주님의 말씀(聖言)은 이 세상의 사람들뿐만 아니라, 저 세상의 사람들에게도 공히 주님말씀이시기 때문입니다. 그리고 이 세상에서와 꼭 같이 저 세상에서도 주님말씀일 때, 주님말씀(聖言)은 시간적으로는 영원한 것이고, 불변(不變)의 것이고, 공간적으로는 광대무변(廣大無邊)한 것이기 때문입니다. 그러므로 주님말씀(聖言)은 주님이시고, 생명이십니다. 이 사실을 주님께서 요한복음서에 이렇게 선포하셨습니다.

　말씀이 육신이 되어 우리 가운데 사셨다.

　(요한 1 : 14)

이 주님이 존재(存在)와 실재(實在)의 관계에서는 성경에서 "하나님 아버지와 독생자"라고 기술되었고, 스베덴보리 선생님의 저서에서는 "신령존재(神靈存在)와 신령인간(神靈人間)"이라고 서술되었습니다. 그리고 거기에서 한 계도 내려온 낱말로는 "사랑과 지혜" "선과 진리" "인애와 믿음"이라고 하였고, 그리고 주님의 호칭이나 이름에서는 "여호와와 하나님" "아버지와 아들" "예수와 그리스도"라고 하였습니다.

저는 세 번째의 "옮긴이의 머리말"을 쓰면서 만감(萬感)을 느낍니다. "천계비의" 시리즈로 "아담교회"라는 제하의 첫 권이 발간된 것이 1996년이었습니다. 그 후 2007년 8월까지 저자의 ≪창세기 영해≫만 총 18권의 책이 출간되었습니다. 무려 12년이라는 긴 세상이 지나갔습니다. 이 기간 중 특히 한 준명 목사님의 소천(召天)도 경험하였고, 또 한 분의 스승이신 이 모세 목사님의 육신적인 노쇠(老衰)함도 안타깝지만 목격해야만 했습니다. 그리고 저 역시 고희(古稀)가 얼마 남지 않았다는 내 자신을 새삼스럽게 되돌아보면서 과거와 내일의 "나"라는 사람의 삶을 반추(反芻)하게 되면서, 무엇이라고 형언하기 어려운 감회에 젖고는 합니다.

그리고 다시 저자의 ≪출애굽기 영해≫인 "천계비의" 시리즈를 번역, 출간하려고 합니다. 얼마의 시간이 걸릴지 모르지만, ≪출애굽기 영해≫인 "표징적 교회" 라는 제하의 책도 대략 14권 정도가 될 것으로 생각되는데, 이 "천계비의"가 완역될 때까지 내 삶을 주님께서 허락하여 주신다면 불학무식(不學無識)하고, 미력(微力)하지만, 최선을 다 하고자 합니다.

"천계비의" 시리즈는 물론, 스베덴보리 선생님의 한마디로 "놀라운 천계의 사실들"을 번역할 수 있도록 격려해 주시고, 물심(物心) 양면으로 도와주신 많은 분들과 독자 여러분의 은덕에 다시 머리 숙여 감사의 마음을 드립니다.

다소나마 저 자신의 고마운 마음을 전하고자 몇 분의 이름을 밝히겠습니다. 저를 키워주시고, 지도해 주신 이 모세 목사님, 사모님 우 보영 여사님, 친구 동역자 이 경삼 목사님 내외분과 특히 모든 것을 인내로 참아 준 내자 이문희 권사님, 아들 이 선교 집사님, 민 경원·이 보영 교수님 내외분, 송 경·이 인애 집사님 내외분에게 감사의 말씀을 드립니다.

그리고 재정적인 지원을 아끼지 않으신 유 기채 복음사님, 윤 정해·정 대성 권사님, 안 영기·이 영구 집사님 내외분, 방 성찬 복음사님과 박정숙 권사님 내외분, 박 종용 목사님, 김 응남 목사님, 현 재웅 성도님, 프리지덴트 호텔 임 승순 사장님과, 한 경업 권사님 내외분, 정 인보 목사님의 사위되시는 이 한구 박사님과 정 영희 여사님 내외분, 그리고 ≪예수+교회 제일 예배당≫과 ≪예수+교회 동산 예배당≫ 성도 여러분들에게 감사의 마음을 드립니다. 끝으로 word processing에 수고해 주시는 조 근휘 목사님에게 깊은 감사의 말씀을 드립니다. 이름을 일일이 밝히지 못한 많은 분들의 노고와 협조에 감사 말씀드리면서, 여러분의 배전(倍前)의 격려와 기도를 면구(面灸)스럽지만 당부 드립니다.

2008년 구정 아침에

이 영근 드림

옮긴이의 머리말 [2]

머리말 [1]에서 알 수 있듯이 스베덴보리 선생님의 저서 천계비의(天界秘義·Arcana Coelestia)에서 그 일부를 ≪창세기 1·2·3장 영해≫라는 제하로 출판한 것이 1993년이었습니다. 그 뒤 제일 예배당에서는 그의 저서≪순정기독교≫상·하권, ≪최후심판과 말세≫ 그리고 ≪생명의 길≫을 번역, 출판하였습니다.

이 때마다 그런 책들 가운데 나오는 참고 문헌이나 관련항목을 대하는 독자들이 그것에 관한 것을 더 알기를 원하였습니다. 그리고 또 저자의 저서들을 체계적으로 소개될 여러 여건의 변화에 부응하여, 우선 ≪천계비의≫ 중 창세기 1장부터 11장까지의 출판을 계획하였습니다.

그 첫권(창세기 1-5장)을 아담교회로, 그리고 둘째권과 셋째권을 노아교회(1)(2)로 각각 출판할 계획입니다. 우선 1992년 ≪창세기 1·2·3장 영해≫를 일부 수정, 보완하고 여기에 4·5장의 내용을 첨가하여 ≪아담교회≫로 출판하게 되었습니다.

저자의 학문과 신앙을 섭렵하지 못한 본인으로서 그의 저서를 번역한다는 것은 너무나 외람되고, 또 당돌한 일이 아닐 수 없습니다. 그러나 오직 하나의 디딤돌을 놓는다는 일념으로 이 거창한 일을 저질렀습니다. 부족하고 모자라는 것은 역자의 무식(無識)과 부덕(不德)의 소치로 양해하여 주시기 바라며, 바라건대, 이 졸역이 밑거름이 되어 더 훌륭하고 알찬 작업이 계속 이어지기를 빌 뿐입니다.

교본은 영어 표준판을 사용하였고, 성경말씀은 ≪표준 새 번역 성경전서≫를 본문으로 삼았습니다.

이 책의 발간을 위해 격려해 주신 <예수+교회 동산예배당>의 김순도 목사와 방성찬 장로 내외분, 그리고 내자(內子)에게 감사의 말씀을 드립니다.

1996년 광복절
옮 긴 이

옮긴이의 머리말 [1]

금년도 우리나라 교계는 이른바 "휴거"라는 잘못된 가르침 때문에 큰 소용돌이 속에 휘말리는 역경(逆境)을 겪어야 했습니다. 이것은 한국 기독교 백 년 역사 가운데 가장 큰 오점(汚點)을 남긴 추태(醜態)였고, 교회가 저지른 사회적 무리(無理)라고 지적할 수 있겠습니다. 이러한 일은 당사자들의 무지(無知)의 소치로만 일축할 일은 아니고, 우리나라 교회 전체가 부둥켜 안고 해결해야 할 문제요 과제임을 절감하며, 누구를 탓하고 손가락질하기에 앞서 우리 각자 스스로 반성하고 뉘우쳐야 할 일이라고 말씀드리지 않을 수 없습니다.

왜 이런 일이 일어났습니까? 그 첫째는 "예수"님이 누구이신지를, 둘째는 성경말씀의 가르침(靈意)을 몰랐기 때문입니다. 스베덴보리 선생님께서는 이 해답을 250여 년 전 주님의 계시(啓示)로 우리에게 제공하였습니다. 이것이 이 책을 번역하게 된 동기요 목적입니다.

스베덴보리 선생님께서는 "예수"님이 우리의 아버지요, 창조주요, 구원주이심을 증거합니다. 다시 말하면, 하나님의 이름(固有名詞)이 바로 "예수"라는 것을 역설했습니다.

이것이 바로 성경의 가르침입니다. 이것을 예수님께서는 요한복음서에서 "너희는 성서 속에 영원한 생명이 있는 것을 알고 파고 들거니와 그 성서는 바로 나를 증거하고 있다." 또 이어서 "만일 너희가 모세를 믿는다면 나를 믿을 것이다. 모세가 기록한 것은 바로 나에 관한 것이기 때문이다"(5 : 39, 46)라고 말씀하셨습니다.

두 번째는 성경말씀의 바른 이해(理解)입니다. 성경말씀은 하늘나라(天國)에서 읽혀지고, 이해되고, 통용되는 속뜻(또는 영의)과 그 속뜻을 담고 있어서 우리 육신을 입은 사람들이 읽고, 깨달아, 순종하여, 구원의 길로 인도하는 겉뜻(또는 문자적인 뜻)이 있다는 것입니다. 오늘의 교회는 이 영의(靈意)를 모르고 있을 뿐 아니라 영의를 잃어버린 상태입니다. 마치 유대교회가 주님의 이름을 어떻게 부르는지 모르다가 종국에 주님을 잃은 것과 같다고 하겠습니다. 그러다 보니 문자적인 뜻마저도 왜곡(歪曲)되게 읽고, 해석하기에 이른 것입니다.

이 두 증인(계시록 11 : 4) 즉 올바른 예수관과 성경말씀의 바른 이해가 바로 신학(神學)이요 교리(教理)요 신앙(信仰)의 전부입니다. 사람의 삶의 궁극적 목적은 구원에 있습니다. 이것은 회개의 결과이고 중생(重生)의 시작입니다. 이것을 스베덴보리 선생님께서는 '창조' 또는 '새창조', '재창조'라고 하셨습니다. 성경말씀은 수많은 곳에서 우리 사람의 구원의 노정(路程)을 크게는 한 나라의 역사(歷史)로, 작게는 한 사람의 삶이나 비유로 그려 보여 주고 있습니다. 이 중에서도 특히 창세기 1·2·3 장은 사람의 구원의 여정(旅程)과 비극적 타락(墮落)의 이야기를 너무나 생생하고도 드라마틱하게 그려 보여 주고 있습니다. 다시 말하면 창세기 첫 세 장은 전 성경말씀이 가르치는 모든 교회의 가르침과 신학이 고스란히 담겨 있는 정수(精髓)라고 하겠습니다.

이 책은 스베덴보리 선생님의 저서 천계비의(天界秘義·Arcana Coelestia ; 창세기·출애굽기의 영해로 모두 12권임)의 영어 표준판에서 첫 1·2·3 장을 우리말로 옮긴 것입니다.

25여 년 동안 교회를 섬겨 오면서 수요 성경공부, 사경집회(査經集會) 또는 특별 프로그램에서 강의할 때 틈틈이 준비하였던 것을 활자로 옮기게 된 것입니다. 번역에서는 ≪공동번역 성서≫를 본문으로 택하였고, 경우에 따라 한글 개역 성경을 인용하였습니다.

이 번역서를 내기까지 나의 일생을 신앙적으로, 신학적으로 지도해 주시고 키워주신 이모세 목사님, 격려와 조언을 아끼지 않으신 예수교회 공의회 의장이신 김회방 목사님, 그리고 예수교회 동역자 여러 목사님들의 많은 사랑과 본인이 시무하는 예수+교회 제일예배당 교우 여러분의 정성에 재삼 감사의 말씀을 드립니다.

1992년 크리스마스 날
옮 긴 이

제 19장 서문 : 인애의 교리에 관하여(17)

8742. 모든 사람은 누구나 속사람(an internal man)과 겉사람(an external man)을 가지고 있습니다. 속사람은 영적인 사람이라고 부르는 존재이고, 겉사람은 자연적인 사람이라고 부르는 존재입니다. 이 양자는 사람이 중생하기 위하여 반드시 중생(重生)하여야 합니다.

8743. 중생하지 못한 사람에게서 겉사람, 즉 자연적인 사람은 명령하지만, 그러나 속사람, 즉 영적인 사람은 섬깁니다. 그러나 중생한 사람에게서 속사람, 즉 영적인 사람은 명령하지만, 겉사람, 즉 자연적인 사람은 섬깁니다. 이와 같은 역(逆)은, 주님에 의한 중생을 통하는 것을 제외하면, 결코 존재한다는 것은 불가능합니다.

8744. 겉사람이 중생하지 못하고 있는 한, 그는 쾌락 안에, 재물이나 자만(自慢) 안에 있는 것을 모두 선하다고 여깁니다. 그리고 자기 자신을 이런 것의 반대쪽에 두는 자들에 대해서는 증오(憎惡)나 적개심(敵愾心)으로 불태웁니다. 그리고 그 때 속사람은 동의할 뿐만 아니라 확증하고, 그리고 조장(助長)하는 이유들을 제공합니다. 따라서 속사람은 섬기고, 겉사람은 명령합니다.

8745. 그러나 겉사람이 중생하였을 때 속사람은 이웃을 좋게 생각하고, 그가 잘 되기를 원하는 것 안에 존재하는 모든 것을 선하게 여깁니다. 그리고 겉사람은 이웃에 관해서 좋게 말하고, 좋게 행동하는 것 안에 존재하는 모든 것을 선하게 완성합니다. 종국에 모두는 이웃사랑과 주님사랑을 목적으로 취합니다. 그리고 자기사랑이나 세상사랑 앞에서는 그렇지가 않습니다. 이 경우 겉사람, 즉 자연적인 사람은 섬기고, 속사람, 즉 영적인 사람은 명령합니다.

8746. 제일 먼저 속사람은 주님에 의하여 중생하고, 그리고 그 뒤에 겉사람은 중생합니다. 후자는 전자에 의하여 중생합니다. 속사람은 믿음에 속한 것들을 생각하고, 그리고 그것들을 원하는 것에 의하여 중생합니다. 믿음에 속한 삶이 인애입니다.

8747. 중생한 사람은 그의 속사람의 측면에서 천계에 있습니다. 그리고 그는, 사후(死後)에 거기에 온 자들 가운데 있는 천사들과 더불어, 하나의 천사입니다. 그 때 그는 천계의 삶을 살고, 그리고 주님을 사랑하고, 이웃을 사랑할 수 있고, 진리를 이해할 수 있고, 선을 즐길 수 있습니다. 그리고 그것들로부터 지복(至福)을 누릴 수 있습니다. 이런 것들이 바로 영생(永生)에 속한 행복입니다.

제 19장 본 문(19장 1-25절)

1 이스라엘 자손이 이집트 땅에서 나온 뒤, 셋째 달 초하룻날,
바로 그 날, 그들은 시내 광야에 이르렀다.
2 그들은 르비딤을 떠나서, 시내 광야에 이르러 광야에다 장막
을 쳤다. 이스라엘이 그 곳 산 아래에 장막을 친 다음에,
3 모세가 산으로 올라가 하나님께로 가니, 주께서 산에서 그를
불러서 말씀하셨다. "너는 야곱 가문에게 이렇게 말하여라. 이스라
엘 자손에게 이렇게 일러주어라.
4 '너희는, 내가 이집트 사람에게 한 일을 보았고, 또 어미 독수
리가 그 날개로 새끼를 업어 나르듯이, 내가 너희를 인도하여 나에
게로 데려온 것도 보았다.
5 이제 너희가 정말로 나의 말을 듣고, 내가 세워 준 언약을 지
키면, 너희는 나의 보물이 될 것이다. 온 세상이 다 나의 것이다.
그러므로 너희는, 내가 선택한 백성이 되고,
6 너희의 나라는 나를 섬기는 제사장 나라가 되고, 너희는 거룩
한 민족이 될 것이다.' 너는 이 말을 이스라엘 자손에게 일러주어
라."

7 모세가 돌아와서 백성의 장로들을 불러모으고, 주께서 자기에
게 하신 이 모든 말씀을 그들에게 선포하였다.
8 모든 백성이 다 함께 "주께서 말씀하신 모든 것을 우리가 실
천하겠습니다" 하고 응답하였다. 모세는, 백성이 한 말을 주께 그
대로 말씀드렸다.
9 주께서 모세에게 말씀하셨다. "내가 짙은 구름 속에서 너에게
나타날 것이니, 내가 이렇게 하는 까닭은 내가 너와 말하는 것을
백성이 듣고서, 그들이 영원히 너를 믿게 하려는 것이다." 모세가,
백성이 한 말을 주께 다시 아뢰었을 때에
10 주께서 모세에게 말씀하셨다. "너는 백성에게로 가서, 오늘
과 내일 이틀 동안 그들을 성결하게 하여라. 그들이 옷을 빨아 입
고서,
11 셋째 날을 맞이할 준비를 하게 하여라. 바로 이 셋째 날에,
나 주가, 온 백성이 보는 가운데서 시내 산에 내려가겠다.
12 그러므로 너는 산 주위로 경계선을 정해 주어 백성이 접근하
지 못하게 하고, 백성에게는 산에 오르지도 말고 가까이 오지도 말
라고 경고하여라. 산에 들어서면, 누구든지 죽음을 면하지 못할 것
이다.
13 그러한 사람은 아무도 손을 대지 말고, 반드시 돌로 치거나
활을 쏘아서 죽여야 한다. 짐승이든지 사람이든지, 아무도 살아 남
지 못할 것이라고 일러라. 그러나 산양 뿔나팔 소리가 길게 울릴
때에는 백성이 산으로 올라오게 하여라."
14 모세는 산에서 백성에게로 내려갔다. 그는 백성을 성결하게
하고, 백성은 자기들의 옷을 빨아 입었다.
15 그는 백성에게 '셋째 날을 맞을 준비를 하고, 남자들은 여자
를 가까이 하지 말라'고 당부하였다.
16 마침내 셋째 날 아침이 되었다. 번개가 치고, 천둥소리가 나
며, 짙은 구름이 산을 덮은 가운데, 산양 뿔나팔 소리가 우렁차게

울려퍼지자, 진에 있는 모든 백성이 두려워서 떨었다.
17 모세는, 백성이 하나님을 만날 수 있게, 진으로부터 그들을
데리고 나와서 산기슭에 세웠다.
18 그 때에 시내 산에는, 주께서 불 가운데서 그 곳으로 내려오
셨으므로, 온통 연기가 자욱했는데, 마치 가마에서 나오는 것처럼
연기가 솟아오르고, 온 산이 크게 진동하였다.
19 나팔 소리가 점점 더 크게 울려퍼지는 가운데, 모세가 하나
님께 말씀을 아뢰니, 하나님이 음성으로 그에게 대답하셨다.
20 주께서 시내 산, 곧 그 산 꼭대기로 내려오셔서, 모세를 그
산 꼭대기로 부르시니, 모세가 올라갔다.
21 주께서 모세에게 말씀하셨다. "너는 내려가서 백성에게, 주
를 보려고 경계선을 넘어 들어오다가, 많은 사람이 죽는 일이 없도
록 단단히 일러 두어라.
22 나 주에게 가까이 오는 제사장도 자신을 성결하게 하여야 한
다. 그렇게 하지 않으면, 나 주가 그들도 쳐서 죽일 것이다."
23 모세가 주께 대답하였다. "주께서 우리들에게, 산에 경계선
을 정하여 그것을 거룩하게 구별하라고 경고하시는 명을 내리셨으
므로, 이 백성은 시내 산으로 올라올 수 없습니다."
24 주께서 그에게 말씀하셨다. "너는 어서 내려가서, 아론을 데
리고 올라오너라. 그러나 제사장들과 백성은 나에게 올라오려고 경
계선을 넘어서는 안 된다. 그들이 경계선을 넘으면, 나 주가 그들
을 쳐서 죽일 것이다."
25 모세가 백성에게 내려가서, 그대로 전하였다.

간추린 내용(19장 1-25절)

8748. 지금 아래에 이어지는 것에서 속뜻으로 다루어지는 주제는 주님으로부터 천계를 통하여 나오는 신령진리의 계시(啓示)입니다. 그리고 우리의 본문장에서는 그것의 수용(受容)을 위한 준비가 다루어지고 있습니다.

상세한 영적인 뜻(19장 1-25절)

8749. 1, 2절. **이스라엘 자손이 이집트 땅에서 나온 뒤, 셋째 달 초하룻날, 바로 그 날, 그들은 시내 광야에 이르렀다. 그들은 르비딤을 떠나서, 시내 광야에 이르러 광야에다 장막을 쳤다. 이스라엘이 그 곳 산 아래에 장막을 친 다음에…….**
"셋째달"이라는 말씀은 충분한 상태를 뜻하고, "이스라엘 자손이 이집트 땅에서 나왔다"라는 말씀은 영적인 교회에 속한 자들이 온갖 내습(來襲)과 괴롭힘에서 해방된 것을 뜻합니다. "바로 그 날"이라는 말씀은 그 때를 뜻합니다. "그들은 시내 광야에 이르렀다"라는 말씀은 믿음에 속한 진리들이 주입되어야 할 선에 속한 상태를 뜻합니다. "그들은 르비딤을 떠났다"라는 말씀은 예전 상태로부터 이어지는 계속적인 삶을 뜻합니다. "그들은 시내 광야에 이르렀다"라는 말씀은 진리들이 주입될 선에 속한 상태를 뜻합니다. "광야에다 장막을 쳤다"라는 말씀은 이 상태에서의 배치(配置)나 준비를 뜻합니다. "이스라엘이 그 곳 산 아래에 장막을 쳤다"라는 말씀은 영적인 교회에 속한 자들이 가지고 있는 신령 천적인 선에 의한 배치와 준비를 뜻합니다.

8750. 셋째 달(=시반월)

이 말씀이 충분한 상태를 뜻한다는 것은 상태(狀態)를 가리키는 "달"(月 · month)의 뜻에서 잘 알 수 있습니다. 왜냐하면 시간의 모든 기간들, 예를 들면, "날들" · "주일들" · "달들"이나 "햇수들"은 상태를 뜻하기 때문입니다(2788항 참조). 그리고 완전한 것(=끝난 것)을 가리키는 "삼"(3)이나 "셋째"(third)의 뜻에서(1825 · 2788 · 4495 · 5159항 참조) 잘 알 수 있습니다. 결과적으로는 "셋째 달"은 충분한 상태 안에 있다는 것을 뜻합니다.

[2] 충분한 상태가 어떤 것인지는 간략하게 설명되겠습니다. 모든 상태는 그것이 시작과 그것의 진전과 그리고 그것의 마지막을 가지고 있습니다. 하나의 상태가 자신의 마지막(終末)에 이르렀을 때, 그때 그것은 충분한 것이고, 그리고 그것이 충분함이라고 불리웁니다. 저 세상에서 모든 것들은, 이 세상에서 때들(times)에 의하여 계측(計測)되듯이, 시작부터 종말에 이르기까지 상태들의 진전들이나 그것들의 계속적인 변화들에 의하여 계측됩니다. 이것이 사실이라는 것은, 천계에는 결코 때들(times)이 없고, 다만 그것들 대신에 상태들이 있기 때문입니다. 그 이유는, 주님이신 저 세상의 태양은 자신의 자리에 계속해서 남아 있지만, 이 세상에서와 같이, 하루가 아침 · 낮 · 저녁 · 밤으로 분별되는 매일 매일의 진전들의 외현(外現)에 의하여 구분되지 않기 때문입니다. 그리고 또한 한 해가 봄 · 여름 · 가을 · 겨울로 분별되는 매 해의 진전들의 외현에 의하여 구분되지도 않기 때문입니다. 이렇게 볼 때 천계에는 때들(times)이 없고, 오히려 그것들 대신에 상태들(states)이 있다는 것입니다. 그러나 천계의 극내적인 영기에 있는 것과 같이, 거기에는 신령 천적인 형체(the Divine heavenly form)에 일치한 확실한 진전(進展)이 있는데, 그것은 어느 누구의 지각에 다 오는 것이 아니고, 그것은 천계에 있는 모든 것의 상태가 변화들을 겪는 이 진전에 일치하여 지각되고,

그리고 거기의 천사들은 사랑에 속한 선 안에서 일어나는 변화(變化·turns)에 의하여, 그리고 믿음에 속한 진리 안에서 일어나는 변화들에 의하여 지각합니다. 그리고 또한 전자와 후자의 측면에서 보면 불영명의 상태에서 지각합니다. 이상에서 볼 때 얻는 결론은, 거기에는 이 세상에 있는 때들에서와 같이, 거기에는 상태들에 속한 대응이 있다는 것입니다. 다시 말하면, 아침이 가지고 있는 사랑에 속한 선의 상태와의 대응이 있고, 정오(=낮)가 가지고 있는 믿음에 속한 진리의 상태와의 대응이 있고, 저녁이나 밤이 가지고 있는 불영명의 상태와의 대응이 있다는 것입니다. 더욱이 거기에 있는 태양에서 비롯되는 열(熱·볕·heat)은 역시 사랑에 속한 선을 가리킨다는 것이고, 그리고 거기에 있는 태양에서 비롯되는 광(光·빛·light)은 믿음에 속한 진리를 가리킨다는 것입니다. 이상에서 볼 때 얻는 결론은, 이 세상에 있는 볕은 사랑과의 대응이 있다는 것이고, 따라서 우리는 그것을 "영적인 볕"(spiritual heat)이라고 부릅니다. 그리고 역시 이 세상의 빛은 믿음과의 대응이라는 것이고, 따라서 그것은 "영적인 빛"(spiritual light)이라고 부릅니다.

[3] 일반적으로 생명(=삶·life)에는 두 상태들이 있습니다. 말하자면, 이해에 속한 것인 생각(思想·thought)의 상태가 있고, 그리고 의지에 속한 것인 정동(情動·affection)의 상태가 있습니다. 이해에 속한 생각의 상태는 믿음에 속한 진리와 관계를 가지고 있습니다. 그리고 이 상태는, 주님이신 천계의 태양에서 오는 빛에 의하여 조요(照耀)됩니다. 그러므로 사람 안에 있는 이해에 속한 빛은 그 빛에서 옵니다. 그러나 의지에 속한 정동의 상태는 인애에 속한 선과의 관계를 가집니다. 그리고 더욱이 사랑을 가리키는, 사람 안에 있는 의지의 볕(熱)은 주님이신, 천계에 있는 태양에서 비롯된 볕으로 인하여 존재합니다. 이렇게 볼 때 밝히 알 수 있는 것은, 저 세상에 있는 상태들의 경우가 어떠한 것이고, 그리고 그것들의 변화들이 어떠한 것인지, 그리고 "셋째 달"이 뜻하는 것인 충분한 상태가 무엇을

뜻하는지도 밝히 알 수 있다는 것입니다. 여기서 그것이 충분함을 서술하는 상태는, 영적인 교회에 속한 자들이 이미 통과한 예전의 상태를 뜻한다는 것입니다. 이들이 두 상태를 통과하였다는 것, 그 첫째는 그들이 주님께서 진리에 의하여 그들을 인도하신 상태이고, 그 둘째는 주님께서 선에 의하여 그들을 인도하신 상태라는 것은 8643·8648·8658·8685·8690·8701항을 참조하십시오. 여기서는 그것이 가기 전에 기술된 예전의 상태의 충분함을 뜻하고, 지금은 그 둘째 상태가 기술되었습니다.

8751. 이스라엘 자손이 이집트 땅에서 나왔다.

이 말씀이 영적인 교회에 속한 자들이 내습과 괴롭힘에서 해방된 뒤를 뜻한다는 것은, 해방된 것을 가리키는 "나왔다"(going forth)라는 말의 뜻에서, 그리고 영적인 교회에 속한 자들을 가리키는 "이스라엘 자손"의 표징에서(6426·6637·6868·7035·7062·7198·7201·7215·7223항 참조), 그리고 내습(來襲)과 괴롭힘을 가리키는 "이집트 땅"의 뜻에서(7278항 참조) 잘 알 수 있습니다. 내습이나 괴롭힘이 무엇인지는 7474항을 참조하시고, 그리고 영적인 교회에 속한 자들이 주님의 이 세상 강림 때까지 낮은 땅(the lower earth)에 억류(抑留)되었고, 그리고 주님에 의하여 해방되었다는 것 등은 6854·6914·7035·7091·7474·7878·7932·8018·8054·8099항을 참조하십시오.

8752. 바로 그 날…….

이 말씀이 바로 그 때라는 것을 뜻한다는 것은 그 때를 가리키는 "그 날"의 뜻에서 잘 알 수 있습니다. 왜냐하면 "날"(日·day)은 상태를 뜻하기 때문입니다(23·487·488·493·2788·7680항 참조). 그러므로 "바로 그 날"은 충분한 상태가 있었던 때를 뜻합니다.

8753. 그들은 시내 광야에 이르렀다.

이 말씀이, 믿음에 속한 진리들이 거기에 심어질(=주입될) 선에 속한 상태를 뜻한다는 것은, 거기에 믿음에 속한 진리들이 심어질(=주입될) 선에 속한 상태를 가리키는 "시내 광야"의 뜻에서 잘 알 수 있습니다. 여기서 "광야"가 아직은 진리들 자체를 뜻합니다. 왜냐하면 광야는 여러 뜻들을 가지고 있기 때문입니다(3900항 참조). 일반적으로 "광야"는 사람이 살지 않는 곳이나 경작(耕作)하지 않는 곳을 뜻합니다. 따라서 영적인 뜻으로는 아직까지 거기에 진리들이 전혀 존재하지 않는 선을 뜻합니다. 왜냐하면 진리들이 존재하지 않는 선은 영적으로 경작되지 않은(未開墾地) 것을 뜻하기 때문입니다. 결과적으로 "광야"는 아직까지 믿음에 속한 진리들에 의하여 형성되지 않은 새로운 의지(a new will)를 뜻합니다(8457항 참조).

[2] "시내 산"(Mount Sinai)에 관해서 보면, 그것은 최고의 뜻으로는 신령선에서 비롯된 신령진리를 뜻합니다. 그리고 "산"은 신령선을 뜻하고, "시내"는 신령진리를 뜻합니다. 속뜻으로 그것은 선에서 비롯된 믿음에 속한 진리를, 여기서는 선에 심어져야 할 믿음에 속한 진리를 뜻합니다. 그 이유는 율법이 그 곳에서 아직 선포되지 않았기 때문입니다. "시내 산"이 이런 여러 뜻을 가지고 있는데, 그것은 거기에서부터 율법이 주님에 의하여 선포되었기 때문입니다. 그리고 "율법"이 신령선에서 비롯된 신령진리를 뜻하고, 그리고 또한 선에서 비롯된 믿음에 속한 진리를 뜻하기 때문입니다(6752 · 7463 · 8695항 참조). 이런 이유 때문에 이스라엘 자손은 그 산 가까이에 있는 광야에 진(陣)을 쳤습니다. 왜냐하면 거기에서부터 가장 가까운 뜻으로 율법을 가리키는 십성언(=십계명)이 선포되었을 뿐만 아니라, 본질적으로 그것들을 담고 있는 교회에 속한 모든 규례들이 선포되었기 때문입니다. 그 이유는 그것들이 주님 나라에 속한 영적인 진리들이나 선들을, 그리고 천적인 진리들이나 선들을 표징하기 때문입니다. 그 율법이 거기에서 선포되었다는 것은 아래에 이어지는 장에서 아주 명백하고, 그리고 또한 교회에 속한 규례들이 선포되었다는 것은 계속해서 이어지는 장들에서, 그리고 또한 레위기서 7장 37 · 38절과 27장 34절에서 명확합니다. "시내"가 시편서에서

도 동일한 내용을 뜻합니다.

하나님,
주께서 주의 백성 앞에서
앞장 서서 나아가시며
광야에서 행진하실 때에,
땅이 흔들렸고,
하늘도 하나님 앞에서
폭우를 쏟아 내렸습니다.
시내 산의 하나님 앞에서
이스라엘의 하나님 앞에서
하늘이 무너져 내렸습니다.
하나님,
주께서 주신 땅 위에
주께서 흡족한 비를 내리셔서
그 땅이 메마르지 않게 지켜 주셨습니다.
(시편 68 : 7-9)

여기서 "시내"는 선에서 비롯된 진리를 뜻합니다. 왜냐하면 그것이 "하나님 앞에서 무너져 내린 하늘"의 뜻이기 때문이고, 그리고 "하나님이 주께서 흡족한 비를 내리셨다"라는 말씀의 뜻이기 때문입니다.

[3] 사사기서의 말씀입니다.

주님, 주께서 세일에서 나오실 때에,
주께서 에돔 땅에서 출동하실 때에,
땅은 흔들리고, 하늘은 물을 쏟아내고,
구름은 비를 쏟았습니다.
산들이 주 앞에서 진동하였고,
저 시내 산마저,

주 이스라엘의 하나님 앞에서
진동하였습니다.
아낫의 아들 삼갈 때에도,
야엘 때에도,
큰길에는 발길이 끊어지고,
길손들은 뒷길로 다녔다.
나 드보라가 일어나기까지,
이스라엘의 어머니인 내가 일어나기까지,
이스라엘에서는 용사가 끊어졌다.
(사사기 5 : 4-7)

여기서도 역시 "시내"는, 신령선에서 심어질 믿음에 속한 진리들에 의한 율법, 즉 신령선에서 비롯된 신령진리를 뜻합니다. 그리고 그것들은 "하늘이 물을 쏟아냈다" "구름이 비를 쏟아냈다"라는 말이 뜻합니다. 그리고 믿음에 속한 진리들이 결핍되었고, 곡해되고, 타락되었다는 것은 "큰길에는 발길이 끊어지고, 길손들은 뒷길로 다녔다"라는 말씀이 뜻합니다. "길들"(ways), "뒷길"이나 "큰길"이 진리들을 뜻한다는 것은 627 · 2333 · 3123 · 3477항을 참조하십시오. 왜냐하면 이 예언적인 가사에서 다루고 있는 주제가, 드보라와 발락의 노래라는 것은 그 교회의 진리들의 악용이나 곡해이고, 그리고 그것의 복권(復權)이나 배상(賠償)이기 때문입니다.
[4] 모세의 글입니다.

주께서 시내 산에 오시고,
세일 산에서 해처럼 떠오르시고,
바란 산에서부터 당신의 백성을 비추신다.
수많은 천사들이 그를 옹위하고,
오른손에는 활활 타는 불을 들고 계신다.
(신명기 33 : 2)

이 장에서 야곱의 아들들이 죽기 전에 모세가 그들에게 축복을 빌었습니다. 모세는 "주께서 시내 산에 오시었다"라는 말로 그의 축복의 예언적인 발설(發說)을 시작하였습니다. 그리고 여기서 "시내"는 복합체적인 믿음에 속한 진리들을 뜻합니다. 그가 이런 식으로 축복을 시작한 것은 "야곱"의 아들들이 모든 진리들과 그리고 믿음에 속한 선들을 뜻하기 때문입니다(3858·3862·3926·3939·6335항 참조). 그리고 역시 그러한 내용은 "이스라엘의 아들들"이 뜻하기도 합니다(5414·5951·5879항 참조).

8754. 여기서 나는 진리들이 그 안에 활착되어야 할 선에 관해서 몇 마디 말을 부연하고자 합니다. 여기서 그 선은 바로 "시내 광야"가 뜻합니다. 중생과정에 있는 사람은 처음에는 진리에 의하여 주님께서 인도하신다는 것, 그리고 그 뒤에는 선에 의하여 주님께서 인도하신다는 것은 7923·8643·8648·8658·8685·8690·8701항을 참조하십시오. 중생과정에 있는 사람은, 사실상 그가 선에 들어가기 위하여 진리에 의하여 인도됩니다. 다시 말하면 그가 그것을 알고, 그리고 그 때 그것을 원하고, 종국에 그것을 행하기 위하여 진리에 의하여 인도됩니다. 그러나 그가 진리에 의하여 선에 인도되고 있을 때, 처음에 그는, 아직까지 믿음에 속한 진리들이 주입, 활착되지 않은 선에게 인도됩니다. 왜냐하면 진리들은, 그가 선 안에 있기 전까지는, 뿌리를 내릴 수 없기 때문입니다. 그들이 기억 안에 있기 때문에, 그리고 동시에 그들이 선 안에 있지 않고, 오히려 선 밖에 있기 때문에 그들은 이전에 이런 사실을 알아야 합니다. 그런 뒤에, 그 사람이, 그가 선 안에 있을 때 제일 먼저 영접, 수용한 새로운 생명(new life)을 받았을 때 믿음에 속한 진리들이 활착됩니다. 말하자면 속사람 안에 있는 선과의 혼인이 일어납니다. 믿음에 속한 진리들이 활착되지 않았지만, 그러나 여전히 정리 정돈되어 있어서 그것들을 수용할 수 있는 선이, 여기서는 "시내 광야"가 뜻하는 것입니다. 기독교적인 선 이외의 다른 선이 결코 존재하지 않는다는

것은 8635-8638항을 참조하십시오.

8755. 그들은 르비딤을 떠났다(=여행하였다).

이 말씀이 예전의 상태에서 비롯된 삶의 계속적인 상태를 뜻한다는 것은 삶의 계속적인 연속성을 가리키는 "여정"(旅程)이라는 말의 뜻에서(4375·4554·4585·5996·8181·8345·8397·8557항 참조), 그리고 진리에 관한 시험의 성질을 가리키는(8561항 참조), 따라서 그것에 관해서 바로 앞에서 언급한 것과 같이(8754항 참조), 예전 상태의 성질을 가리키는 "르비딤"의 뜻에서 잘 알 수 있습니다. 왜냐하면 예전 상태에서 영적인 교회에 속한 사람은 온갖 시험들을 겪었고, 그리고, 그러므로 그 상태로부터 거기에는 "르비딤에서 여행하였다"라는 말이 뜻하는 것인, 삶의 계속적인 상태가 있었기 때문입니다.

8756. 그들이 시내 광야에 이르렀다.

이 말씀이, 그 안에 진리들이 활착될 선에 속한 상태를 뜻한다는 것은, 동일한 말이 나오는, 위에 언급된 내용에서(8753항 참조) 잘 알 수 있습니다. 그리고 이 선의 성질에 관해서는 8754항을 참조하십시오.

8757. 그들은 광야에다 장막을 쳤다.

이 말씀이 이 상태에서의 배치(=배열·채비)를 뜻한다는 것은 생명에 속한 진리와 선에 속한 질서 정연을 가리키는 "장막을 쳤다"라는 말의 뜻에서(8103항 참조), 따라서 그들의 채비를 가리키는 말의 뜻에서, 그리고 아직까지 거기에 믿음의 진리들이 존재하지 않는 선의 상태를 가리키는 "광야"의 뜻에서(8753항 참조) 잘 알 수 있습니다.

8758. 이스라엘이 그 곳 산 아래에 장막을 쳤다.

이 말씀이 영적인 교회에 속한 자들이 가지고 있는 신령 천적인 선에 의한 배치(=채비)를 뜻한다는 것은 배치(=채비)를 가리키는 "장막을 친다"(=진을 친다)라는 말의 뜻에서(8757항 참조), 그리고 영적인 교회를 가리키는 "이스라엘"의 표징에서(8751황 참조), 그리고 천적인 사랑에 속한 선을 가리키는 "산"(山)의 뜻에서(4210·4635·8327항 참조) 잘 알 수 있습니다. 신령 천적인 선은 천계에 있는 신령선을 뜻합니다. 왜냐하면 본질적으로 선은 천계 위에 아주 높이 있기 때문입니다.

8759. 3-8절. **모세가 산으로 올라가 하나님께로 가니, 주께서 산에서 그를 불러서 말씀하셨다. "너는 야곱 가문에게 이렇게 말하여라. 이스라엘 자손에게 이렇게 일러주어라. '너희는, 내가 이집트 사람에게 한 일을 보았고, 또 어미 독수리가 그 날개로 새끼를 업어 나르듯이, 내가 너희를 인도하여 나에게로 데려온 것도 보았다. 이제 너희가 정말로 나의 말을 듣고, 내가 세워 준 언약을 지키면, 너희는 나의 보물이 될 것이다. 온 세상이 다 나의 것이다. 그러므로 너희는, 내가 선택한 백성이 되고, 너희의 나라는 나를 섬기는 제사장 나라가 되고, 너희는 거룩한 민족이 될 것이다.' 너는 이 말을 이스라엘 자손에게 일러주어라." 모세가 돌아와서 백성의 장로들을 불러모으고, 주께서 자기에게 하신 이 모든 말씀을 그들에게 선포하였다. 모든 백성이 다 함께 "주께서 말씀하신 모든 것을 우리가 실천하겠습니다" 하고 응답하였다. 모세는, 백성이 한 말을 주께 그대로 말씀드렸다.**

"모세가 하나님께로 갔다"라는 말씀은 천계에 있는 신령진리와 본질적으로 결합되어 있는 천계 아래에 있는 신령존재에게서 비롯된 진리를 뜻합니다. "주께서 산에서 그를 불러서 말씀하셨다"라는 말씀은, 거기에 있는 신령진리와 천계에 있는 신령선과의 합일(合一)을 뜻합니다. "너는 야곱 가문에게 이렇게 말하여라. 이스라엘 자손에게 이렇게 일러주어라"라는 말씀은 외적인 영적 교회에 속한 자들과, 내적인 영적 교회에 속한 자들의 구원을 뜻합니다. "너희는 내가 이집트 사람에게 한 일을 보았다"라는 말씀은 내습하고, 괴롭히는 악한 자에게 생긴 모든 것들의 기억을 뜻합니다. "어미 독수리가 그 날개로 새끼를 업어 나르듯이, 내가 너희를 인도하였다"라는 말씀은 진리들에 의하여 그들을 천계적인 빛에로 올리워졌다는 것을 뜻합니다. "내가 너희를 나에게로 데려왔다"라는 말씀은, 따라서 천계에 있는 사랑에 속한 선으로 데려왔다는 것을 뜻합니다. "이제 너희가 정말로 나의 말을 듣는다"면 이라는 말씀은 진리에 속한 영접, 수용을 뜻합니다. "너희가 내가 세워 준 언약을 지킨다"라는 말씀은 이와 같은 선 안에 있는 삶을 뜻하고, 그리고 결과적으로는 결합을 뜻합니다. "너희는 나의 보물이 될 것이다"(=너희는 모든 백성보다 나에게 독특한 보물이 될 것이다)라는 말씀은 그 때 신령진리가 다른 자들과의 비교에서 더욱 더 그들과 함께 있을 것이라는 것을 뜻합니다. "온 세상이 다 나의 것이다"라는 말씀은 주님께서 천지(天地)의 모든 능력을 가지고 계신다는 것을 뜻합니다. "너희의 나라는 나를 섬기는 제사장 나라가 된다"라는 말씀은, 그 때 진리에 속한 선은 그들과 함께 있을 것이라는 것을 뜻하고, "너희는 거룩한 민족이 될 것이다"라는 말씀은 따라서 영적인 나라(=왕국)가 될 것이라는 것을 뜻합니다. "너는 이 말을 이스라엘 자손에게 일러주어라"라는 말씀은 선 안에 있는 진리들의 수용을 위한 입류(入流)를 뜻합니다. "모세가 돌아와서 백성의 장로들을 불러모았다"라는 말씀은 진리에 속한 총명 안에 있는 중요한 자들의 선택(=선발 · choosing)을 뜻합니다. "주께서 자기에게 하신 이 모든 말씀을 그들에게 선포하였다"(=제시하였다)라는 말씀은 입류와 함께 한 선언(宣言 · setting forth)을 뜻합니다. "주께서 자기에게(=그에게) 하신 모든 말씀"은 신령존재에게서 비롯된 것을 뜻합니다. "모든 백성이 다 함께 응답하였다"라는 말씀은 영접과 수용(受容)을 뜻합니다. "주께서 말씀하신 모든 것을 우리가 실천하겠다"라는 말씀은 신령존재에게서 비롯된 입류에 순응한다는 것을 뜻합니다. "모세는 백성이 한 말을 주께 그대로 말씀드렸다"라는 말씀은 대응과 결합을 뜻합니다.

8760. 모세가 하나님께로 갔다(=올라갔다).

이 말씀이 천계에 있는 본질적으로 신령진리와 결합한 신령존재에게서 비롯된 천계 아래에 있는 진리를 뜻한다는 것은, 신령존재에게서 비롯된 진리를 가리키는 모세의 표징에서(6771 · 6827 · 7014항 참조), 그러나 여기서는 신령존재에게서 비롯된 천계 아래에 있는 진리를 가리키는 모세의 표징에서 잘 알 수 있습니다. 그런 이유 때문에 지금 그는, 그들의 우두머리로서, 이스라엘 자손을 표징합니다. 따라서 아직까지는 진리들에 의하여 형성된 선 안에 있지 않기 때문에 천계에 아직까지는 존재하지 않는 영적인 교회에 속한 자들을 표징합니다(8753 · 8754항 참조). 그리고 자기 자아(自我)와 결합하기 위한 것을 가리키는 "올라갔다"(going up)라는 말의 뜻에서 잘 알 수 있습니다. 왜냐하면 신령존재에게로 온 자는 그분과 자기 자신을 결합하기 때문입니다. 예를 들면, "천계에 올라갔다"라고 언급되었을 때 거기에는 주님과 결합된 것을 뜻하고, 그리고 그 반대의 뜻으로는 "천계에서 내려왔다"라는 말이 뜻합니다. 거기에 있는 결합을 가리키는 천계의 신령진리는 "하나님"(God)이 뜻합니다. 왜냐하면 성경에서 주님께서는, 신령진리로 말미암아 "하나님"이라고 불리셨고, 그리고 신령선으로 말미암아 "여호와"라고 불리셨기 때문입니다(2586 · 2769 · 2807 · 2822 · 3921 · 4402 · 7010 · 7268 · 7873 · 8301항 참조). 그리고 여기서 신령진리와 신령선의 결합이 다루어지고 있기 때문에, 그러므로 우리의 본문절에서 처음에는 "하나님"이 언급되었고, 그 다음에는 여러 낱말들에게서 "여호와"가 언급되었습니다. 예를 들면 "모세가 산으로 하나님께로 올라갔다"라고 하였고, 다음에는 "주(=여호와)께서 산에서 그를(=모세를) 불렀다"라고 하였습니다.

[2] 천계에서는 신령진리가 언급되고, 그 뒤에 천계에서 신령선이 언급됩니다. 그 이유는, 신령존재 자체는 천계들 위에 아주 높이 존재하시고, 그리고 신령선 자체뿐만 아니라, 신령선에게서 직접적으로 발출하는 신령진리도 천계들 위에 있기 때문입니다. 이런 것

들이 천계 위에 존재한다는 것은, 본질적으로 신령존재는 무한(無限)하시기 때문이고, 그리고 무한존재는 유한(有限)한 것들과 결합할 수 없기 때문이고, 따라서 천계에 있는 천사들과의 결합도, 어떤 유일한 것들을 드러내는 것이 없다면, 따라서 수용에 대한 조절(調節 · accommodation)에 의한 것이 없으면, 불가능하기 때문입니다. 신령선 자체는 본질적으로 열정의 무한불꽃(an infinite flame of ardor)입니다. 다시 말하면 사랑에 속한 무한불꽃입니다. 그리고 천계에 있는 천사에게 이 불꽃은 아무것도 아닙니다. 왜냐하면 천사는, 마치 태양의 불꽃이 매개적인 조절 없이 그에게 접촉한다면, 사람과 같이 소멸될 것이기 때문입니다. 더욱이 그 빛이 신령진리를 가리키는데, 만약에 신령사랑의 불꽃에서 비롯된 그 빛은 그것 자체의 불꽃같은 장대한 찬란함(光輝)에서 비롯된 경감(輕減)이 없이 입류한다면, 그것은 천계에 있는 모든 것들을 태워버리고 말 것입니다. 이상에서 볼 때 우리는, 천계들 위에 있는 신령선과 신령진리 사이의 차이가 어떤 것인지 잘 알 수 있겠습니다. 그리고 또한 여기서 다루고 있는 천계에 있는 신령선과 신령진리의 차이 또한 잘 알 수 있겠습니다.

8761. 주께서 산에서 그를 불러서 말씀하셨다.

이 말씀이 천계에 있는 신령선과 거기에 있는 신령진리와의 합일(合一)을 뜻한다는 것은, 신령존재에 관해서 언급되었을 때, 결합을 가리키는, 여기서는 합일을 가리키는 "그를 부른다" 또는 "어느 누구를 그분에게 부른다"라는 말의 뜻에서 잘 알 수 있습니다. 그 이유는, 결합에 의하여 하나를 이룬 신령진리와 하나가 된 신령선에 관해서 언급되었기 때문입니다. "주님 자신에게 어느 누구를 부른다"라는 말이 결합을 뜻하고, 그리고 또한 현존(現存)이나 임재(臨在)를 뜻한다는 것은 6047 · 6177 · 7390 · 7451 · 7721항을 참조하십시오. 그것과 더불어 거기에 있는 결합을 이룬 것이 신령선이라는 것은, 여기서 사용된 이름이 여호와이기 때문입니다. 이 주제에 관해서는 바로 위의 8760항을 참조하십시오. 그리고 이것에 관해서 언급한 것과 같이(8758항 참조), 천계에 있는 신령선을 가리키는, 여기서는 천계를 가리키는, "산"(山)의 뜻에서 잘 알 수 있습니다. 왜냐하면 "천계에 있는 신령선" 또는 "천계"라고 말해도 동일한 것이기 때문입니다. 그 이유는 천계가 이 선에서 생성하기 때문입니다. 그런데 여기서의 경우는 그들의 주제들에게서 추상화된 모든 다른 것들과 같은 것이라고 하겠습니다. 뿐만 아니라 그것은, 그것들이 내재해 있는 주제들의 지각에 인도하는 것으로 언급된 것이기 때문입니다. 그것은 마치 믿음에 속한 진리, 또는 인애에 속한 선이 언급되었을 때와 같이, 그들이 내재해 있는 교회에 속한 사람으로 이해되겠습니다. 이와 같은 경우는 천계에서의 특별한 경우입니다. 왜냐하면 거기에 있는 신령진리에 합일된 신령선은 모든 것 안에 있는 모두(all in all)이고, 따라서 천계의 생명이고, 또한 천계의 영혼(soul)이기 때문입니다.

8762. "너는 야곱의 가문에게 이렇게 말하여라. 이스라엘 자손에게 이렇게 일러주어라"(=공표하여라).

이 말씀이, 외적인 영적인 교회나, 내적인 영적인 교회에 속한 자들의 구원을 뜻한다는 것은, 여기서는 구원을 가리키는 "말한다"(saying)라는 말이나, "일러준다"(=공표한다 · declaring)라는 말의 뜻에서 잘 알 수 있습니다. 왜냐하면 모세를 통해서 주께서(=여호와께서) 말하고, 일러주는 모든 것들은 구원을 뜻하고 있기 때문입니다. 그리고 또한 외적인 교회와 내적인 교회를 가리키는 "야곱의 가문"과 "이스라엘 자손"의 뜻에서 잘 알 수 있습니다(3305 · 4286항 참조). 외적인 교회나 내적인 교회가 뜻하는 것이 무엇인지는 이미 여러 곳에서 언급되었습니다. 다시 말하면, 고대 교회(古代敎會)에 속한 외적인 것은 내적인 것을 표징하는 전부라는 것이고, 그리고 그 교회의 내적인 것은 외적인 것들에 의하여 표징되는 것이라는 것입니다. 예를 들어 보겠습니다. 신령예배를 드리는 자들은 희생 제물들 안에 존재하고, 그리고 예전들이나, 법령들 안에 존재합니다. 그런데 주님 나라에 속한 영적인 것들이나 천계적인 것들을 표징하는 예전들이나 법령들 안에는 외적인 것들 안에 있지만, 그러나 신령예배를 드리고 동시에 천적인 것들이나 영적인 것들 안에 존재하는 자들은 내적인 것들 안에 있습니다. 그것은 오늘날도 마찬가지입니다. 신령예배를 드리는 자들은 자주 성전에 나가고, 설교를 듣고, 동시에 천적인 것들이나 영적인 것들 안에 존재하는 자들은 성만찬에 참여합니다. 그리고 그들은, 그렇게 하도록 그것들이 제정되었고, 명령되었기 때문에 그들이 자주 참석하여야 한다는 것 이상으로 그것들에 관해서 깊이 생각하는 것 없이 헌신적으로 이런 것들을 실천하는 자들은 외적인 교회에 속한 자들입니다. 이에 반하여 동시에 이런 것들을 믿고, 그리고 참석하지만, 그럼에도 불구하고 예배의 본질이 믿음에 속한 삶이라는 것, 다시 말하면 이웃사랑과 주님사랑이라고 믿고, 실천하는 자들은 내적인 교회에 속한 자들입니다. 결과적으로 외적인 교회에 속한 자들은 선한 것을 이웃에게 행하고, 그리고 단순히 믿음에 속한 복종으로 말미암아 주님을 예배합니다. 이에 반하여 내적인 교회에 속한 자들은 선한 것을 이웃에게 행하고, 그리고 사랑으로 말미암아 주님을 예배합니다. 이 밖에 다른 많은 경우에서도 그러합니다.

[2] 그럼에도 불구하고 교회에 속한 모든 자에게는 반드시 양자가 있어야 하는데, 그것이 바로 외적인 것과 내적인 것입니다. 만약에 거기에 양자가 존재하지 않는다면, 거기에는 그 사람에게 영적인 삶(=생명)은 결코 존재하지 않습니다. 왜냐하면 내적인 것은 영혼(soul)과 같고, 외적인 것은 영혼에 속한 몸(人體)과 같기 때문입니다. 그러나 외적인 교회에 속한 자들은, 명확하게 교회의 외적인 것들 안에 있고, 그리고 불영명하게는 교회의 내적인 것 안에 있습니다. 이에 반하여 내적인 교회에 속한 자들은 명확하게는 내적인 것 안에 있고, 불영명하게는 외적인 것들 안에 있습니다. 그러나

외적인 것 안에 있으면서, 동시에 내적인 것 안에 있지 않는 자들은 한마디로 교회에 속한 자들이 아닙니다. 양자—내적인 것과 외적인 것—안에 있는 자들은 그들의 교회의 가르침들에 일치하는 삶에 속한 선 안에 있습니다. 그러나 외적인 것 안에 있고, 내적인 것 밖에 있는 자들은 예배에 있지만, 동시에 그 교회의 가르침들에 일치하는 삶에 속한 선 안에 있지 않습니다. 이런 사실을 아는 자들은 거의 없습니다. 그것을 거의 알지 못하는 이유는, 그것들이 모든 예배를 이루고, 그리고 그것에 의한 모든 구원을 이루는 것을 믿는 자들은 믿음 안에는 존재하지만, 인애 안에는 전혀 존재하지 않기 때문입니다. 이상에서 볼 때, 영원한 구원에 관해서 생각하고, 경건한 삶 안에 구원이 존재한다고 하지만, 인애에 속한 삶 안에는 전혀 있지 않다는 것을 아주 잘 알 수 있겠습니다. 이것에 관해서는 8252-8257항을 참조하십시오.

8763. "너희는 내가 이집트 사람에게 한 일을 보았다."
이 말씀이 내습하고, 괴롭혔던 악한 자에게 닥쳐온 모든 것들에 속한 기억을 뜻한다는 것은 기억을 가리키는 "너희가 보았다"라는 말의 뜻에서, 그리고 내습하고, 괴롭혔던 악한 자를 가리키는 이집트 사람의 표징에서(7097 · 7107 · 7110 · 7126 · 7142 · 7317항 참조) 잘 알 수 있습니다. 이렇게 볼 때 명확한 것은 우리의 본문 "너희는 내가 이집트 사람에게 한 일을 보았다"라는 말이 내습하고, 괴롭혔던 악한 자에게 닥친 모든 것들에 관한 기억을 뜻한다는 것입니다.

8764. "내가 어미 독소리가 그 날개로 새끼를 업어 나르듯이 하였다."
이 말씀이, 이와 같이 진리들에 의하여 그들이 천계적인 빛에 올리워졌다는 것을 뜻한다는 것은, 천계적인 빛에 이르기까지 높이 올리워지는 것을 가리키는 "독수리 날개들에 의하여 누구를 나른다"라는 말의 뜻에서 잘 알 수 있습니다. 왜냐하면 여기서 "나른다"(bearing)라는 말은 올리워지는 것을 뜻하고, 그리고 "날개들"(wings)은 영적인 진리들을 뜻하고, 그리고 "독수리"는 진리의 측면에서 합리적(合理的)인 것을 뜻하기 때문입니다. "독수리"가 이런 뜻을 가지고 있다는 것은 3901항을 참조하십시오. 왜냐하면 독수리들은 높이 날기 때문입니다. 왜냐하면 가시적인 하늘(the visible heaven)에 의하여 옛날 사람들은 천사적인 천계(the angelic heaven)를 이해하였기 때문입니다. 더욱이 단순한 사람은, 거기에 천사들의 가정이 있다는 것과, 그리고 또한 태양이나 별들에 가까이 있기 때문에 높은 곳에는 천계적인 빛 자체가 있다고 믿었습니다. 따라서 여기에서 얻는 결론은 우리의 본문인 "독수리들의 날개로 나른다"라는 말이 그 빛에 들어가는 높은 곳으로 옮기는 것을 뜻한다고 하겠습니다. 거기에 오르는 일이 믿음에 속한 진리들에 의하여 이루어진다는 것은, 믿음에 속한 진리들이 사람을 그것의 선이 있는 천계에 올리는 것이기 때문입니다. 진리의 측면에서 합리적인 것이 "독수리"가 뜻하는 것이라는 것은 사람의 합리성이 그의 하늘이기 때문이고, 그리고 자연적인 것은 상대적으로 이 땅과 같기 때문입니다. 왜냐하면 합리적인 것은 속사람을 형성하고, 그리고 자연적인 것은 겉사람을 형성하기 때문입니다.

[2] "날개들"(wings)이 영적인 진리들을 뜻한다는 것은, 일반적으로 "새들"(birds)이 총명적인 것들이나, 생각들을 뜻하기 때문입니다(40 · 745 · 776 · 3219 · 5149 · 7441항 참조). 그 이유는 모든 총명적인 것들은 이런 진리들로 말미암아 존재하기 때문입니다. 비록 그것들이 식별하고, 영민(英敏)하게 보인다고 해도, 온갖 거짓들에게서 파생된 총명적인 것은, 진정한 총명적인 것은 아닙니다. 왜냐하면 총명적인 것은 천계에 속한 빛으로 보고, 그리고 천계의 빛은 영적인 진리이기 때문입니다. 다시 말하면 믿음에 속한 진리이기 때문입니다. 그러므로 거기에 믿음에 속한 진리가 전혀 없는 곳에는 빛이 전혀 없고, 오히려 짙은 흑암만 있습니다. 그리고 짙은 흑

암의 상태에 있는 총명은 역시 결코 총명적인 것은 아닙니다. "날개들"이 역시 그것의 선에서 비롯된 영적인 진리에 속한 온갖 능력들을 뜻합니다. 왜냐하면 새들이 가지고 있는 날개들은 사람이 가지고 있는 손들이나 팔들과 같기 때문이고, 그리고 "팔들"이나 "손들"은 능력들을 뜻하기 때문입니다(878 · 3387 · 4931-4937 · 5327 · 5328 · 5544 · 6292 · 6947 · 7518 · 7673 · 8050 · 8153 · 8281 · 8305항 참조). 선에서 비롯된 영적인 진리 안에 능력이 있다는 것은 3563 · 4931 · 5623 · 6344 · 6423항을 참조하십시오.
[3] "날게들"이 영적인 진리들을, 또는 선으로 말미암은 능력을 가지고 있는 믿음에 속한 진리들을 뜻한다는 것은 성경의 그 밖의 다른 여러 장절들에게서 아주 명확합니다. 그러므로 "날개들"이 신령존재의 속성으로 돌릴 때, 그것들은 전능(全能)을 가지고 있는 신령진리를 뜻합니다. 예를 들면 그것들이 그룹(=체르빔)의 공으로 돌려질 때가 되겠는데, 그것은 에스겔서에서와 같이 주님의 섭리(攝理 · the Providence of the Lord)를 뜻합니다. 에스겔서의 말씀입니다.

> 얼굴이 각각 넷이요, 날개도 각각 넷이었다.……창공 모양의 덮개 밑에는 그 생물들이 펼친 날개가 서로 맞닿아 있었다. 이쪽 생물들이 두 날개로 자기의 몸을 가리고 있고, 저쪽 생물들도 두 날개로 자기의 몸을 가리고 있었다. 그들이 움직일 때에는, 나는, 그들이 날개치는 소리를 들었다. 그 소리는 마치 힘찬 물소리와도 같고, 전능하신 분의 천둥소리와 같고, 떠드는 소리, 곧 군인들의 함성과도 같았다. 그들은 멈추어 서 있을 때에는 날개를 드리웠다.……생물들의 날개가 서로 부딪치는 소리와, 생물들의 곁에 달린 바퀴들의 소리가 그렇게 크고 요란하게 들렸다.……그리고 그룹들이 날개치는 소리가 바깥 뜰에까지 들리는데, 그 소리는 전능하신 하나님(=엘 샤다이)께서 말씀하시는 음성과 같았다.……그들의 날개 밑에는 사람의 손과 같은 것이 있었다.
> (에스겔 1 : 6, 11, 23, 24 ; 3 : 13 ; 10 : 5, 21)

[4] 여기서 "날개들"이 신령진리를 뜻한다는 것은 각각의 개별적인 기술에서 아주 명확합니다. 그것은, 날개들이 하나가 다른 것에 서로 맞닿아 있다는 사실에서, 그리고 날개들이 자기의 몸을 가리고 있다는 사실에서, 그리고 그것들의 소리가 힘찬 물소리와도 같이, 군인들의 함성과 같이(=전차들의 바퀴 소리와 같이), 전능하신 분의 천둥소리와 같이, 들렸다는 것에서, 그리고 또한 그들의 날개 밑에는 사람의 손과 같은 것이 있었다는 사실에서 잘 드러나고 있습니다. "날개들이 서로 맞닿아 있다"라는 말이 신령존재 안에 있는 모든 것들의 연합의 상태를 표징한다는 것, 그리고 "날개들이 자기의 몸을 가리고 있다"라는 말이 신령진리가 그것에서 발출한 신령선에 대한 덮개(a covering)를 뜻한다는 것입니다. 왜냐하면 신령선은 하나의 불꽃이고, 그리고 신령진리는 그것에서 비롯된 빛입니다. 그리고 이 빛은 그 불꽃을 감싸고 있고, 따라서 그 불꽃을 덮어 가리고 있습니다. 불꽃 자체는 천계에서 나타나 보이지 않고, 오히려 불꽃이 그 안에 내재해 있는 오직 빛만 나타나 보입니다. 따라서 그것은, 사랑을 가리키는 별으로 지각됩니다. "힘찬 물소리와 같이 들린 소리"는 천계에 있는 신령진리의 성질을 뜻하고, 그리고 "전능하신 분의 천둥소리나 군인들의 함성"(=전차의 바퀴소리)도 같은 내용을 뜻합니다. 왜냐하면 "소리"나 "음성"(=함성)에는 신령진리의 성질이 있다고 생각하기 때문입니다. 그러므로 "큰물소리"(=힘찬 물소리)라고 언급되었는데, 그것은 "물"이 진리들을 뜻하기 때문입니다(2702 · 3058 · 3424 · 4976 · 5668 · 8137 · 8138 · 8568항 참조). "군인들의 함성"(=바퀴들의 소리)도 진리들을 뜻하는데, 그것은 "바퀴들"이 교리적인 것들에 속한 진리들을 뜻하기 때문입니다. 그 이유는 "병거들"(=전차들 · chariots)이 진리에 속한 교리들을 뜻하기 때문입니다(5321 · 5945 · 8146 · 8148 · 8215항 참조). 역시 "전능하신 분의 천둥소리"도 같은 내용을 뜻하는데, 그

것은 "전능하신 하나님"(God Shaddai)은 온갖 시험들 안에서 꾸짖는 진리(truth chiding)를 뜻하고, 그리고 시험 뒤에는 위로하는 진리(truth consoling)를 뜻하기 때문입니다(1992·4572·5628항 참조). "그들의 날개 밑에는 사람의 손과 같은 것이 있었다"라는 말은 신령진리에 속한 전능(全能)을 뜻하는데, 그 이유는 "손들"이 능력(power)을 뜻하기 때문이고, 최고의 뜻으로는 그것들이 주님에게 있다고 생각될 때, "손들"은 전능을 뜻하기 때문입니다.

[5] 이렇게 볼 때 우리는, 언약의 궤(the ark of the covenant) 위에 있는 시은좌(施恩坐·贖罪所·the mercy-seat)를 덮고 있는 그룹들의 날개들이 표징하는 것이 무엇인지 잘 알 수 있겠습니다. 그리고 "그룹들은 날개를 위로 펴서, 그 날개로 속죄판을 덮게 하였다"(출애굽기 25 : 20)라는 말씀이 뜻하는 것도 알 수 있겠습니다. 그리고 또한 솔로몬의 성전에서와 같이, 성막의 휘장이나 베일에 있는 그룹들이 뜻하는 것이 무엇인지도 알 수 있겠습니다. 이와 마찬가지로 에스겔서 41장 18-20절에 기술되어 있는 새 성전(the new house) 주위의 것들이 뜻하는 것도 알 수 있겠습니다. 그리고 역시 "보좌 주위의 네 생물들"(the four animals)이 뜻하는 것들이나 그리고 그것의 각각이 "가지고 있는 그것의 여섯 날개"(묵시록 4 : 6, 8)가 뜻하는 것들이나, "그 보좌 위에 서 있는 스랍들"과 그것의 각각이 "가지고 있는 날개들 여섯"(이사야 6 : 1, 2)이 뜻하는 것이 무엇인지도 잘 알 수 있겠습니다.

[6] 속뜻으로 "날개들"이 영적인 진리들이나 또는 믿음에 속한 진리들을 뜻한다는 것은 에스겔서에서 아주 명백합니다. 에스겔서의 말씀입니다.

(주께서 나에게 말씀하셨다.)
"너는 그들에게 말하여라. '나 주 하나님이 말한다.
큰 독수리 한 마리가 레바논으로 갔다.

큰 날개, 긴 깃,
알록달록한 깃털을 가진 그 독수리는
백향목 끝에 돋은 순을 땄다.
독수리는 그 연한 햇순을 잘라서,
상인들의 땅으로 물고 가서,
상인들의 성읍에 놓아 두었다.
그리고 그 땅에서 난 씨앗을 가져다가,
옥토에 심었다.
시냇가에다가 버드나무를 심듯,
물이 많은 시냇가에 그 씨앗을 심었다.
그 씨앗은 싹이 나고,
낮게 퍼지며 자라서,
무성한 포도나무가 되었다.
그 가지들은 독수리에게로 뻗어 올라갔고,
그 뿌리는 땅에 박고 있었다.
그 씨가 포도나무가 되어,
가지를 내뻗고, 덩굴손을 뻗쳤다.
다른 큰 독수리 한 마리가 나타났다.
날개가 크고 깃이 많은 독수리다.
그런데 보아라,
이 포도나무가 뿌리를
그 독수리에게로 뻗고,
가지도
그 독수리에게로 뻗는 것이 아닌가!
이 포도나무는
새로 나타난 그 독수리를 보고
옥토에서 멀리 떨어진 곳에
물을 대달라고 하였다.
그 포도나무를 옥토, 곧
물이 많은 곳에 심은 것은,
가지를 뻗고 열매를 맺어서,

아름다운 포도나무가 되도록 한 것인데,
이 모양이 되고 말았다."
(에스겔 17 : 3-8)

이 예언적인 발설은 주님에 의한 영적인 교회의 재차의 설시를 기술하고 있습니다. 여기에 언급된 "독수리"는 믿음에 관한 것을 뜻합니다. 그리고 "큰 날개와 긴 깃"은 믿음에 속한 진리들을 뜻하고, 그리고 "수 놓은 것"(=알록달록한 것)은 기억지를 뜻하고, 그것에서 자란 성장은 "레바논에서 가져온 백향목의 연한 햇순"이 뜻하고, 그리고 "상인들의 땅"이나 "물이 많은 시냇가에 심은 그 땅에서 난 씨앗"이 그 성장을 뜻합니다. 그리고 그 교회 자체는 거기에서 뻗친 "포도나무"가 뜻합니다. "포도나무"가 영적인 교회를 뜻한다는 것은 1069·5113항을 참조하시고, 그것이 영적인 교회를 뜻한다는 것은 6375항을 참조하십시오. 그러나 다른 독수리로 말미암은 "아름다운 포도나무"가 내적인 교회를 뜻한다는 것은 6376항을 참조하십시오. 왜냐하면 교회에 속한 외적인 것들은 전자 독수리에 의하여 기술되었고, 그리고 교회에 속한 내적인 것들은 후자 독수리에 의하여 기술되었기 때문입니다. 그런 뒤, 고대 사람들에게 설시되었던 그 교회가 어떻게 유대 사람에게서 타락되었는지는 같은 장의 예언에 의하여 기술되었습니다.
[7] 여기서와 같이, 다윗의 글의 "날개들"도 믿음에 속한 진리를 뜻합니다. 시편서의 말씀입니다.

비록 그 여인들이 그 때에
양 우리에 머물러 있었지만,
은을 입힌 비둘기의 날개를 나누었고,
황금빛 번쩍이는 깃을 나누었다.
(시편 68 : 13)

여기서 “비둘기의 날개”는 믿음에 속한 진리를 뜻하고, 그리고 비둘기가 믿음을 뜻한다는 것은 870항을 참조하십시오. “은을 입힌 날개들”이 언급되었는데, 그것은 “은”(銀)이 선에서 비롯된 진리를 뜻하기 때문입니다(1551 · 2954 · 5658 · 6914 · 7999항 참조).
[8] “날개들”이 신령진리를 뜻한다는 것은 아래의 장절들에게서 아주 명백합니다.

오직 주를 소망으로 삼는 사람은
새 힘을 얻으리니,
독수리가 날개를 치며 솟아오르듯
올라갈 것이요,
뛰어도 지치지 않으며,
걸어도 피곤하지 않을 것이다.
(이사야 40 : 31)
주께서 그룹을 타고 날아오셨다,
바람 날개를 타고 오셨다.
(시편 18 : 10 ; 104 : 3)

이 장절들은 신령진리와 그것의 능력에 관해서 다루고 있습니다.

주님이 그의 깃으로 너를 덮어 주시고,
너도 그의 날개 아래로 피할 것이니,
주의 진실하심이 너를 지켜 주는
방패와 성벽이 될 것이다.
(시편 91 : 4)

“주의 날개로 덮어준다”라는 말이나, “그의 날개 아래로 피한다”라는 말은 믿음에 속한 보호와 신뢰(=확신)를 뜻합니다. 그리고 “주의 날개 그늘에 숨겨 준다”(시편 17 : 8)라는 말도 같은 뜻을 뜻하고, “사람들이 하나님의 날개 그늘 아래로 피하여 숨는다”(시편 36

: 7 ; 57 : 1 ; 61 : 4)라는 말이나, 그리고 "나 이제 주의 날개 그늘에서 주님을 즐거이 노래하련다"(시편 63 : 7)라는 말 역시 같은 내용을 뜻합니다.

[9] 대부분의 성경의 표현들이 역시 반대적인 뜻을 가지고 있기 때문에, 마찬가지로 "날개들"도 반대적인 뜻을 가지고 있습니다. 반대적인 뜻으로 "날개들"은 거짓들을 뜻합니다. 묵시록서의 말씀입니다.

> 그 별이 아비소스를 여니, 거기에서 큰 용광로의 연기와 같은 연기가 올라왔습니다. 그래서 해와 하늘이 그 구덩이에서 나온 연기 때문에 어두워졌습니다. 그리고 그 연기 속에서 메뚜기들이 나와서 땅에 퍼졌습니다.……그 날개 소리는 마치 전쟁터로 내닫는 많은 말이 끄는 병거 소리와 같았습니다.
> (묵시록 9 : 2, 3, 9)

여기서 "날개들"은 진리에 대항하여 싸우는 거짓들을 뜻합니다. 왜냐하면 "메뚜기"가 극외적인 것 안에 있는 거짓을 뜻하기 때문입니다(7643항 참조).

8765. "내가 너희를 인도하여 나에게로 데리고 왔다."

따라서 이 말씀은 천계에 있는 사랑에 속한 선에 이르렀다는 것을 뜻한다는 것은 그들을 "그분에게(=나에게) 데리고 왔다"라고 말씀하신 여호와(=주님)가 신령사랑에 속한 신령선을 뜻한다는 사실에서(2586 · 2769 · 2807 · 2822 · 3921 · 4402 · 7010 · 7268 · 7873 · 8301 · 8760항 참조), 그리고 여기서는 천계에 있는 신령사랑에 속한 신령선을 뜻하는 여호와(=주)의 뜻에서(8761항 참조) 잘 알 수 있습니다. 이런 것들이 어떻게 직접적으로 선행한 존재와 밀착(=결합)되었는지는 아주 명백합니다. 왜냐하면 직접적으로 선행한 것에서 "내가 어미 독수리가 그 날개로 새끼를 업어 나르듯이 날랐다"라는 말이, 진리들에 의하여 그들을 천계의 빛에까지 올리웠다는 것을 뜻하기 때문입니다. 우리의 본문절이나, "내가 너희를 인도하여 나에게로 데려왔다"라는 말이, 믿음에 속한 진리들에 의하여 사람을 선에게로 인도하셨다는 것, 따라서 천계에로, 그리고 여기서는 거기에 계신 주님에게로 인도하였다는 것을 보았기 때문에 천계에 있는 사랑에 속한 신령선에게로 인도하였다는 것을 뜻합니다. 왜냐하면 그가 선 안에 있기까지, 다시 말하면 인애에 속한 정동 안에 있기까지는, 사람은 천계에 있을 수 없고, 따라서 주님과 함께 있지 못하기 때문입니다.

[2] 오직 믿음 안에서만 존재하고, 그리고 동시에 믿음에 속한 삶에 있지 않는 자들은, 다시 말하면 인애에 속한 삶에 있지 않는 자들은, 어느 누구나 천계에 오를 수 없고, 그리고 주님에게 가까이 갈 수 있다고 믿으며, 그리고 그가 어떻게 살았느냐는 것은 아무런 문제가 되지 않는다고 믿습니다. 왜냐하면 그들은 사람의 생명(=삶)이 어떤 것인지를 알지 못하기 때문입니다. 그리고 그들이 이 사실을 알지 못하기 때문에, 그들은 삶(=생명)이 아무것도 아니라고 생각합니다. 그러므로 그들에게 악한 사람도 능히 선한 사람과 함께 있을 수 있는지 질문을 받게 되면, 그들은, 악한 사람도 하나님의 자비에 의하여 함께 있을 수 있다고 대답합니다. 그 이유는 그것이 바로 전능에 속한 과업(課業)이라고 믿기 때문입니다. 아니 만약에 그들이 악마가 천계의 천사가 될 수 있는지 여부의 질문을 받게 되면, 그들은 그가 믿음을 영접, 수용하기를 원한다면, 그렇다고 긍정적으로 대답합니다. 왜냐하면 그것을 수용하는 그의 능력에 관해서 그들은 전혀 의심이 없기 때문입니다. 그러나 만약에 그들에게 악이 선으로 바꾸어질 수 있는지 일러지게 되면, 다시 말하면 한 사람에게서 지옥이 천계로 변하는지는 질문을 받게 되면, 그것은 질서에 정반대이기 때문에 그런 일은 불가능하다는 것, 그리고 그러므로 그런 일은 신령진리에 반대가 되고, 따라서 질서 자체이신 하나님 그분에게 정반대가 되기 때문에 불가능하다고 말합니다.

그들은 이런 것에 대하여 이런 것들이 구원에 관한 추론(推論)들이라고 대답합니다. 왜냐하면 그들은 그런 것들에 관해서 전혀 관심이 없기 때문입니다. 이런 사실들에게서 볼 때, 그리고 그 밖의 수많은 고찰(考察)들에게서 볼 때, 밝히 깨달을 수 있는 것은, 오직 믿음의 교리가 구원이나 영생에 인도한다는 것은 무지(無知) 속으로 인도한다는 것이라고 하겠습니다.

8766. "이제 너희가 정말로 나의 말을 잘 듣고……"(=경청한다면……).

이 말씀이 진리의 영접, 수용을 뜻한다는 것은 복종을 가리키는 "듣는다"(=경청한다)라는 말의 뜻에서(2542·3869·4652-4660항 참조) 잘 알 수 있습니다. 그리고 "듣는다"라는 말이 복종(服從)을 뜻하기 때문에, 이 말은 역시 영접이나 수용을 뜻합니다(5471·5475·7216항 참조). 그리고 성언을 가리키는, 따라서 신령진리를 가리키는 "여호와의 음성"(=주님의 말)의 뜻에서(219·220·6971·7573항 참조) 잘 알 수 있습니다.

8767. "내가 세워 준 언약을 지키면……"

이 말씀이 선 안에 있는 삶을 뜻한다는 것, 결과적으로는 결합을 뜻한다는 것은, 계명들에 일치하는 삶을 사는 것을 가리키는, 따라서 선 안에서 사는 것을 가리키는, 그리고 따라서 주님과의 결합을 가리키는 "언약을 지킨다"라는 말의 뜻에서 잘 알 수 있습니다. "언약을 지킨다"라는 말이 계명들에 일치하여 사는 것을 뜻한다는 것, 따라서 선 안에 사는 것, 그리고 주님과 결합된 것을 뜻한다는 것은 언약의 조항들(=규약들)을 지키도록 명령된 모든 것들이기 때문입니다. 그리고 그것들은, 특히 십성언의 계명들과 꼭 같이, "율법들"·"심판들"·"법률들"·"법령들"이라고 불리웠습니다. 이런 것들이 일반적으로 "언약"이라고 불리웠는데, 그것은 언약이 이런 것들로 이루어졌기 때문입니다. 이런 것들을 "지킨다"라는 말이 그것들에 일치하여 사는 것을 뜻한다는 것은 성경말씀에서 "지킨다"

라는 말의 뜻에서 잘 알 수 있습니다. 왜냐하면 성경에서 "계명들을 듣고(=경청하고), 그것들을 지킨다"라는 말이 자주 언급되고 있기 때문인데, 여기서 "듣는다"(=경청한다)라는 말은 믿음 안에서 그것들을 영접, 수용하는 것을 뜻하고, 그리고 "지킨다"(=준수한다)라는 말은 삶에서 그것들을 영접, 수용하는 것을 뜻합니다. 다시 말하면 그것들에 일치하여 사는 것을 뜻합니다. "언약을 지킨다"라는 말이 결합하는 것을 뜻한다는 것은 보편적인 뜻에서 "언약"(言約)은 결합을 뜻하기 때문입니다(665 · 666 · 1023 · 1038 · 1864 · 1996 · 2003 · 2021 · 6804항 참조). 이런 이유 때문에 계명들에 일치하여 사는 사람은 주님과 결합합니다. 왜냐하면 계명들은 삶을 가르치고, 그리고 생명을 주기 때문입니다. 따라서 계명들은 천계에 가는 길을 열고, 그리고 주님을 향한 시각을 열기 때문입니다.

8768. "너희는 나의 보물이 될 것이다"(=너희는 모든 백성보다 나에게 독특한 보물이 될 것이다).

이 말씀이 그 때 그들이 가지고 있는 신령진리는 다른 자들에게 있는 것들에 비하여 더 클 것이라는 것을 뜻한다는 것은, 주님의 소유가 되는 것을 가리키는 "여호와 자신의 소유"라는 말의 뜻에서, 또는 주님의 소유라는 말의 뜻에서 잘 알 수 있습니다. 왜냐하면 "자기 자신의 소유"라는 말은 자산(資産 · 소유 · property)을 뜻하고, 따라서 그분의 소유물을 뜻하기 때문입니다. 이 말이 성언을 가지고 있는 자들을 뜻한다는 것은, 성언을 가지고 있는 자들은, 다시 말하면 거기에 교회가 있는 자들이라는 것은, 다른 자들에 비하여 "주님의 소유"라는 것을 언급하고 있기 때문입니다. 그들이 "주님의 소유"라고 하는 것은 요한복음서 1장 11절과 10장 2-4절의 주님말씀에서 아주 명확합니다. 교회에 속한 자들이 "주님 자신의 소유"라고 한 것은, 따라서 성언이 그들에게 있는 자들이라고 한 것은 모세의 글에서도 명확합니다. 시편서의 말씀입니다.

주께서는 야곱을
당신의 것으로 택하시며,
이스라엘을 가장 소중한 보물로 택하셨다.
(시편 135 : 4)

여기서 "야곱"과 "이스라엘"이 교회에 속한 자들을 뜻한다는 것과 그리고 그들에게 성언이 있다는 것은 아주 명확합니다. 모세의 글에서도 마찬가지입니다.

너희는 주 너희 하나님의 거룩한 백성이요, 주 너희의 하나님이, 땅 위의 많은 백성 가운데서 선택하셔서, 당신의 보배로 삼으신 백성이기 때문이다.
(신명기 7 : 6 ; 14 : 2)

[2] 성언을 가지고 있는 자들이 자기 자신의 소유와 그리고 다른 자들에 비하여 월등한 재산을 가지고 있다는 것은, 그들이 진리들과 믿음에 속한 선들을 알고 있기 때문입니다. 그리고 이것이 사실이기 때문에 그들은 다른 자들에 비하여 월등하게 천계의 삶을 살 수 있고, 그리고 따라서 그들은 주님과 결합할 수 있습니다. 왜냐하면 사람에게서 천계를 이루는 선은 믿음에 속한 진리들에게서 자신의 성품을 취하기 때문입니다. 따라서 이러한 선은, 성언에게서 비롯된 진리들을 가리키는, 본연의 진리들을 가지고 있는 자들에게서 보다 더 천계적인 것이 되고, 보다 더 신령한 것이 되기 때문입니다. 그러나 그것은 그들이 그것들을 지킬 때이고, 또한 삶이 그것들에 일치할 때입니다. 이러한 내용이 모세의 글에 있는 경우가 되겠습니다. 신명기서의 말씀입니다.

오늘 너희는 너의 주를 하나님으로 모시고, 그의 길을 따르며, 그의 규례와 명령과 법도를 지키며, 그에게 순종하겠다고 약속하였다. 주께서 너희에게 약속하신 대로, 오늘 너희를 주님의 소중한 백성으로 받아들이고, 그의 모든 명령을 다 지켜야 한다고 선언하셨다.
(신명기 26 : 17, 18)

8769. "온 세상이 다 나의 것이다"(=이는 온 땅이 내 것이기 때문이다).
이 말씀이 주님께서 천지(天地)에 있는 모든 능력(=권세)을 가지고 계신다는 것을 뜻한다는 것은, 속뜻으로 땅에 있는 주님의 나라와 천계에 있는 주님의 나라를 가리키는 "온 세상"(=온 땅 · earth)의 뜻에서(1413 · 1607 · 4447항 참조) 잘 알 수 있습니다. 이런 능력(=권세 · power)을 가지신 분이 주님이시라는 것은 성경에서 "여호와"가 주님을 뜻하기 때문입니다(1343 · 1736 · 2921 · 3035 · 5663 · 6281 · 6303항 참조). 주님께서 천지(天地)의 모든 권세를 가지셨다는 것은 주님께서 친히 마태복음서 28장 16, 18절에서 말씀하셨습니다(8331항 참조).

8770. "너희의 나라는 나를 섬기는 제사장 나라가 될 것이다"(=너희는 나에게 제사장들의 나라가 될 것이다).
이 말씀이 그 때 진리에 속한 선이 그들에게 있을 것이라는 것을 뜻한다는 것은 진리에 속한 선인, 여기서는 영적인 선을 가리키는, 다시 말하면 진리에 의하여 영적인 교회의 사람에게 인도된 선을 가리키는, "제사장들의 나라"의 뜻에서 잘 알 수 있겠습니다. 이 선을 "제사장들의 나라"가 뜻한다는 것은, 이것이 야곱의 가문과 이스라엘의 자손에게 일러진 말이기 때문입니다. 그런데 이들은 전자는 외적인 영적인 교회를 표징하고, 후자는 내적인 영적인 교회를 표징하기 때문입니다(8762항 참조). 더욱이 "나라"(kingdom)는 진리를 뜻하고(1672 · 2547 · 4691항 참조), "제사장들"(priests)은 선을 뜻합니다. 왜냐하면 제사장들이 표징하는 주님의 제사장적인 임무는 신령선을 뜻하고, 주님의 왕들의 임무는 신령진리를 뜻하기 때문입니다(1728・2015・3670・6148항 참조).
[2] 야곱의 후손 가운데 있었던 표징적인 교회(the representative church)에서 처음에는 사사들의 나라(a kingdom of Judges)가 있었고, 그 뒤에는 제사장들의 나라(a kingdom of priests)가 있었고, 그 뒤 종국에는 왕들의 나라(a kingdom of kings)가 있었습니다. 그리고 사사들의 나라는 신령선에서 비롯된 신령진리를 표징하고, 역시 사사들인, 제사장들의 나라는 신령진리의 근원인 신령선들을 표징하고, 그리고 왕들의 나라는 신령선이 결여된 신령진리를 표징합니다. 그러나 사제(司祭)의 임무에 속한 어떤 것이 왕적인 임무와 결합되었을 때 그 때의 왕들은, 왕적인 임무와 결합되었을 때 그 때 그 때의 왕들은 왕적인 임무에 결합된 사제적인 선이 많은 것에 비례하여 신령진리를 표징합니다.
[3] 그들이 천계에 있는 상태들을 표징하기 위하여 유대 교회의 이런 모든 것들은 제정되었습니다. 왜냐하면 천계에는 두 나라가 있는데, 그 중의 하나는 천적인 왕국(the celestial kingdom)이라고 하고, 그리고 다른 하나는 영적인 왕국(the spiritual kingdom)이라고 하기 때문입니다. 천적인 왕국은 주님의 사제적인 임무라고 불리우는 것이고, 영적인 왕국은 주님의 왕적인 임무라고 불리우는 것입니다. 후자에게서는 신령진리가 다스리고, 전자에게서는 신령선이 다스립니다. 천적인 왕국의 표징은, 그들이 왕을 세우기를 요청하였을 때, 소멸하기 시작하였기 때문에, 그러므로 천계에 있는 주님의 나라에 속한 표징적인 것이 계속해서 이어져 존재하기 위하여, 유다의 지파는 이스라엘의 지파에게서 분리되었습니다. 그리고 유다의 나라는 주님의 천적인 나라를 표징하고, 이스라엘의 나라는 주님의 영적인 나라를 표징하였습니다.
[4] 이런 사실들을 아는 자들은, 야곱의 후손 가운데 있었던 정부의 형체들이 계속적으로 변한 그 이유를 알 수 있고, 그리고 그들이 자신들을 위하여 한 임금 세우기를 요청하였을 때, 그들이 왕

을 세우는 것에 의하여 그들이 여호와를 배척할 것이라는 것과 그리고 그 왕이 그들을 다스리는 왕이 안 될 것이라는 것을 여호와께서 사무엘을 통하여 그들에게 일러준 이유를 알 것입니다(사무엘상 8 : 7). 그 때 그들에게 사무엘 상서 같은 장 11절과 그 아래 절에서 왕의 권한(權限)이 일러졌는데, 그것에 의하여 선이 결여(缺如)된 신령진리가 기술되었습니다. 위에 언급된 이런 것들을 아는 자들은, 사제에 속한 어떤 것들이 다윗에게 부여된 이유를 역시 알 수 있습니다. 그리고 또한 솔로몬 임금 시대 이후 그 나라가 두 나라로 갈라진 이유도 알 것입니다. 그 나라는 이름 하여 유다 나라와 이스라엘 나라로 분열되었습니다. 천계에 있는 두 나라에 관해서는 3635 · 3883-3896 · 4112 · 4113 · 4138항을 참조하십시오.

8771. "너희는 거룩한 민족이 될 것이다."

이 말씀이 이와 같이 영적인 왕국을 뜻한다는 것은 선 안에 있는 자들을 가리키는 "민족"의 뜻에서(1259 · 1260 · 1416 · 1849 · 6005항 참조), 그리고 선에 속한 진리에 관해서 서술하는 "거룩하다"(holy)라는 말의 뜻에서(6788 · 7499 · 8127 · 8302 · 8330항 참조) 잘 알 수 있습니다. 결과적으로는 "거룩한 민족"이 진리의 근원을 가리키는 선을 뜻합니다. "제사장들의 나라"와 그리고 "거룩한 민족"이 언급되었고, 그리고 이들 각각의 표현은 영적인 나라를 뜻하지만, 그러나 거기에는 차이가 있습니다. "제사장들의 나라"는 진리에서 비롯된 선 안에 있는 자들을 뜻하지만, 그러나 "거룩한 민족"은 선 안에 있고, 그리고 거기에서 비롯된 진리 안에 있는 자들을 뜻합니다. 진리에서 비롯된 선 안에 있는 그 진리들을 통하여 주님을 우러르지만, 그러나 선 안에 있고, 그리고 그것으로 인한 진리 안에 있는 자들은 주님 안에 있고, 그리고 그분으로 인하여 그들은 진리들을 주시(注視)합니다. 이런 두 상태들은 중생하는 과정에 있는 자들에게서 서로서로 교호적으로 계승됩니다. 그리고 그들 안에는 영적인 교회가 있습니다. 다시 말하면 천계에 속한 삶 안에 있습니다. 이러한 일은 주님에 의하여 주입, 활착됩니다. 왜냐하면 진리를 통하여 그들은 선에 안내되고, 따라서 천계에 인도되기 때문입니다. 그 이유는 천계가 곧 선이기 때문이고, 그리고 그들이 천계에 있을 때, 그 때 거기에는, 그리고 그것으로 인하여 그들은 진리들을 우러르기 때문입니다.

8772. "너는 이 말을 이스라엘 자손에게 일러주어라"(=이것이 네가 이스라엘 자손에게 고할 말이다).

이 말씀이 선 안에 진리들의 수용을 위한 입류를 뜻한다는 것은, 신령존재가 언급될 때, 입류를 가리키는 "말한다"(=일러준다 · 고한다 · speaking)라는 말의 뜻에서(2951 · 5481 · 5743 · 5797 · 6152 · 6291 · 8128 · 8660항 참조), 잘 알 수 있습니다. 우리의 본문절이 선 안에서 진리들의 수용을 위한 것을 뜻한다는 것은, 영적인 교회를 뜻하는 이스라엘 자손에 관해서 언급되었기 때문입니다. 그리고 또한 영적인 교회는, 진리들이 그것 안에 내재해 있는 선 안에 있는 자들에게 있기 때문입니다. 진리들이 내재해 있는 선한 자의 경우가 어떠한 것인지 간략하게 언급하겠습니다. 진리들로 말미암은 선에 속한 형체들을 아는 사람은 천계의 진정한 비의(=비밀 · 秘義)를 압니다. 왜냐하면 그 사람은 새로운 사람에 속한 형체들의 비의를 알기 때문입니다. 다시 말하면 그 사람이 가지고 있는 천계의 형체나 또는 주님의 나라의 형체를 알기 때문입니다. 모든 기독교의 선이나, 또는 영적인 선은 본질적으로 믿음에 속한 진리들을 가지고 있습니다. 왜냐하면 이런 선(=기독교의 선)의 성질은 믿음에 속한 진리들로 인하여 존재하기 때문입니다. 믿음에 속한 진리들로부터 자기 자신의 성품을 취하지 않은 선은 진정한 기독교의 선이 아니고, 오히려 그것은, 영원한 생명(永生)을 주지 못하는 자연적인 선이기 때문입니다. 그 이유는 자연적인 선은 그것 안에 오직 짐승의 생명과 다르지 않은 자연적인 생명만을 가지고 있기 때문입니다. 왜냐하면 그들은, 그들이 온순할(gentle) 때 선 안에 있지만, 그러나 짐승들은 영적인 생명을 수용할 수 없기 때문입니다. 이렇게 볼 때, 영적인 생명은 오직 믿음에 속한 진리들에 의하여 터득된다는 것은 잘 알 수 있겠습니다.

[2] 이 생명, 다시 말하면 영적인 생명은 처음에는 믿음에 속한 것들인 진리들을 아는 것에 의하여 터득되고, 그 뒤에는 그것들의 시인에 의하여 터득되고, 종국에는 그것들을 믿는 것에 의하여 터득됩니다. 그것들이 단순하게 다만 알게 되었을 때, 그것들은 말하자면, 대문에 있는 것이고, 그리고 그것들이 시인되었을 때는 그것들은 복도의 입구에 있는 것이지만, 그러나 그것들이 믿게 되었을 때 그것들은 내실(內室)에 있는 것입니다. 그러므로 그것들은 외면적인 것들로부터 계속해서 내면적인 것들로 진전합니다. 내면적 사람 안에는 선이 있는데, 그것은 주님으로부터 계속해서 유입합니다. 그리고 그것은 거기에서 진리들과 자기 자신을 결합시키고, 그리고 그 선은 그것들을 믿음이 되게 하고, 그 뒤에는 인애가 되게 합니다. 이 선은 자기 자신에게 진리들을 끌어당깁니다. 왜냐하면 그것이 그것들을 위하여 열망(熱望)하기 때문인데, 그것은 그것들을 통하여 자기 자신에 대한 성품을 생성하기 위한 것이고, 따라서 자기 자신을 명료하게 드러내기 위한 것입니다.

[3] 그러므로 이런 진리들이 선과 결합되었을 때, 그 때 그 사람은 중생되는 것입니다. 왜냐하면 그 때 그 사람을 진리들로 말미암아 더 이상 믿어야 하는 것이 무엇인지 찾지 않고, 행하여야 하는 것이 무엇인지 찾지 않고, 오히려 그가 진리들로 인하여 감화되었기 때문에, 선으로부터 그것들을 찾고, 그리고 또한 그 사람 자신 안에 그것들을 지니고 있기 때문입니다. 그리고 그 사람은 자기 자신의 선으로 말미암아 그 사람이 자신이 볼 수 있는 것들 이외의 다른 근원에서부터 그 어떤 진리들에 대한 관심 또한 없기 때문입니다. 그리고 그 사람은 계속해서 더 많은 것을 보는데, 그 이유는

그것들이 마치 그들의 부모에게서 자녀들이 생성되는 것과 같이, 거기에서 계속해서 생성되기 때문입니다. 이런 자녀들은, 이른바 "천계적인 혼인"(the heavenly marriage)이라고 부르는 선과 진리의 결합(=혼인)에서 생성됩니다. 거기에서 생성된 진리들은, 자신들 안에 선을 가지고 있는데, 그 이유는 그것들이 이런 혼인에서 출산되었기 때문입니다. 이런 진리들은 중단 없이 선에 들어오고, 그리고 그것을 증대, 확산합니다. 그리고 이런 확대나 증대는 영원히 계속됩니다. 이상에서 볼 때, 중생과정에 있는 사람에게 있는 두 상태가 어떤 것인지 명확하게 알 수 있겠습니다. 그것에 관해서는 7992 · 8643 · 8648 · 8658 · 8685 · 8690 · 8701항과 8516 · 8539 · 8722항을 참조하십시오,

8773. 모세가 돌아와서 백성의 장로들을 불러모았다.

이 말씀이 진리에 속한 총명 안에 있는 중요한 인물들의 선발을 뜻한다는 것은 선발(選發 · 選擇 · choosing)을 가리키는 "자신에게 불러모았다"라는 말의 뜻에서, 그리고 진리에 속한 총명 안에 있는 중요한 인물들을 가리키는, 그리고 인물에서 드러난 추상적인 뜻으로는 중요한 진리들을 가리키는 "백성의 장로들"의 뜻에서(6524 · 6525 · 6890 · 8578 · 8585항 참조) 잘 알 수 있습니다. 여기의 내용은 이러합니다. 우리의 본문장에서 다루어지고 있는 선 안에 있지만, 아직까지 진리들에 의하여 개혁(改革)되지 않은 자들은 처음에는 주님에 의하여 중요한 진리들에 의하여 개혁되지만, 다시 말하면 일반적인 진리들에 의하여 개혁됩니다. 그런데 그 진리들 안에는, 그리고 그 진리들로 말미암아 나머지는 존재합니다. 중요한 진리들, 이를테면 하나님은 한 분이시라는 것, 주님께서는, 그분이 인류를 구원하시기 위하여, 한 사람(a man)으로 태어나셨다는 것, 그리고 천계와 지옥이 존재한다는 것, 그리고 선하게 산 사람들은 천계에 오르지만, 악하게 산 사람들은 지옥으로 떨어진다는 것, 하나님사랑하고, 이웃사랑하는 계명은 곧 나머지 계명들이 거기에 매

여 있다는 것, 그리고 이 사랑은 믿음을 통하지 않고서는 불가능하다는 것 등등입니다. 이런 것들이나 유사한 것이 중요한 진리들인데, 이런 것들은 처음에는 주님에 의하여 중생과정에 있는 사람이 가지고 있는 선 안에 주입됩니다. 이런 진리들이 주입되었을 때, 그리고 그 진리들이 선에 속한 진리들이 되었을 때, 그 때 나머지 것들은 주입됩니다. 그리고 이런 일반적인 진리들이나, 중요한 진리들 안에는, 그리고 그런 것들 하에는, 그런 것들은 천계적인 형체(the heavenly form)에 일치하여 질서 정연하게 놓이고, 그리고 따라서 계도들에 의하여 천계에 속한 생명(=삶)을 그 사람 안에 존재하게 합니다. 그리고 그 사람으로 하여금 이른바 작은 형상으로서의 하나의 천계가 되게 합니다. 다시 말하면 그의 이해와 그의 의지에 속한 모든 것들은 천사들의 선들이나 진리들과의 제휴의 상태에 있게 하고, 따라서 천사들과 함께 있게 합니다.

8774. 주께서 (자기에게 하신 이 모든 말씀을 그들에게) **선포하였다** (=그들 앞에 두었다).

이 말씀이 입류와 더불어 분명하게 선언된 것을 뜻한다는 것은, 분명하게 설명된 것을 가리키는 "그들 앞에 말씀을 두었다"(=선포하였다)라는 말의 뜻에서 잘 알 수 있습니다. 이 말씀이 입류와 함께 하는 것을 뜻한다는 것은, 신령존재께서 하실 때에는 "말한다"(speaking)라는 말이 입류를 뜻하기 때문입니다(8772항 참조).

8775. 주께서 자기에게 하신 이 모든 말씀…….

이 말씀이 신령존재에게서 온 것을 뜻한다는 것은 특별한 설명이 없이도 잘 알 수 있겠습니다.

8776. 모든 백성이 다 함께 응답하였다.

이 말씀이 수용(受容·reception)을 뜻한다는 것은 수용을 가리키는 "응답"(=대답)의 뜻에서 잘 알 수 있습니다. 그리고 "모든 말씀이 일러졌을 때"에는 입류를 뜻합니다(8772항 참조). "대답"(=응답)이 다른 장절들에서도 영접이나 수용을 뜻한다는 것은 2941·

2957항을 참조하십시오. 왜냐하면 그것은 입류에 속한 상호(相互)적인 것이기 때문입니다(2919 · 4096 · 8340항 참조).

8777. (모든 백성이 다 함께) **"주께서 말씀하신 모든 것을 실천하겠습니다" 하고 응답하였다.**

이 말씀이 신령존재에게서 비롯된 입류에 순응한다는 것을 뜻한다는 것은, 신령존재에게서 비롯된 입류에 일치하는 것을 가리키는 "주께서 말씀하신 것을 실천한다"라는 말의 뜻에서 잘 알 수 있습니다. 왜냐하면 "말한다"(speaking)라는 말이 입류를 뜻하기 때문입니다(8772항 참조). 그리고 여기서 "여호와"(=주님)는 신령존재(神靈存在 · the Divine)를 뜻합니다.

8778. 모세는, 백성이 한 말을 주께 그대로 말씀드렸다(=보고하였다).

이 말씀이 대응(對應)과 결합(結合)을 뜻한다는 것은, 대응과 결과적으로는 결합을 가리키는 "주께 그대로 말씀드렸다"라는 말의 뜻에서 잘 알 수 있습니다. 왜냐하면 다루고 있는 주제가 백성과 맺은 언약(言約 · covenant)이기 때문입니다. 그리고 언약들은 양쪽의 동의(同意)에 의하여 이루어지기 때문에, 그러므로 여기에 닮은 어떤 것이 행해졌습니다. 다시 말하면 여호와께서는 제안(提案)하고, 백성은 대답하였습니다. 그리고 여기서 모세를 통해서 그 일이 행해졌는데, 여기서 모세는 천계에서 신령진리와 결합된 신령존재에게서 비롯된 진리를 표징합니다(8760항 참조). 따라서 이것은 중간적인 매체(媒體)입니다. 그러나 언약은, 신령존재에게서 비롯된 진리의 입류와 수용에 통하는 것을 제외하면, 그리고 그 때 대응에 통하는 것을 제외하면 그 어떤 다른 것에 의해서 사람과의 결합은 이루어질 수 없습니다. 왜냐하면 보다 높은 것들은 보다 낮은 것에게로 입류할 때, 그것은 그 어떤 방법으로 수용되지 않기 때문입니다.

[2] 대응(對應)이 무엇이고, 그리고 그것에 의한 수용(受容)이 무

엇인지는 우리의 본문장 말미에서 천계에 있는 것들과 사람 안에 있는 모든 것들의 대응관계에 관해서 입증된 내용에서 잘 알 수 있습니다. 그리고 또한 영적인 것들과 자연적인 것들의 결합에 관해서, 그리고 높은 것들과 낮은 것들에 속한 일반적인 결합이 이와 같은 대응들을 통하여 이루어졌다는 것에 관해서 언급된 내용에서 잘 알 수 있습니다. 왜냐하면 낮은 것들이 종속적인 관계를 통하여 높은 것들에 종속시키는 일이 이루어지지 않는다면 그 어떤 대응도 존재하지 않기 때문입니다. 그리고 그것들이 종속적인 관계를 이룰 때 높은 것들은, 마치 하나의 원인이 그것의 결과에서 작용하는 것과 꼭 같이, 낮은 것들 안에서 활동합니다. 이상에서 볼 때, 신령존재가 입류할 때 사람에게 있는 상호작용(相互作用・相互性)이 어떤 것인지를 잘 알 수 있게 합니다. 그리고 언약들이 이루어진 방법인 문자적인 뜻으로 그 결합에 관해서 여기에 잘 기술되었습니다. 다시 말하면 여호와(=주님)께서 매개자(媒介者)에 의하여 백성에게 말씀하신다는 것, 그리고 매개자가 여호와에게 그 대답을 보고하였다라는 것에 의하여 잘 기술되었습니다. 왜냐하면 이런 방법으로 신령존재와의 결합은 사람에 의하여 지각되고, 이해되었기 때문입니다.

8779. 9절. **주께서 모세에게 말씀하셨다. "내가 짙은 구름 속에서 너에게 나타날 것이니, 내가 이렇게 하는 까닭은 내가 너와 말하는 것을 백성이 듣고서, 그들이 영원히 너를 믿게 하려는 것이다." 모세가 백성이 한 말을 주께 다시 아뢰었다.**

"주님(=여호와)께서 모세에게 말씀하셨다"라는 말씀은 계시(啓示)에 관해서 신령존재에게서 비롯된 진리를 통한 신령존재의 입류(入流)를 뜻합니다. "보아라, 내가 짙은 구름 속에서 너에게 나타날 것이다"라는 말씀은 그것이 모든 것의 가장 자연적인 것이 하나의 형체 안에서(in a form) 이루어질 것이라는 것을 뜻합니다. "백성들이 내가 너와 말하는 것을 들을 것이다"라는 말씀은, 영적인 교회에 속한 자들은 신령한 것들을 이해하고, 감지(感知)할 것이라는 것을 뜻합니다. "그들이 영원히 너를 믿게 하려는 것이다"라는 말씀은, 앞으로 경험하게 될 진리에 속한 믿음이 거기에 있을 것이라는 것을 뜻합니다. "모세가, 백성이 한 말을 주께 다시 아뢰었다"라는 말씀은, 대응과 결합을 뜻합니다.

8780. 주께서 모세에게 말씀하셨다.

이 말씀이 계시(啓示)에 관한 신령존재에게서 비롯된 진리를 통한 신령존재의 입류를 뜻한다는 것은, 신령존재에게서 비롯된 계시를 다룰 때 입류를 가리키는 "말한다"(saying)라는 말의 뜻에서 잘 알 수 있습니다. 다른 장절에서 "말한다"(saying)라는 말이 입류를 뜻한다는 것은 5743 · 7291 · 7381 · 8221 · 8262 · 8660항을 참조하십시오. 그리고 "여호와"(=주님 · Jehovah)가 계시가 비롯된 근원인 신령존재를 뜻한다는 것은 아주 명확합니다. 그리고 또한 "모세"가, 계시가 그것을 통해서 비롯된 신령존재에게서 비롯된 진리를 뜻합니다(6771 · 6827 · 7014항 참조). 그리고 입류가 계시에 관한 것이라는 것은 아래에 언급된 내용에서 잘 알 수 있습니다. 다시 말하면 "주께서 짙은 구름 속에서 그들에게 나타날 것이다"라는 것과 "내가 이렇게 하는 까닭은 내가 너와 말하는 것을 백성이 듣고서, 그들이 영원히 너를 믿게 하려는 것이다"라는 말씀이 곧 계시와 그것의 성질을 뜻한다는 내용에서 잘 알 수 있습니다.

[2] 여기에서 계시는 속뜻으로 시내 산에서 이스라엘 백성에게 행하여진 그런 계시를 뜻하지 않습니다. 다시 말하면, 주께서 큰 음성으로 말씀하셨다는 것이나, 그리고 그 주위에 서 있는 백성이 들었다는 것을 뜻하지 않습니다. 그러나 이런 계시는 하나의 큰 음성으로 이루어진 그런 것을 뜻하지 않고, 오히려 사람 안에서 행하여진 내적인 계시를 뜻합니다. 이 계시는 내적인 시각의 조요에 의하여 생성된 것으로, 그것은 선에서 비롯된 진리의 정동 안에 있는 사람이 성언을 읽을 때, 이해에 속한 것입니다. 그 때 이 조요(照

耀)는, 천계에 있는 태양이신 주님에게서 비롯된 천계의 빛에 의하여 이루어집니다. 이 빛에 의하여 이해는 조요되지만, 그러나 눈에 속한 외적인 시각은 그것에 의해서는 결코 조요될 수 없는데, 그 빛이 곧 이 세상의 태양에서 온 빛을 가리킵니다. 이해가 신령빛에 의하여 조요될 때 그 때 그것은 참된 것이 참된 것 되게 하는 것을 지각합니다. 그리고 그것은 본질적으로 내적으로 그것을 시인합니다. 마치 그것을 직접 보듯이 말입니다. 이러한 내용이, 그들이 성언을 읽을 때 선에서 비롯된 진리의 정동 안에 있는 자들의 계시입니다.

[3] 그러나 악에서 비롯된 진리의 정동(=탐욕) 안에 있는 자들은, 다시 말하면 온갖 영예나 재물이나 명성이나 이와 같은 것들을 목적해서 단순히 진리들을 알려고 열망하는 자들은 결코 진리들을 보지 못하고, 오히려 그것들이 참인지 거짓인지를 식별하는 그들의 교회에 속한 교리적인 것들을 확증하는 그런 것들만을 볼 뿐입니다. 그 때 이런 사실을 밝히는 빛은, 천계에서 비롯된 신령빛이 아니고, 오히려 지옥적인 것들에 속한 감관적인 빛(a sensuous light)인데, 그 빛은, 천계적인 빛의 임재(=현존)에서 칠흑같이 짙은 흑암을 만듭니다. 왜냐하면 이런 인물들이 성언을 읽을 때 그들은, 그들의 교리와 일치하지 않고, 진리에 대해서는 전적으로 장님이기 때문입니다. 예를 들어 보겠습니다. 구원은 오직 믿음 안에 있다(依唯信得義)라는 교리를 가지고 성언을 읽을 때, 그들은, 사랑이나 인애에 관해서 언급된 것들에 대해서는 전혀 관심조차 두지 않습니다. 아니, 그들은 그런 것들을 보지도 못합니다. 그 이유는, 그들의 이런 것들은 마치 오직 어둠 속으로 떨어지기 때문입니다. 그들의 이런 것들은 마치 오직 한쪽에만 있는 것과 같고, 또한 그것들의 뒤에만 있는 것과 같습니다. 그것은 마치 이 세상에 있는 다른 모든 민족들 위에 자기 자신들을 두는 유대 민족이, 예언서들에게서 뜻하는 분이 주님이시라는 것을 보지 못하는 것과 꼭 같다고 하겠

습니다. 그럼에도 불구하고 이러한 사실은 아주 명료하게 언급되었습니다.
[4] 그 이유는, 그들이 메시아에 관해서 그들 자신의 가르침이 확증한 것만을 알고, 믿기 때문입니다. 그 메시아는 영웅적인 권능자로서 이 세상에 올 것이고, 그리고 그는 모세가 행한 것 보다 더 큰 이적을 행할 것이라는 것이고, 그리고 그는 그들을 가나안 땅으로 데리고 갈 것이라는 것입니다. 그리고 그들은 모두 그들을 에워싸고 있는 그들의 변방에 있는 이방 사람들의 간구(懇求)를 들었기 때문에, 장관(壯觀)의 행렬과 더불어 그 때 행군할 것이라는 것 등등입니다. 이런 모든 것들이 그들의 가르침에 속해 있기 때문에 그들은 주님에 관해서 그 어떤 것도 알지 못합니다. 그러나 그것은 그들에게는 마치 짙은 흑암일 뿐입니다. 이런 일련의 내용들이 모든 다른 자들이 범하는 과오들입니다. 이상에서 우리는 성언에서 비롯된 진리에 속한 계시가 어떠한 것인지 잘 알 수 있겠습니다.

8781. "보아라, 내가 짙은 구름 속에서 너에게 나타날 것이다." 이 말씀은 그 일이 모든 것에 속한 가장 자연적인 것인 하나의 형체 안에 이루어질 것이라는 것을 뜻한다는 것은, 주께서 모세에게 말씀하셨을 때, 모세가, 계시를 가리키는 영적인 교회에 속한 신령존재에게서 비롯된 진리를 표징한다는, 따라서 계시를 가리키는 우리의 본문인 "너에게 나타날 것이다"라는 말의 뜻에서(8760항 참조), 그리고 문자 안에 있는 구약의 성언을 가리키는, 모든 것에 속한 가장 자연적인 것이 하나의 형체(in a form) 안에 있다는 것을 가리키는 "짙은 구름"(=구름의 짙음)의 뜻에서 잘 알 수 있습니다. "구름"(a cloud)이 문자로 존재하는 성언을 뜻한다는 것은 창세기 18장의 서문과 그리고 4060·4391·5922·6343·6752·8106·8443항을 참조하십시오. "짙음"(density)이 불영명의 상태를 뜻한다는 것, 그리고 이런 것은 오직 감관적인 빛에서 비롯된 사람의 생각에 속한 것이라는 것, 다시 말하면 모든 것에 속한 가

장 자연적인 것을 뜻한다는 것입니다. 이와 같은 상태는 야곱의 후손이 있었던 그 때의 것을 가리킵니다. 그리고 또한 신령존재에 관한 측면에서 보면 작금의 유대 사람의 상태라고 하겠습니다. 왜냐하면 신령존재는, 그의 삶의 상태나 그것에서 비롯된 지각에 일치하는 것 이외의 다른 어느 누구에게도 나타나 보이지 않기 때문입니다. 따라서 천계적인 빛은, 유대 민족이 다른 자들에 비하여 월등하다고 하는 사랑에 빠져 있는데, 이와 같은 자기사랑이나 세상사랑에 빠져 있는 자들에게는 짙은 구름과 꼭 닮았습니다. 문자 안에 있는 성언은, 특히 예언적인 성언(the prophetic Word)은 성언의 내적인 뜻에 대하여 상대적으로는 전혀 다른 뜻입니다. 성언의 속뜻에는 빛이 있습니다. 그리고 이런 부류의 빛은 구름들 위에 존재하는 태양의 빛에 비교되겠습니다. 그리고 이 빛은 성언에서 "광영"(光榮 · glory)이라고 불리웠습니다. 그러므로 성경에는, 여호와께서는 "구름들 위에서 운행하신다" "구름들을 타고 다니신다" "그것들 위를 날으신다" "그것들 위에 거처를 두셨다"라고 언급되고 있습니다. 그리고 또한 주님께서는, 만약에 그것들이 주님께서 천계에 있는 진리의 빛을 뜻하지 않는다면, 그리고 "구름"이 그들이 있는 아래에 있는 진리의 그림자를 뜻하지 않는다면, 여호와에 관해서, 다시 말하면 주님에 관해서 결코 언급될 수 없는 수많은 유사한 설명들이나 표현들과 더불어 "하늘의 구름들을 타고 올 것이다"라고 언급되었습니다.

8782. "내가 이렇게 하는 까닭은 내가 너와 말하는 것을 백성이 듣게 하기 위해서이다."

이 말씀이, 영적인 교회에 속한 자들이 신령한 것들을 이해하고 파악하기 위한 것이라는 것은 뜻한다는 것은 지각하는 것을 가리키는 "듣는다"(hearing)라는 말의 뜻에서(5017항 참조), 따라서 이해하고, 파악하는 것을 가리키는 "듣는다"라는 말의 뜻에서, 그리고 위에서 자주 언급한 것과 같이, 영적인 교회에 속한 자들을 가리키는, 그리고 여기서는 백성을 가리키는 이스라엘 자손의 표징에서, 그리고 신령진리를 가리키는 "내가 말할 때"라는 말의 뜻에서 잘 알 수 있습니다. 왜냐하면 "여호와(=주님)의 음성"은 신령진리를 뜻하기 때문입니다(219·220·3563·6971항 참조). 그리고 "그분의 말씀" 역시 그것을 뜻하기 때문입니다.

8783. "그들이 영원히 너를 믿게 하려는 것이다."

이 말씀이, 앞으로 경험하게 될 진리에 관한 믿음이 거기에 있을 것이라는 것을 뜻한다는 것은 신령존재에게서 비롯된 진리를 가리키는 모세의 표징에서(6771·6827·7014항 참조), 그리고 믿음을 가리키는 "믿는다"(believing)라는 말의 뜻에서, 그리고 경험하게 될 것을 가리키는 "영원히"라는 말의 뜻에서 잘 알 수 있습니다. 여기서의 경우는 이러합니다. 신령진리는, 만약에 그의 이해나 파악에 조절되지 않는다면, 결과적으로 그것이 자연적인 형체나 모양 안에 나타나는 일이 없다면, 어느 누구에게도 수용될 수 없습니다. 왜냐하면 처음에 인간의 마음들은 지상적인 것이나, 이 세상적인 것들을 제외하면 아무것도 이해하지 못하고, 파악하지 못하였기 때문입니다. 그리고 또한 영적인 것들이나 천계적인 것들을 전혀 이해하지 못하고, 파악하지도 못하였습니다. 그러므로 만약에 영적인 것들이나 천계적인 것들이 발가벗겨진 채로 발설되었다면, 그것들은 요한복음서의 주님의 말씀에서와 같이, 그것들이 아무것도 아닌 것처럼, 배척될 것입니다. 요한복음서의 말씀입니다.

> 내가 땅의 일을 말하여도 너희가 믿지 아니하거든, 하물며 하늘의 일을 말하면 어떻게 믿겠느냐?
> (요한 3 : 12)

그럼에도 불구하고 하물며 어느 누가, 주님의 강림 전에 살았던 자들이 영적인 것들을 이해할 수 있겠으며, 그리고 그들은 그들이 사후(死後)의 삶에 관해서, 속사람에 관해서, 인애나 믿음에 관해서 그리고 천계적인 것들에 관해서 그 어떤 것도 알려고 하지 않기 때문에, 그들은 아무것도 모르는 그런 장님의 상태에 종국에는 빠지게 됩니다. 이러한 것들을 그들은, 그것들을 혐오감(嫌惡感)에서 보기 때문에, 배척합니다. 왜냐하면 땅에 속한 것들이나 이 세상적인 것들을 목적으로 여기는 자들은, 다시 말하면 모든 것들에 비하여 월등하게 그것들을 애지중지(愛之重之)하는 자들은 혐오감에서 영적인 것들을 생각하기 때문이고, 그리고 거의 그것들의 이름조차도 증오하기 때문입니다. 작금의 상태는 거의 동일한 상태에까지 이르렀습니다. 이 세상의 학자들은, 만약에 천계적인 것들이 적나라하게 발설되었다면, 그리고 만약에 그것이 그와 같이 소박하게 기술되지 않았다면, 그들은 보다 더 일찍이 성언을 영접, 수용하였을 것이라는 것을 사실 믿을 것입니다. 그러나 그들은 아주 아주 큰 잘못(過誤)을 저질렀습니다. 다시 말하면 그들은 그 때 무지(無知)한 사람들에 비하여 더 심하게 그것을 배척하였고, 그리고 그것 안에 빛이 있다는 것을 보지 못하고, 오히려 보다 심한 짙은 흑암만을 보았습니다. 왜냐하면 이와 같은 흑암은, 그들의 자연적인 총명만을 신뢰하는 자들이 가지고 있는 인간적인 학문에 의하여 유발(誘發)되고, 생성되기 때문입니다. 그리고 또한 이런 것 때문에 다른 자들에 비하여 자기 자신을 높이 두려고 하였습니다. 이런 것들이 현명한 자들에게서는 숨겨져 있고, 젖먹이들에게는 드러나졌다는 것은, 다시 말하면 무지(無知)하고 소박한 사람들에게 드러나졌다는 것은 주님께서 친히 마태복음서 11장 25, 26절에서, 그리고 누가복음서 10장 21절에서 가르치셨습니다. 동일한 사실은, 자연 숭배자들이나 자연주의자들이 그리고 그들이 그와 같이 호칭되고 있듯이, 유식한 자들이라고 하는 사실에서 잘 알 수 있습니다. 이것을 이 세상은 잘 알고 있고, 그리고 그들 자신들도 잘 알고 있습니다.

8784. 모세가 백성이 한 말을 주께 다시 아뢰었다.
이 말씀이 대응(對應)과 결합(結合)을 뜻한다는 것은, 꼭 같은 말이 나오는, 위의 설명에서(8778항 참조) 잘 알 수 있습니다.

8785. 10-13절. **주께서 모세에게 말씀하셨다. "너는 백성에게로 가서, 오늘과 내일 이틀 동안 그들을 성결하게 하여라. 그들이 옷을 빨아 입고서, 셋째 날을 맞이할 준비를 하게 하여라. 바로 이 셋째 날에, 나 주가, 온 백성이 보는 가운데서 시내 산에 내려가겠다. 그러므로 너는 산 주위로 경계선을 정해 주어 백성이 접근하지 못하게 하고, 백성에게는 산에 오르지도 말고 가까이 오지도 말라고 경고하여라. 산에 들어서면, 누구든지 죽음을 면하지 못할 것이다. 그러한 사람은 아무도 손을 대지 말고, 반드시 돌로 치거나 활을 쏘아서 죽여야 한다. 짐승이든지 사람이든지, 아무도 살아 남지 못할 것이라고 일러라. 그러나 산양 뿔나팔 소리가 길게 울릴 때에는 백성이 산으로 올라오게 하여라."**
"주께서 모세에게 말씀하셨다"라는 말씀은 준비에 관한 계시를 뜻합니다. "너는 백성에게 가거라"라는 말씀은 결합을 뜻하고, "오늘과 내일 이틀 동안 그들을 성결하게 하여라"라는 말씀은 그들이 지금과 그리고 그 뒤에 믿음에 속한 거룩한 것 안에 나타나기 위한 내면적인 것들을 베일로 가리는 것을 뜻합니다. "그들이 옷을 빨게 하여라"라는 말씀은 그들이 진리에 속한 정화(淨化·purification)를 뜻합니다. "셋째 날을 맞이할 준비를 하게 하여라"라는 말씀은, 따라서 충분한 준비를 뜻합니다. "바로 이 셋째 날에……"라는 말씀은 결국은 그들이 수용하기 위하여 준비가 완료된 때를 뜻합니다. "나 주가 온 백성이 보는 가운데 내려가겠다"라는 말씀은 주님의 강림(降臨)을 뜻하고, 그리고 그 때의 조요(照耀)를 뜻합니다. "시내 산에 내려가겠다"라는 말씀은, 그것 안에 진리들이 활착될 것이라는 것을 뜻합니다. "그러므로 너는 산 주위로 경계선을 정해준다"(=설정한다)라는 말씀은 선에 속한 영적인 영기에 이르는 것 이상의 확장은 더 이상 없다는 것을 뜻합니다. "백성이 산에 오르지 말게 경고하여라"라는 말씀은 선에 속한 사랑 안에 존재하는 천적인 사회들 이상의 확장은 더 이상 없다는 것을 뜻합니다. "가까이 오지도 말라고 경고하여라"라는 말씀은 중간적인 것들까지도 안 된다는 것을 뜻합니다. "산에 들어서면, 누구든지 죽음을 면하지 못할 것이다"라는 말씀은 영적인 교회에 속한 자는 어느 누구도 천적인 사회들 안에 자기 자신을 삽입(揷入)시키는 자는 죽을 것이라는 것을 뜻합니다. "사람은 아무도 손을 대지 말아라"라는 말씀은 그 어떤 자만(自慢)을 통하여 자기 자신을 삽입시키는 자들을 뜻합니다. "반드시 돌로 치거라"(=그는 돌에 반드시 맞을 것이다)라는 말씀은, 따라서 그들이 가지고 있는 믿음에 속한 진리들은 소멸할 것이라는 것을 뜻합니다. "활을 쏘아서 죽여야 한다"(=화살에 맞을 것이다)라는 말씀은 또한 영적인 선도 소멸할 것이라는 것을 뜻합니다. "짐승이든지 사람이든지 아무도 살아 남지 못할 것이다"라는 말씀은 선과 진리는 그들의 영적인 생명을 잃을 것이라는 것을 뜻합니다. "산양 뿔나팔 소리가 길게 울릴 때"라는 말씀은 천적인 선에 속한 일반적인 지각을 가진 자들을 뜻합니다. "백성이 산으로 올라 오게 하여라"라는 말씀은 천계적인 사회들에게까지의 확장을 뜻합니다.

8786. 주(=여호와)**께서 모세에게 말씀하셨다.**
이 말씀이 준비에 관한 계시를 뜻한다는 것은, 여호와께서 하실 때에는, 신령존재에게서 비롯된 계시를 가리키는 "말한다"(saying)라는 말의 뜻에서 잘 알 수 있습니다. 우리의 본문이 준비에 관한 계시를 뜻한다는 것은 뒤에 이어지는 내용에서 잘 알 수 있습니다. 왜냐하면 거기서 다루고 있는 주제는, 그들이 신령존재에게서 비롯된 진리를 영접, 수용하기 위하여 준비하여야 할 방법이기 때문입니다.

8787. "너는 백성에게로 가거라."

이 말씀이 결합(結合)을 뜻한다는 것은 신령존재에게서 비롯된 천계 아래에 있는 진리를 가리키는, 그 때의 모세의 표징에서(8760항 참조), 그리고 이것에 관해서는 위에서 자주 언급하였듯이, 영적인 교회에 속한 자들을 가리키는, 그가 그들에게 가야 할, 여기서는 "백성"인, 이스라엘 자손의 표징에서 잘 알 수 있습니다. 주께서 말씀하실 때 "백성에게로 간다"라는 말이 결합을 뜻한다는 것은, 모세가 표징하는 신령존재에게서 비롯된 진리가 그 교회에 속한 자들과 화해시키는 신령존재에게 속한 것이기 때문입니다. 왜냐하면 여호와와 백성 사이의 언약이 뜻하는 결합이 이루어지기 위해서는 반드시 중재(仲裁)나 조정(調停)이 있어야만 하기 때문입니다. 그러므로 모세는 천계에서 신령진리와 결합된 신령존재에게서 비롯된 천계 아래에 있는 진리를 표징합니다(8760항 참조). 그리고 이것은 오로지 중재나 조정을 위한 것입니다.

8788. "오늘과 내일 이틀 동안 그들을 성결하게 하여라." 이 말씀이 지금과 그 뒤에 믿음에 속한 거룩한 것 안에 나타나기 위한 내면적인 것들을 베일로 가리우는 것을 뜻한다는 것은 외적인 것에 관한 거룩함 안에서 그들이 나타날 그것을 배열하는 것을 가리키는 "성결한다"(sanctifying)라는 말의 뜻에서 잘 알 수 있습니다. 그리고 이러한 일은 내면적인 것들을 베일로 가리우는 것에 의하여 이루어지기 때문에, 그러므로 이런 일은 역시 "성결한다"라는 말에 의하여 이해되겠습니다. "오늘과 내일"이라는 말이 지금보다 그 뒤를 뜻한다는 것은 아주 명확합니다. 여기의 경우가 어떠한지 간략하게 설명하는 것이 바람직하겠습니다. 유대 민족에게서 설시된 교회는, 그들에 관해서 보면, 진정한 하나의 교회는 아니었습니다. 그러나 그 교회는 그저 다만 한 교회에 속한 표징적인 것(the representative of a church)이었습니다. 왜냐하면 거기에 교회가 존재하기 위해서는 교회에 속한 사람에게는 반드시 주님을 믿는 믿음이 있어야 하고, 그리고 주님을 사랑하는 사랑이 있어야

하고, 이웃을 위한 사랑이 있어야만 하기 때문입니다. 이런 것들이 교회를 이룹니다. 그러나 "야곱"이라고 불리우는 백성에게는 이런 것들이 존재하지 않았습니다. 왜냐하면 그 백성은 주님을 시인하지 않기 때문이고, 그리고 이와 같이 그 백성은 주님을 믿는 믿음에 관해서 아무것도 들으려고 하지 않았기 때문입니다. 그런데 어떻게 그들이 그분을 사랑하겠습니까! 뿐만 아니라, 그 백성은 이웃을 사랑하지 않았습니다. 왜냐하면 그 백성은 자기사랑과 세상사랑에 빠져 있었는데, 이런 사랑들은 주님사랑과 이웃사랑에 전적으로 반대가 되기 때문입니다. 이런 그들의 기질(氣質)은 그들의 처음 조상들로 말미암아 그 백성에게 뿌리를 깊게 박고 있었기 때문입니다. 이런 이유 때문에 그 백성에게는 어떤 교회도 설시될 수 없었지만, 그러나 그 교회에 속한 하나의 표징만 있었습니다.

[2] 그 교회는, 사람이 외적인 것들 안에 존재하는 예배를 드릴 때, 표징적인 교회이지만, 그러나 이런 것들 안에는 천계적인 것들에 대한 대응만 있습니다. 그 때 내적인 것들은 외적인 것들에 의하여 표징되고, 그리고 내적인 것들은 천계에서는 개방적이고, 그리고 그것들은 거기에서 이와 같이 결합합니다. 그러므로 이스라엘 백성이 표징적인 존재가 되기 위해서, 비록 그들의 내면적인 것들은 천계의 믿음이나 사랑은 전적으로 결여(缺如)되어 있고, 그리고 오히려 자기사랑이나 세상사랑으로 가득 채워져 있어서 이런 내면적인 것들은 베일에 가리워져 있어야 했습니다. 따라서 그들의 외적인 것들은 영들에게 내통할 수 있었습니다. 그리고 영들을 통해서, 그들의 내적인 것들이 없는, 천사들에게도 교류되었습니다. 이에 반하여 만약에 그들의 내적인 것들이 베일로 가려지지 않는다면, 이런 것은 열린 대로 있을 것이고, 그리고 그 때 표징은 모두 소멸할 것입니다. 그 이유는, 불결한 것들은 불타버릴 것이고, 오염(汚染)을 유발(誘發)할 것이기 때문입니다. 다른 모든 민족에 비하여 이스라엘 백성은 이와 같이 베일에 가려져야 했습니다. 그 이유

는, 그 민족이 다른 민족에 비하여 외적인 것들을 숭배하였기 때문이고, 그리고 그것들을 거룩한 것으로 여겼고, 심지어 신령한 것으로 만들었고, 그리고 그런 것들 안에 존재하였기 때문입니다. 이렇게 볼 때 "성결한다"라는 말이 뜻하는 것, 다시 말하면, 내면적인 것들을 베일로 가리었고, 그래서 그들은 믿음에 속한 거룩한 상태에 있는 것으로 자신들을 드러낼 수 있었다는 것, 그럼에도 불구하고, 그들은, 자신들에게 드러내지 않고, 오히려 그들과 함께 하는 천사들에게 드러냈다는 것을 잘 알 수 있겠습니다. 이 백성에 관해서 이미 입증된 내용이나, 그 백성에게 있었던 그 교회의 설시에 관해서는 4208 · 4281 · 4288 · 4289 · 4293 · 4307 · 4313 · 4316 · 4317 · 4429 · 4433 · 4444 · 4459 · 4500 · 4844 · 4847 · 4865 · 4899 · 4911 · 4912 · 7048 · 7051 · 8588항을 참조하십시오. 그들에게 있는 성별(=성결 · sanctifications)들은 외적인 것들 안에 있는 거룩함의 외현들 이외의 아무것도 아닙니다. 그럼에도 불구하고 그들에게 속한 어떤 거룩한 것도 없다는 것은 그들을 성결하게 하는 것들의 예전들에게서 잘 알 수 있겠습니다. 다시 말하면 희생제물들, 세탁이나 목욕들, 피의 뿌림(the sprinkling of blood)이나, 머리에 기름을 바르는 일에서 잘 알 수 있는데, 이런 것들은 내적인 것들을 지극히 작은 정도도 접촉하지 못합니다.

8789. "그들이 옷을 빨아 입어라"(=그들의 옷을 세탁하게 하여라). 이 말씀이 진리들에 속한 정화(淨化)를 뜻한다는 것은 영적으로 불결한 것에서 비롯된 정화의 표징을 가리키는 "세탁한다"(=빤다)라는 말의 뜻에서(3147 · 5954항 참조), 그리고 진리들을 가리키는 "옷"의 뜻에서(4545 · 4763 · 5248 · 5319 · 5954 · 6914 · 6918항 참조), 잘 알 수 있습니다.

8790. "셋째 날을 맞이할 준비를 하게 하여라"(=셋째 날을 대비하여라).

이 말씀이 완전한 준비를 뜻한다는 것은, 위에서 자주 언급한 것과 같이, 성결에 의한 준비를 가리키는 "준비하게 한다"라는 말의 뜻에서, 그리고 완전한 상태를 가리키는, 따라서 완전한 준비를 가리키는 "셋째 날"의 뜻에서(7715항 참조) 잘 알 수 있습니다.

8791. "바로 이 셋째 날에……."
이 말씀이 결국은 그들이 영접, 수용할 준비가 되었기 때문이라는 것을 뜻한다는 것은 바로 지금 설명된 것에서 잘 알 수 있습니다.

8792. "나 주가, 온 백성이 보는 가운데서 시내 산에 내려가겠다."
이 말씀이 주님의 강림과 그 때의 조요의 상태를 뜻한다는 것은 여호와에 관해서 언급되었을 때, 다시 말하면 주님에 관해서 언급되었을 때, 입류에 의한 임재(=현존)를 가리키는, 따라서 그분의 강림을 가리키는 "내려간다"(coming down)라는 말의 뜻에서 잘 알 수 있습니다. 이와 같은 주님의 강림은 우리의 본문인 "주가 온 백성이 보는 가운데 내려가겠다"라는 말에 의하여 이해되겠습니다. 여호와(=주님)의 나타남은, 그렇지 않으면 그분의 현존을 지각하지 못하는, 백성 앞에 외적인 모양 안에 있습니다. 왜냐하면 주님께서 다른 것들과 함께 현존하는 그들의 내적인 것은 선과 진리가 결여되어 있기 때문입니다(8787항 참조). 그 때 일어난 조요는 "온 백성의 눈 앞에"(=온 백성이 보는 가운데)라는 말이 뜻합니다. 왜냐하면 속뜻으로 "눈"은 이해를 뜻하고, 결과적으로는 눈에 속한 "시각"은 믿음에 속한 지각을 뜻하기 때문입니다. 그리고 그 지각은 천계의 빛에서 오기 때문입니다. 결과적으로 "보는 가운데"(=눈 앞에서)라는 말은 조요의 상태를 뜻합니다. "눈"이 이해를 뜻하고, "그것의 시각"은 믿음에 속한 지각을 뜻한다는 것은 4403-4421 · 4523-4534항을 참조하십시오.

8793. "시내 산에" (내려가겠다).
이 말씀이 그것 안에 진리가 활착되어야 할 선을 뜻한다는 것은,

그것 안에 활착되어야 할 믿음에 속한 진리들이 있는 선을 가리키는 "시내 산"의 뜻에서(8753항 참조) 잘 알 수 있습니다. 선 안에 활착되어야 할 진리가 다음 장에서 다루어지고 있습니다. 그 때에 시내 산에서 공표된 십성언(十聖言 · the Ten Commandments)은 내적인 진리들(internal truths)입니다. 그리고 다음 장에서 엄명된 율법들이나 계율들은 외적인 진리들(external truths)입니다. 그리고 이런 양자는 선에 활착하게 될 진리들을 뜻합니다.

8794. "그러므로 너는 백성에 대하여 산 주위에 경계선을 정해 주어라."

이 말씀이 선에 속한 영적인 영역에 이르는 것 이상의 천계에의 확장을 뜻하지 않는다는 것은 각자의 선에 의하여 한정되는 어떤 한계에 대한 천계에의 영역의 확장을 가리키는 "주위에 경계선을 정해준다"라는 말의 뜻에서, 그리고 진리가 그것 안에 활착하게 될 영적인 선 안에 있는 자들을 가리키는, 여기서 언급된 "백성"인 이스라엘 자손의 표징에서 잘 알 수 있습니다. 왜냐하면 영적인 교회에 속한 자들의 선의 상태가 우리의 본문장과 뒤에 이어지는 장들에 기술되었기 때문입니다(8753항 참조). 그러므로 우리의 본문, "너는 산 주위에 백성에 대한 경계선을 정해준다"라는 말이 선에 속한 영적인 영역 이상으로 더 이상 천계에로의 확장을 뜻하지 않는다는 것을 잘 알 수 있겠습니다.

[2] "선에 속한 영적인 영역 이상의 천계에의 확장을 뜻하지 않는다"라는 것은 계시에 의한 것을 제외하면 어느 누구에게도 알려질 수 없습니다. 여기의 경우는 이러합니다. 주님으로부터 중생을 통하여 사람에게 주어진 모든 선은 천계에 있는 시회들에까지 이른 확장을 가지고 있습니다. 이 확장은 각 사람이 가지고 있는 크기나 성질에 관해서 보면 서로 다릅니다. 그 크기에서 보면 그 때 보다 멀리 떨어진 경계에까지 이르고, 그 성질에서 보면 그 때 천계의 내면적인 것에 이르고, 또한 천계의 외면적인 것에까지 이릅니다.

사람에게 있는 선 자체는 주님에게서 주위에 있는 천계의 사회들을 통하여 입류합니다. 사회들을 통한 입류가 없다면 사람에게 선은 불가능합니다. 천계의 사회들은 주위에 계속적인 연결 상태에 있습니다. 그리고 단절(斷切)이 보이는 곳에는 아무데도 없습니다. 선에 속한 개별적인 것들이나 전체적인 것들에 있어서도 그와 꼭 같습니다. 그리고 그것의 성질은 계속해서 이어집니다. 그러므로 사람이 중생하는 동안, 선의 증식(增殖 · enriching)은 천사적인 사회들에게 들어가는 것 이외의 아무것도 아닙니다. 따라서 그것들과의 결합 이외의 아무것도 아닙니다(4067 · 4073 · 4077 · 6598-6613항 참조).

[3] 이러한 내용이나 뜻은 살아 있는 경험에 의하여 자주 입증된 바 있습니다. 왜냐하면 어떤 때에는 어떤 사회들과의 교류가 제거되었기 때문입니다. 그리고 그 때 삶에 속한 수많은 것들이나, 그리고 삶에 속한 어떤 성질은 남아 있습니다. 그것은 남아 있는 사회들에게 뻗친 확대의 계도이고, 성질입니다. 그리고 더 많은 사회들이 제거되었을 때 그 때 삶은 부지런히 애쓰고 노력하고, 그리고 이른바 소멸하기 시작했습니다. 모든 천사, 영, 사람은 영적인 영역을 차지하고, 그리고 이런 일은 사회들에 이른 그것의 확대에 일치합니다. 이 확대는 사회들 자체에 들어가지 않고, 오히려 그들의 선에 속한 영역에 들어간 것입니다. 이런 사실이나 내용은 이 세상의 사람에게는 알려지지 않은 비밀이지만, 그러나 저 세상에서는 잘 알려진 것입니다. 그런 것들이 사람에게 알려지지 않은 이유는 오늘날 사람은 자기 자신 안에 생명을 가지고 있다고 믿기 때문입니다. 결과적으로는 그가 영이나 천사들과의 제휴 없이 살아간다고 믿기 때문이고, 따라서 천계와의 결합 없이 살아간다고 믿기 때문입니다. 그러나 이런 것에서 그는 아주 큰 과오를 범하고 있습니다. 왜냐하면 사람에 속한 모든 생명은 사회들을 통하여 주님에게서 오기 때문입니다.

[4] 여기서 더 밝히 주지하여야 할 것은 영적인 교회에 속한 자들의 생명의 확장은, 영적인 천계라고 불리우는, 둘째 천계에 있는 천사적인 영역에 이른다는 것입니다. 그러나 천적인 것들이 존재하는 셋째 천계에까지는 아니라는 것입니다. 그 이유는 영적인 교회에 속한 사람들은 천적인 것들이 존재하는 극내적인 천계나 셋째 천계에 존재하는 그런 신령한 것을 받을 수 없기 때문입니다. 그와 같은 일반적인 것을 제외하면 전혀 그들의 지각에 들어갈 수 없습니다. 그 이유는 영적인 것은 천적인 것들이 그것 안에 내재해 있는 선에 속한 첫째 문지방에도 들어갈 수 없기 때문입니다(2718·3833·6500·8521항 참조). 이상에서 볼 때 우리의 본문, "너는 산 주위에 백성에 대한 경계선을 정해 준다"라는 말이 뜻하는 바, 선에 속한 영적인 영역 더 이상의 천계에 확대해서는 안 된다는 것이 무엇을 뜻하는지, 그리고 아래에 이어지는 것이 무엇을 뜻하는지 잘 알 수 있겠습니다.

[5] 역시 주지하여야 할 것은 선 안에 있는 자들이 그들의 선의 질(質)과 양(量)에 따라서 천사적인 사회들에게 확장을 가지고 있기 때문에, 그러므로 악 안에 있는 자들은 그들의 악의 질(質)과 양(量)에 따라서 지옥적인 사회들에게 확장을 가지고 있습니다. 더욱이 저 세상에 있는 모두는, 육신을 입은 삶에서 그가 교류를 가졌던 자들과 함께 그들 가운데 이른다는 것입니다. 그의 지배애(支配愛·his ruling love)는 이것을 결정합니다. 왜냐하면 그것이 바로 각자의 생명의 영역을 구성하는 그 사랑이기 때문입니다. 그리고 그것은 그것의 성질에 따라서, 그리고 그것의 양(量)에 따라서 자기 자체를 확대하기 때문입니다.

8795. "말하기를 '너희는 스스로 조심하여 산에 오르지 않도록 하여라'"(=백성이 접근하지 못하게 하고, 백성에게는 산에 오르지 말라고 경고하여라).

이 말씀이 선에 속한 사랑 안에 있는 천적인 사회들에게 이르는 확대는 결코 아무것도 없다는 것을 뜻한다는 것은 보다 높은 천계에 있는 신령존재에까지 올라가는 것을 가리키는 "오른다"(going up)라는 말의 뜻에서, 그리고 거기에 있는 사랑에 속한 선을 가리키는 "산"(山)의 뜻에서(4210 · 6435 · 8327 · 8758항 참조) 잘 알 수 있습니다. 여기의 경우가 어떠한지는 바로 위에서 언급된 것에서(8794항 참조) 잘 알 수 있습니다.

8796. "산에 들어서면……"(=산의 경계에 닿지 말라).
이 말씀이 심지어 중간적(=매개적)인 것들에 이르지 말기를 뜻한다는 것은 중간적(=매개적)인 것들을 가리키는 "산의 끝자락"(=산의 경계)의 뜻에서 잘 알 수 있습니다. 왜냐하면 극내적인 천계, 즉 삼층천을 가리키는 주님의 천적인 왕국은 둘째 천계, 즉 중간천계를 가리키는 영적인 왕국으로 나뉘어졌는데, 그것에 의한 중간적인 것들에 의하여 천적인 왕국은 영적인 왕국에 입류하지만, 그러나 그 반대는 아니기 때문입니다. 왜냐하면 모든 입류는, 내면적인 것들로부터 외면적인 것들에 들어가는 중간적인 것들을 통하여 일어나기 때문입니다. 그러나 외면적인 것들로부터 내면적인 것에 유입하는 입류는 일어나지 않습니다(5259 · 5779항 참조). 이상에서 볼 때, 중간적인 것들이 "경계들"이라는 것이고, 그리고 영적인 왕국에 속한 자들은 천적인 왕국의 선에 속한 첫 번째 경계들에도 이를 수 없다는 것을 뜻한다는 것은 아주 명확합니다(2718 · 3833 · 6500 · 8521항 참조). 그러므로 우리의 본문, "너희는 스스로 조심하여 산의 경계에 닿지 않도록 하여라"라는 말이 선에 속한 사랑 안에 있는 천적인 사회들에까지 확대하는 일은 절대 없을 것이라는 것, 그리고 심지어 중간적인 것들에까지 확대하는 일도 없을 것이라는 것을 뜻한다는 것은 명확합니다.

8797. "(산에 들어서면) **누구든지 죽음을 면치 못할 것이다"**(=산에 닿는 자는 누구라도 반드시 죽음을 면치 못할 것이다).
이 말씀이 영적인 교회에 속한 자는 누구나 자기 자신을 천적인 사회들에 끼워 넣는 자는 멸망할 것이라는 것을 뜻한다는 것은 사랑에 속한 선을 가리키는(8795항 참조), 여기서는 극내적 천계에 있는 신령사랑에 속한 신령선을 가리키는 "산"(山)의 뜻에서 잘 알 수 있습니다. 그 이유는 산 아래에 살고 있는 백성은, 중간천계를 가리키는 주님의 영적 왕국을 표징하기 때문입니다. 그리고 또한 여기까지 침투(浸透)한 것을 가리키는, 그리고 이 경우에서는 자신들을 끼워 넣은 것을 가리키는, "산에 닿는다"(=산에 들어선다 · touching)라는 말의 뜻에서, 그리고 소멸하는 것을 가리키는 "죽음을 면하지 못할 것이다"라는 말의 뜻에서 잘 알 수 있습니다.

[2] 여기의 경우는 이러합니다. 주님의 영적인 교회에 속한 자들은 주님의 천적인 왕국에 들어갈 수 없습니다. 그 이유는 후자, 즉 천적인 왕국은 보다 높고, 그리고 더 내면적이고, 그리고 전자, 즉 영적인 왕국은 보다 낮고, 그리고 더 외면적이기 때문입니다. 왜냐하면 외면적인 것이나 더 낮은 것들은 더 높은 것이나 내면적인 것에 유입할 수 없기 때문입니다(5295 · 5779항 참조). 그럼에도 불구하고 그와 같은 일은 때대로 일어나서, 보다 낮은 천계(a lower heaven)에 있는 자들이 보다 높은 천계에 오르려고 시도합니다. 이와 같은 일은, 다만, 지배적인 욕망, 또는 질투(嫉妬)에서 생겨난 악의적인 열망에서 일어난 것입니다. 이런 부류의 열망(=욕망)에서 그와 같은 일을 시도하는 자들은 그런 까닭에 그런 것들 안에 빠지게 됩니다. 그러나 그와 같은 어려운 것들을 그들이 겪을 때, 그들은 분노(忿怒)에 사로잡히고, 종국에는 고통에 사로잡히고, 그리고 무분별한 무지(無知)에 사로잡히고, 그러므로 그들은 자신들의 총명이나 행복 따위를 모두 잃게 됩니다. 그러므로 그들은, 마치 죽으려는 것과 같이, 자기 자신을 거기에서 내던지고, 아니면 그들은 그들이 천계에서 쫓겨날 때까지, 생기를 되찾지 못합니다.

[3] 이러한 것이 자만 · 지배욕망 · 질투 따위의 탐욕에서부터 자기 자신을 보다 높은 천계에 삽입시킨 자들의 처지(處地)입니다. 그

이유는, 그들과의 상대적인 관계에서 보면, 보다 높은 천계에 있는 사랑에 속한 선은 활활 타고 있는 불꽃과 같고, 그리고 거기의 믿음에 속한 진리는 잠에서 깬 자들의 시각을 어둡게 하는 불꽃의 빛과 같습니다. 이러한 것들이, 이스라엘 백성이 여호와께서 계시는 시내 산에 근접(近接)하지 말 것의 명령이 속뜻으로 뜻하는 내용들입니다. 이런 경우는, 만약에 그들이 신령존재에게까지 높은 곳에 오르려고 시도하려는 천적 왕국에 속한 자들에게서도 꼭 같습니다. 그리고 만약에 천계 아래에 있는 자들이 천계에 오르려고 열망하는 자들에게서도 꼭 같습니다. 후자들이 어려운 일들을 겪는다는 것은 4225 · 4226 · 4299 · 5057 · 5058항을 참조하십시오.

8798. "그러한 사람은 아무도 손을 대지 말고……."

이 말씀은 그들이 자기 자신들을 그 어떤 자아신뢰(自我信賴)를 통하여 삽입시키는 것을 뜻한다는 것은 자기 자신을 신령 천적인 선에 삽입시키는 것을 가리키는, 다시 말하면 "산에 닿는다"(=산에 들어간다)라는 말의 뜻에서(8797항 참조), 그리고 능력을 가리키는 "손"의 뜻에서(4931-4937 · 5327 · 5328 · 6292 · 6947 · 7188 · 7189 · 7518 · 7673 · 8050 · 8153 · 8281항 참조), 결과적으로는 자아신뢰를 뜻한다는 것에서(878 · 5544항 참조) 잘 알 수 있습니다.

8799. "반드시 돌로 쳐서 죽여야 한다."

이 말씀은 이와 같이 그들이 가지고 있는 믿음에 속한 진리들이 멸망할 것이라는 것을 뜻한다는 것은 거짓에 속한 형벌(刑罰)이나 진리를 모독(冒瀆)하는 것을 가리키는 "돌로 친다"(to be stoned)라는 말의 뜻에서 잘 알 수 있습니다. 이것이 위에 있는 천계에 계신 신령존재에 이르기까지 자기신뢰로부터 오르려는 자들의 형벌이라는 것은 그 때 그런 일에 앞서 모든 총명들은 멸망하여야 하기 때문이라는 것, 그리고 또한 그 때 그들은 무지몽매(無知蒙昧)에 사로잡힌다는 것 등은 앞서의 설명을 참조하십시오(8797항 참조).

8800. "활을 쏘아서 죽여야 한다."

이 말씀이 역시 영적인 선도 멸망할 것이라는 것을 뜻한다는 것은, 영적인 선에 관해서 소멸(=멸망)하는 것을 가리키는 "활을 맞는다"(=활로 죽는다)라는 말의 뜻에서 잘 알 수 있습니다. 왜냐하면 "사수"(射手)는 영적인 사람을 뜻하기 때문입니다(2686 · 2709 · 6422항 참조).

8801. "짐승이든지 사람이든지, 아무도 살아 남지 못할 것이다."

이 말씀이 선이나 진리가 그것들의 영적인 생명을 잃을 것이라는 것을 뜻한다는 것은, 선에 속한 정동을 가리키는 "짐승"의 뜻에서 (45 · 46 · 142 · 143 · 246 · 714 · 715 · 776 · 2179 · 2180 · 3218 · 3519 · 5198 · 7523항 참조), 그리고 진리를 가리키는 "사람"의 뜻에서(3134 · 3459 · 7716항 참조), 그리고 영적인 삶을 가리키는 "산다"(living)라는 말의 뜻에서(5890항 참조) 잘 알 수 있습니다. 결과적으로 "살아 남지 못한다"라는 말은 그 삶(=생명)을 잃는 것을 뜻합니다. 선과 진리는, 주님에게서 오는 입류가 더 이상 지각되지 않을 때, 생명을 잃는 것입니다. 왜냐하면 이런 것에서 그것들은 자신의 생명을 취하기 때문입니다. 그 때 바로 그 선과 그 진리가 선과 진리와 동일한 외현적인 모습(outward aspect)에 나타나기 때문입니다. 그러나 본질적으로 살아 있는 것이 아니라면, 예쁘게 도색(塗色)한 것에 비하여 결코 다르지 않습니다.

8802. "그러나 산양 뿔나팔 소리(Jobel)**가 길게 울릴 때."**

이 말씀이 천적인 선에 속한 일반적인 지각을 가지고 있는 자들 관한 것을 뜻한다는 것은 천적인 선에 속한 일반적인 지각을 가리키는 "산양 뿔나팔 소리가 길게 울릴 때"(jobel)와 꼭 같은 말이지만, 나팔의 소리가 들릴 때의 뜻에서 잘 알 수 있습니다. 왜냐하면 "듣는다"(being heard)라는 말은 지각(知覺)을 뜻하기 때문이고 (5017 · 8361항 참조), 그리고 "요벨"(the jobel) 또는 "나팔소리"는 천적인 선을 뜻하기 때문입니다. "나팔소리"나 "요벨"(jobel)이 천적인 선을 뜻하는 이유는, 악기(樂器)들의 소리가 진리와 선에 속한 정동에 대응하기 때문입니다. 그리고 현악기(絃樂器)는 진리의 정동에 대응하고, 그리고 관악기(管樂器)는 선에 속한 정동에 대응하기 때문입니다(418-420 · 4138 · 8337항 참조). 관악기이고, 그리고 큰소리를 내는 나팔은 천적인 선의 정동에 대응합니다. 그러므로 극내적 천계에 있는 선과 진리의 혼인(=결합)을 표징하는 "희년"(禧年 · jubilee)은 거기에서부터 명명(命名)되었습니다. 그러므로 지금도 마찬가지인데, "뿔나팔 소리가 울려 퍼질 때"는 천적인 선에 속한 일반적인 지각을 가지고 있는 자들을 뜻합니다. 천적인 선에 속한 일반적인 지각 안에 있는 자들은 주님의 천적 왕국과 주님의 영적 왕국 사이에 있는 중간적(=매개적)인 자들을 뜻합니다. 그러므로 그들을 통하여 입류 · 교류(=내통) · 결합이 이루어집니다(8787 · 8796항 참조). 이들이 "그들이 산에 올라 올 것이다"하는 말이 뜻하는, 천적 사회들에 이르는 확대를 가지고 있습니다. 이와 같은 매개적인 존재들이 모세가 표징하는 자들이고(8787항 참조), 그리고 아론이 표징하는 존재입니다. 그들에게는 그 산에 오르는 것이 허락되었습니다(출애굽기 19 : 24). 천사적인 사회의 영역에의 확대가 무엇인지, 그리고 모두는 자신의 확대가 그의 선을 가리킨다는 것은 8794항을 참조하십시오. 일반적인 지각은 영적인 선 안에 있는 자들에게 존재하고, 그리고 그들은 보다 높은 천계의 선에 속한 일반적인 입류를 수용할 수 있습니다. 이와 같은 경우에는 극내적인 천계의 선에 속한 입류를 가리킵니다. 이런 부류의 사람들이 "뿔나팔 소리가 길게 울릴 때에 산에 올라갈 수 있는 자들"이 뜻하는 인물입니다.

8803. "백성이 산으로 올라오게 하여라"(=백성들은 산에 올라라). 이 말씀이 천적인 사회들에 깊이 들어간 확장을 뜻한다는 것은 앞에서 언급하고, 입증된 것에서(8794 · 8795항 참조), 그리고 바로 앞서의 설명 내용에서(8802항 참조) 잘 알 수 있습니다.

8804. 14, 15절. **모세는 산에서 백성에게로 내려갔다. 그는 백성을 성결하게 하고, 백성은 자기들의 옷을 빨아 입었다. 그는 백성에게 '셋째 날을 맞을 준비를 하고, 남자들은 여자를 가까이 하지 말라'고 당부하였다.**
"모세는 산에서 백성에게로 내려갔다"라는 말씀은 신령존재에게서 비롯된 진리를 통하여 선 안에 있는 진리들의 수용을 위한 적용(適用)과 준비(準備)를 뜻합니다. "백성을 성결하게 하였다"라는 말씀은 그들이 믿음에 속한 거룩함 안에 있는 것을 드러내기 위하여 내면적인 것들을 베일로 가리는 것을 뜻합니다. "그들은 자기들의 옷을 빨아 입었다"라는 말씀은 믿음에 속한 진리들의 정화(淨化)를 뜻합니다. "그는 백성에게 '셋째 날을 맞을 준비를 하라'고 당부하였다"라는 말씀은 충분한 준비를 뜻합니다. "'남자들은 여자를 가까이 하지 말라'고 당부하였다"라는 말씀은 믿음에 속한 선의 정화를 뜻합니다.

8805. 모세는 산에서 백성에게로 내려갔다.
이 말씀이 신령존재에게서 비롯된 진리를 통하여 선 안에 있는 진리들의 수용을 위한 적용과 준비를 뜻한다는 것은, 그것을 통한 적용을 가리키고, 또한 준비를 가리키는, 그가 신령존재에게서 비롯된 진리를 표징하는 모세에 관해서 언급된 "내려간다"(going down)라는 말의 뜻에서, 그리고 신령존재에게서 비롯된 진리를 가리키는 모세의 표징에서(8760 · 8787항 참조), 그리고 매개적인 것을 가리키는(8787항 참조), 따라서 준비하는 것이나 적용하는 것과 같은 것을 가리키는 모세의 표징에서, 그리고 천계 안에 있는 신령존재를 가리키는, 따라서 천계를 가리키는 "산"(mountain)의 뜻에서, 그리고 영적인 교회에 속한 자들을 가리키는, 따라서 그것을 통한 진리 안에 있는 자들이나 진리가 비롯된 선 안에 있는 자들을 가리키는, 여기서는 수용하여야 할 진리 안에 내재하는 선 안에 있는 자들을 가리키는 이스라엘 자손의 표징에서 잘 알 수 있습니다. 특히 "시내 산"이 뜻하는 것을 안다는 것은 매우 중요합니다. 그리고 또한 출애굽기서의 우리의 본문장이나 뒤에 이어지는 장들에서 모세가 표징하는 것을 안다는 것은 꼭 같이 매우 중요합니다.

[2] 특히 "시내 산"이 천계를 뜻하고, 거기에서 주님으로부터 진리들이 입류합니다. 그러므로 "그 산의 주님(=여호와)의 강림"은 천계에 있는 그분의 현존(現存)을 뜻합니다. 여호와께서 즉 주님께서 거기에 계시는 천계가 바로 "시내 산"이 뜻하기 때문에, 그 산은 거기에 있는 신령진리에 결합된 신령선을 뜻합니다. 왜냐하면 이것으로 말미암아 천계는 진정한 천계이기 때문입니다.

[3] 그러나 이 산에 가까이 온 "이스라엘 백성"은, 믿음에 속한 진리들이 거기에 활착되어야 할 선의 측면에서, 영적인 교회를 표징합니다. 왜냐하면 영적인 교회에 속한 자들이 두 상태들을 가지고 있다는 것은 이미 설명드렸기 때문입니다. 전자의 상태는, 그들이 진리를 통하여 선에 인도되었을 때이고, 후자의 상태는 선에 있고, 그리고 그 선으로 말미암아 진리들 안에 있을 때입니다. 현재의 경우는, 그들이, 진리들이 그것 안에 활착되어야 할 선 안에 있을 때입니다. 이 상태는 전자와 후자의 중간 상태입니다. 선 안에 활착된 진리들은 주님에 의하여 시내 산에서 공포(公布)된 그런 여러 것들 안에 담겨 있습니다. 그리고 그것들은 모세에 의하여 백성에게 전달되었습니다.

[4] 우리의 본문장이나 이어지는 장들에서 모세는 천계에 있는 신령진리와 결합된 천계 아래에 있는 신령존재에게서 비롯된 진리를 표징하고, 그리고 결과적으로 천계에 있는 신령존재와 영적인 교회에 속한 그것 안에 진리들이 활착된 선 사이에 있는 중간적인 것(=매개적)인 것을 표징합니다. 따라서 주님과 백성 사이의 매개적인 것을 표징합니다. 출애굽기서에 이어지는 내용을 이해하기 위해서는 이런 내용이나 사실을 안다는 것은 매우 중요합니다. 이상에서 볼 때 우리가 알 수 있는 것은, "모세가 산에서 백성에게로 내려갔

다"라는 본문이 신령존재에게서 온 진리에 의하여 선 안에 있는 진리들을 수용하기 위한 적용과 준비를 뜻한다는 것입니다.

8806. 모세는 백성을 성결하게 하였다.

이 말씀은, 그들이 믿음에 속한 거룩함 가운데 있는 것으로 나타나기 위하여 내면적인 것을 베일로 가리는 것을 뜻한다는 것은 위에 언급된 내용에서(8788항 참조), 그러나 거기에서 밝힌 것은 이스라엘 백성에게 있는 성결이 무엇인지, 다시 말하면 그것은 내면적인 것들의 가리움이라는 것, 따라서 그들의 외면적인 것들의 측면에 그것들은, 그들이 표징적인 예배 안에 있을 때, 거룩한 것 안에 있는 것으로 나타내기 위한 것이라는 것입니다. 그리고 만약에 그들의 내면적인 것들이 그 때 덮개로 가리는 일이 없다면, 그들은 추한 생각들이나 악한 욕망들에 의하여 예배에 속한 거룩함을 더럽힐 뿐만 아니라, 그것들 역시 그것을 완전히 파괴할 것입니다. 그러므로 천계에 있는 것으로 말미암아 지각하게 될 외적인 것들 안에는 천적인 것이나 영적인 것은 아무것도 나타나지 않을 것입니다.

[2] 그러나 여기서 "이스라엘 자손"은 영적인 교회에 속한 자들을 뜻하기 때문에 그들이 가지고 있는 "성결"(聖潔)이 뜻하는 것이 무엇인지 간략하게 언급하고자 합니다. 영적인 교회에 속하고, 그리고 진리에 속한 삶을 살고, 그리고 이것으로 말미암아 선에 속한 삶을 사는 자들은, 온갖 악들에게서 자제될 것이고, 그리고 주님에 의하여 선 안에 간수(看守)될 것입니다. 주님에게서 온 선은 그들에게서는 거룩합니다. 결과적으로 그것에 비례하여 그들은 거룩합니다. 그리고 그들이 주님에게서 비롯된 선을 많이 수용하면, 다시 말하면 그들은 그만큼 거룩한 존재가 됩니다. 그들이 믿음에 속한 본연의 진리들에 일치하여 선에 속한 삶을 살기 때문에, 그리고 동시에, 그들이 그 때 생각하고, 행한 모든 것이 주님에게서 온 것이라고 믿기 때문에 그들은 그것에 비례하여 거룩한 존재입니다. 그

때 역시 그들에게 있는 온갖 악들은 전적으로 나타나 보이지 않기 위하여 분리됩니다. 특히 그들의 조상들에게서 유전(遺傳)적으로 물려받은 악들은, 그리고 불결한 것들은, 모두가 분리됩니다. 그 이유는 그것들이 과거 수 년 동안 조상들에게서 계속해서 축적(蓄積)되기 때문이고, 그리고 자손들 안에 이와 같이 쌓여지기 때문입니다. 이런 것들이 영적인 교회에 속한 자들에게 있는 내면적인 것들이 숨겨진 것들이고, 그리고 말하자면 덮개에 가려진 것들입니다(966 · 1667 · 2307 · 2308 · 3701 · 4317 · 8550항 참조). 그러므로 여기서 밝히 알 수 있는 것은 그들이 유전적으로 소유한 모든 원하는 것은 파괴될 것이라는 사실입니다. 왜냐하면 이것은, 주님에게서 비롯된 믿음에 속한 진리들에 의하여 총명적인 영역 안에서 새로운 의지가 그것들과 결합하게 하기 때문입니다. 이것이 바로 그들이 중생 과정에 있을 때 그들이 진리들에 의하여 선에게로 인도되는 이유입니다. 그리고 그 뒤에는 그들이 중생되었을 때, 선으로부터 선에 속한 진리들에게로 인도되는 이유이기도 합니다. 여기에서 새로운 의지(a new will)가 어떻게 주님에 의하여 지음 받는지 우리는 밝히 알 수 있겠습니다. 영적인 교회에 속한 자들에게 있는 총명의 영역에서 이렇게 형성된다는 것은 863 · 875 · 895 · 927 · 1023 · 1043 · 1044 · 1555 · 2256 · 4328 · 4493 · 5113 · 6125항을 참조하십시오,

8807. 백성은 자기들의 옷을 빨아 입었다.
이 말씀이 믿음에 속한 진리들의 정화(淨化)를 뜻한다는 것은 꼭 같은 말씀이 나오는, 위의 설명에서(8789항 참조), 잘 알 수 있습니다.

8808. 그는 백성에게 '셋째 날을 맞을 준비를' 당부하였다.
이 말씀이 믿음에 속한 선의 정화를 뜻한다는 것은 이스라엘 민족에게 있었던 혼인이 불순하였다는 사실에서 잘 알 수 있겠습니다. 그 이유는 그들의 내면적인 것들이 불결하였기 때문입니다. 왜냐하

면 혼인애(婚姻愛)는 선과 진리의 혼인(=결합)에서 내려오기 때문입니다. 그리고 그러므로 내면적인 것들의 측면에서 선과 진리 안에 있지 않는 자들은 순결한 혼인에 있을 수 없습니다. 그리고 내면적인 것들의 측면에서 악과 거짓 안에 있는 자들은, 마치 그 민족과 같이, 불순한 혼인 안에 있습니다. 그러므로 우리의 본문 "여자를 가까이 하지 말라"라는 말씀은 불순하거나 불결한 것을 삼가는 것을 뜻합니다. 혼인애가, 선과 진리에 속한 것을 가리키는, 천계적인 혼인에서 내려온다는 것을 뜻한다는 것은 2727-2759·2803·3132·4434·4835항을 참조하십시오. 그리고 그 민족에게 있었던 혼인은 혼인적인 것이 없었던 야곱에게서 내려왔다는 것, 그리고 그러므로 일부다처(一夫多妻)적인 혼인이 그들에게 허락되었다는 것은 3246항을 참조하십시오. 그러나 영적인 교회에 속한 자들이고, 그리고 여기서는 이스라엘 자손이 표징하는 그들에 관해서 살펴보면 그들은, 그들이 가지고 있는 진리가 선 안에서 활착되기 전까지는, 어떤 혼인에도 있지 않았습니다. 이런 경우에 앞서 사실 거기에는 혼인이 있었지만, 그러나 그것은 순결한 혼인은 아니었습니다. 왜냐하면 선과 진리의 혼인이 있기 전에는 내면적인 것 안에 혼인은 없었기 때문입니다. 그러므로 우리의 본문인, "여자를 가까이 하지 말라"라는 말은 속뜻으로 믿음에 속한 선의 측면에서 순결하여야 한다는 것을 뜻합니다. 왜냐하면 우리의 본문장에서 진리가 그것 안에 아직까지 활착되지 않은 선이 다루어지고 있고, 그리고 뒤에 이어지는 장에서는 그것의 활착이 다루어지고 있기 때문입니다.

8810. 16-19절. **마침내 셋째 날 아침이 되었다. 번개가 치고, 천둥소리가 나며, 짙은 구름이 산을 덮은 가운데, 산양 뿔나팔 소리가 우렁차게 울려퍼지자, 진에 있는 모든 백성이 두려워서 떨었다. 모세는, 백성이 하나님을 만날 수 있게, 진으로부터 그들을 데리고 나와서 산기슭에 세웠다. 그 때에 시내 산에는, 주께서 불 가**

운데서 그 곳으로 내려오셨으므로, 온통 연기가 자욱했는데, 마치 가마에서 나오는 것처럼 연기가 솟아오르고, 온 산이 크게 진동하였다. 나팔 소리가 점점 더 크게 울려퍼지는 가운데, 모세가 하나님께 말씀을 아뢰니, 하나님이 음성으로 그에게 대답하셨다.

"마침내 셋째 날이 되었다"라는 말씀은 정화(淨化)의 마지막에 이른 것을 뜻합니다. "아침이 되었다"라는 것은 그들이 선 안에 있을 때의 상태를 뜻합니다. "짙은 구름이 산을 덮었다"라는 말씀은 영접, 수용하려는 자들에 관해서 보면 상태가 신령하다는 것을 뜻합니다. "산양 뿔나팔 소리가 우렁차게 울려퍼졌다"라는 말씀은 주위에 있는 천적인 상태를 뜻합니다. "진에 있는 모든 백성이 두려워서 떨었다"라는 말씀은 수용하려고 하는 자들의 일부의 거룩한 떨림(戰慄 · a holy tremor)을 뜻합니다. "모세는, 백성이 하나님을 만날 수 있게, 진으로부터 그들을 데리고 나왔다"라는 말씀은, 그들이 그들에게 있는 선 안에서 신령존재를 영접하기 위하여 그들을 준비하게 한 신령존재에게서 비롯된 진리에 속한 능력(能力 · power)을 뜻합니다. "모세는 그들을 산기슭에 세웠다"라는 말씀은 그들이 천적인 사랑에 속한 선으로부터 멀리 떨어져 있다는 것을 뜻합니다. "시내 산은 연기가 솟았고, 온통 연기로 자욱하였다"라는 말씀은 가장 큰 불영명 상태에 있는 천적인 선의 나타남을 뜻합니다. "주께서 불 가운데 그 곳으로 내려오셨기 때문이다"라는 말씀은 신령존재께서 천적인 사랑 안에 계셨기 때문이라는 것을 뜻합니다. "마치 가마에서 나오는 것처럼 연기가 솟아올랐다"라는 말씀은 온갖 탐욕에서 비롯된 불영명과 같은 상태를 뜻합니다. "온 산이 크게 진동하였다"라는 말씀은 천계에 속한 동요(動搖 · commotion)를 뜻합니다. "나팔 소리가 점점 더 크게 울려퍼지는 가운데"라는 말씀은 천사적인 천계를 통한 계시(啓示)에 속한 일반적인 것을 뜻합니다. "모세가 하나님께 말씀을 아뢰니, 하나님이 음성으로 그에게 대답하셨다"라는 말씀은 신령존재에게서 비롯된 신령존재 자체가 내재해 있는 진리의 입류에 의한 것을 뜻합니다.

8811. 마침내 셋째 날이 되었다.

이 말씀이 정화(淨化)의 마지막에 이른 것을 뜻한다는 것은, 영접, 수용하기 위한 준비의 상태의 마지막을 가리키는(8791항 참조), 따라서 정화의 마지막을 가리키는 "셋째 날"의 뜻에서 잘 알 수 있습니다.

8812. "(셋째 날) **아침이 되었다."**

이 말씀이, 그들이 선 안에 있을 때의 상태를 뜻한다는 것은 사랑에 속한 선의 상태를 가리키는 "아침"(朝 · morning)의 뜻에서 (8426항 참조) 잘 알 수 있습니다. 여기에 언급된 것에서, 즉 주님을 가리키는 여호와께서 셋째 날, 그 날의 아침에 시내 산에 내려오셨다는 언급에서 보면, 그것은, 영계에 있는 것들과 자연계에 있는 거기에서 나온 그런 것들과의 대응에서 비롯된 어떤 것을 제외하면, 어느 누구에게도 알려질 수 없는 천계에 있는 어떤 신령한 것의 표징이라는 것은, 아주 명확합니다. 결과적으로는 표의(表意 · signification)에서, 그리고 현재의 경우는 "아침"이 뜻하는 것이나, "셋째 날"이 뜻하는 것에서 잘 알 수 있겠습니다. "셋째 날"이 앞서의 상태의 마지막을 뜻한다는 것은, "셋"(3 · three)이 처음부터 마지막까지의 충분한 것을 뜻하기 때문입니다. 그리고 "아침"이 사랑에 속한 선의 상태를 뜻한다는 것은 저 세상에서 천사들에게, 그리고 보편적인 천계에 빛을 주는 태양은 주님이시기 때문이고, 그리고 거기에서 불(fire)은 그분의 신령사랑이기 때문인데, 그 불은 살아 있는 모든 것에 생명의 볕(熱)을 주고, 그리고 거기의 빛(光)은 그것을 영접, 수용한 자 모두를 밝히는 신령진리입니다. 그리고 그 태양은 이 세상의 태양과 전적으로 다르고, 그리고 이 세상의 태양은 불이지만, 사랑이 아니며, 역시 그것에서 나오는 빛도 빛이지만, 진리는 아닙니다.

[2] 이런 모든 것에서 우리가 밝히 알 수 있는 것은 이 세상의 태

양에서 비롯된 불과 빛의 결과들이 무엇인지, 그리고 천계의 태양에서 비롯된 불과 빛의 결과들이 무엇인지, 다시 말하면 전자에게서 비롯된 볕이나 빛은 생명이 결여된 것들이지만, 그러나 후자에게서 비롯된 볕이나 빛은 생명을 동반(同伴)한다는 것입니다. 이런 후자들, 다시 말하면 천계의 태양에서 나온 것들은, 그러므로 "영적인 것"이라고 불리웁니다. 그 이유는 그것들은 그것 안에 생명을 가지고 있기 때문입니다. 그리고 전자들, 즉 이 세상의 태양에서 비롯된 것들은 "자연적인 것"이라고 불리우고, 그리고 그것들은 그것 안에 전혀 생명을 가지고 있지 않습니다. 볕 안에서, 그리고 볕으로 말미암아, 인지(認知)되는 살아 있는 것들 안에 있는 생명은 이 세상의 태양의 볕에서 비롯된 것이 아니고, 오히려 천계의 태양의 볕에서 비롯된 것입니다. 이 볕이 이 세상의 볕에 유입할 때 그것은 그런 결과를 생산하고, 그리고 마치 기본적인 볕(elementary heat)으로서 인체에서 감지(感知)됩니다. 그러나 그것 안에는 생동적인 볕을 가지고 있는데, 그것은 천계의 태양에서 비롯된 볕인 사랑으로부터 그것의 근원을 가지고 있습니다. 생명에 속한 볕의 근원이 다른 근원에서 비롯된다는 것, 그리고 그것은 사랑 안에 존재한다는 것, 그리고 또한 그것은 그 사랑의 양(量)과 질(質)에 일치한다는 것 등등은 만약에 어느 누가 올바르게 깊이 생각하려고 한다면, 그리고 사람 안에 내적인 것이 있다는 것을 시인하지 않는 사람을 제외하면, 그리고 모든 것들을 자연의 탓으로 돌리는 사람을 제외한다면, 어느 누구나 그런 사실들을 능히 알 수 있습니다.

[3] 그러므로 주님을 가리키는, 그리고 그것에서 비롯된 빛이 곧 믿음에 속한 진리이기 때문에, 우리는 저 세상에서 "아침"이 뜻하는 것이 무엇인지, 그리고 "낮"이나 "저녁" "밤"이 뜻하는 것이 무엇인지, 다시 말하면 그것들은 선과 진리에 속한 상태들을 가리키고, 또한 사랑과 믿음의 상태들이라는 것을 잘 알 수 있겠습니다. 그리고 "아침"은 사랑에 속한 선의 상태를 뜻하고, 그리고

"낮"(正午)은 믿음에 속한 진리의 상태를, 그리고 "저녁"이나 "밤"은 이런 것들의 상실(喪失)이나 결핍(缺乏)의 상태를 뜻하는데, 그런 상태들은 믿음에 속한 것들 안에 있는 무지(無知)나 맹목(盲目)을 가리키고, 또한 천계적인 사랑에 속한 모든 것들 안에 있는 마비(痲痺)나 냉랭함을 가리킵니다.

[4] 더욱이 그와 같은 경우는 이 세상의 태양에게서와 같이, 천계의 태양과 동일하다고 하겠습니다. 다시 말하면 그것은 어떤 회전(回轉)에 의하여 그런 상태들을 고정시키고, 그리고 상태들을 일으키지는 않습니다. 그러나 그것들은 주변의 것들에 의하여 일어납니다. 예를 들면 태양의 주위를 회전하는 지구에 의하여, 그리고 동시에 자기 자신의 지축(地軸)을 중심으로 회전하는 지구에 의한 것과 같습니다. 그것으로부터 일어나는 겉모습은, 이런 것들의 변화들은 태양에서 일어난다는 것입니다. 그럼에도 불구하고 그것들이 그 태양에서 비롯된 것이 아니고, 오히려 그것 주위를 도는 이 세상으로 말미암은 것입니다. 천계에서도 꼭 같습니다. 아침·낮·저녁·밤에 대응하는 거기에 있는 상태들은 거기에 있는 태양에서 일어나지는 않습니다. 왜냐하면 그 태양은 항상 볕과 빛을 발산하기 때문입니다. 다시 말하면 사랑에 속한 선과 믿음에 속한 진리를 발산, 보내주고 있기 때문입니다. 그러나 그런 변화들은 그것을 수용하는 자들에게서 일어납니다. 다시 말하면 그들의 삶에 일치하는 언급된 교호작용(=번갈음·交互作用·alternation)에 의하여 천사들이나 영들은 지금은 아침의 상태에, 다시 말하면 사랑에 속한 선 안에 있고, 지금은 믿음에 속한 진리의 상태인 "한 낮"의 상태에 있고, 지금은 사랑과 믿음의 측면에서 그림자나 무감각의 무지의 상태에 있습니다.

[5] 천계에서와 같이 이 세상에서 유사한 일이 일어나는 이유는, 이 세상에 있는 것과 달리 그것들은 서로 서로 그와 같이 계승되는 시간들의 상태들이고, 그리고 천계에서는 생명의 상태들이라는

것은 이 세상에 있는 모든 것들은 천계에 있는 것들의 형상에 따라서 창조되었습니다. 그 이유는 자연적인 모든 것들은, 마치 그것들의 원인들에게서 결과들이 나오듯이, 영적인 것들에게서 생성되기 때문입니다. 그러므로 거기에는 천계에 있는 것들과 이 세상에 있는 모든 것들의 대응(對應)이 있고, 그리고 그것으로 인하여 보편적인 자연(universal nature)은 주님나라의 하나의 표징적인 공연장(共演場)이라고 하겠습니다(3483 · 4939 · 8211항 참조).

8813. 번개가 치고 천둥소리가 났다(=소리들과 번개가 있었다). 이 말씀이 계시를 가리키는 신령상태를 뜻한다는 것은, 신령진리들을 가리키는 천둥의 소리들인 "음성"(=소리)의 뜻에서, 그리고 이런 진리들에 속한 붉은 빛과 밝음을 가리키는 "번개"의 뜻에서 잘 알 수 있습니다. 왜냐하면 신령진리들은, 천계의 태양에게서 비롯된 빛에 속한 불꽃으로 말미암아 밝고, 붉기 때문입니다. 그러므로 "소리들과 번개들"은 계시가 내재해 있는 하나의 신령상태를 뜻합니다. 그리고 천계로부터 그런 것들이 내려옴(下降)은 신령한 상태를 뜻하고, 신령진리를 가리키는 음성들이나 번개들은 계시를 뜻한다는 것을 알 수 있겠습니다. "소리들"(=음성들)이 신령진리들을 뜻한다는 것은 7573항을 참조하시고, "번개들"이 선에서 비롯된 진리들 안에 있는 자들을 밝히 비추는 것이나, 그리고 악에서 비롯된 거짓 안에 있는 자들을 어리둥절하게 하는, 사람의 내적인 시각에 일격(一擊)을 가한 그것들에게서 비롯된 총명이나 영특함을 뜻한다는 것은 "번개들"이 언급된 성경의 여러 장절들에게서 명확합니다. 다윗의 글입니다.

구름이 물을 쏟아 내고,
하늘이 천둥소리를 내니,
주의 화살이 사방으로 날아다닙니다.
주의 천둥소리가

회오리바람과 함께 나며,
주의 번개들이
번쩍번쩍 세계를 비출 때에,
땅이 흔들리면서 두려워서 떨었습니다.
(시편 77 : 17, 18)

이 장절에서 "천둥소리"는 신령진리를 뜻하고(7573항 참조), 그리고 "번개들"은 그것의 밝음을 뜻하고, "세계"(=세상)는 교회를 뜻합니다. 결과적으로 "세계를 비춘 번개들"은 신령진리에 의한 교회의 밝힘(enlightening)을 뜻합니다.
[2] 같은 책의 말씀입니다.

그의 번개가 세상을 번쩍번쩍 비추면,
땅이 보고서 두려워 떤다.
산들은 주님 앞에서,
온 땅은 주님 앞에서,
초처럼 녹아 버린다.
(시편 97 : 4, 5)
주님은,
하늘에서도 땅에서도,
바다에서도 바다 밑 깊고 깊은 곳에서도,
어디에서나,
뜻하시는 것이면 무엇이든,
다 하시는 분이다.
땅 끝에서 안개를 일으키시고,
비를 내리시려 번개를 치시고,
바람을 창고에서 끌어내기도 하신다.
(시편 135 : 6, 7 ; 예레미야 10 : 13 ; 51 : 16)

여기서 "비를 내리는 번개들"은 천계에서 내려온 진리의 밝음을 뜻합니다. 요한의 글입니다.

> 그 때에 번개가 치고, 요란한 소리와 천둥소리가 나고…….
> (묵시록 11 : 19 ; 16 : 18)

여기서 "음성들(=소리들) · 번개들 · 천둥들"은 선한 사람을 비추는, 그리고 악한 사람을 놀라게 하는, 신령진리들을 뜻합니다.
[3] 에스겔서의 말씀입니다.

> 그 생물들의 모양은 마치 활활 타는 숯불이나 횃불과 같이 보였다. 그 불은 그 생물들 사이를 오가며 빛을 냈고, 불 속에서는 번개가 튀어나오고 있었다. 그 생물들은 이쪽저쪽으로 번개처럼 빠르게 달렸다.
> (에스겔 1 : 13, 14)

이 구절에서 "불"은 사랑에 속한 선을 뜻하고, "그 불 속에서 튀어나온 번개"는 그것에서 비롯된 신령진리를 뜻합니다. 주님의 신령선에서 발출하는 신령진리를 가리키는 주님의 신령섭리는 여기서는 "그룹들"(=네 생물들)에 의하여 기술되었습니다.
[4] 다니엘서의 말씀입니다.

> 그 때에 내가 눈을 떠서 보니, 한 사람이 모시 옷을 입고 우바스의 금으로 만든 띠로 허리를 동이고 있었다. 그의 몸은 녹주석 같이 빛나고, 그의 얼굴은 번갯불 같이 환하고, 눈은 횃불 같이 이글거리고, 팔과 발은 빛나는 놋쇠처럼 번쩍였으며, 목소리는 큰 무리가 지르는 소리와도 같았다.
> (다니엘 10 : 5, 6)

여기서 "번갯불 같은 얼굴"은 진리에 속한 사랑을 뜻하는데, 그 이유는 사랑에서 나온 진리는 그것과 더불어 불에서 나오는 불길이 생겨나오기 때문이고, 그리고 그 불길이 곧 "번갯불"이기 때문입니다.
[5] 스가랴서의 말씀입니다.

주께서
그의 백성에게 나타나서
그의 화살을 번개처럼 쏘실 것이다.
주 하나님이 나팔을 부시며,
남쪽에서 회리바람을 일으키며 진군하신다.
(스가랴 9 : 14)

"번개 같은 그가 쏠 화살"은 꾸짖고, 통찰(洞察)하는 신령진리를 뜻합니다. "화살"이 교리에 속한 진리를 뜻한다는 것은 2686·2709항을 참조하시고, 따라서 "주(=여호와)에게서 오는 화살"은 신령진리를 뜻합니다.
[6] 나훔서의 말씀입니다.

칼에 불이 난다.
창은 번개처럼 번쩍인다.
떼죽음, 높게 쌓인 시체 더미,
셀 수도 없는 시체.
사람이 시체 더미에 걸려서 넘어진다.
(나훔서 3 : 3)

모세의 글입니다.

나는 나의 칼을 날카롭게 갈아서,
내 손으로 재판을 주관하며,
내 원수들에게 보복할 것이다.
나를 미워하는 자들에게 보응하겠다.
(신명기 32 : 41)

이 말씀은 악한 사람이 지니고 있는 신령진리의 통찰을 뜻하기 때문에, "칼"은 투쟁하는 진리를 뜻합니다(2799 · 8294항 참조). 그리고 "번쩍임"(=날카로움)은 총명을 일격하는 그것의 밝음이나, 진리를 이해하는 기능에 속한 것을 빼앗는 것을 뜻합니다. 출애굽기서 21장 20-32절에서도 마찬가지입니다. 이렇게 볼 때, 마태복음서 28장 3절이나, 누가복음서 17장 24절에서의 "번개"는 신령진리를 뜻한다는 것은 명확합니다.

8814. 짙은 구름이 산을 덮은 가운데…….

이 말씀이 영접, 수용하려는 자들에 대한 신령상태를 뜻한다는 것은 영접, 수용하려는 자들에 대하여 조절된 진리를 가리키는, 따라서 문자 안에 있는 성언을 가리키는, "구름"의 뜻에서(8443 · 8781항 참조) 잘 알 수 있습니다. 그리고 여기서는 야곱에게서 이어진 백성에게 조절된 신령진리를 뜻합니다. 그리고 이 백성이 신령진리들의 측면에서 매우 짙은 흑암 가운데 빠져 있었기 때문에, 그러므로 여기서는 "짙은 구름"이라고 불리웠고, 그리고 9절에서는 "짙은 구름 속에"라고 하였고, 그 아래 18절에서는 "마치 가마에서 나오는 것처럼 솟아오르는 연기"라고 하였습니다. 그들이 처해 있는 매우 큰 암흑(great darkness)이 무엇인지는 그 민족에 관해서 언급된 내용에서 알 수 있고(8788항 참조), 그리고 또한 속사람에게 속한 것들이 그들에게 계시되지 않고, 오히려 겉사람에게 속한 것들이 계시되었다는 사실에서 잘 알 수 있겠습니다. 왜냐하면 그들은 내적인 것들을 파악하지 못하였고, 또한 그런 것들을 파악, 이해하려고도 하지 않았기 때문입니다. 그 이유는 이런 것들은, 이 세상에 있는 모든 사람에 비하여 가장 뛰어난 민족이 되어야 한다는, 그리고 모두에 비하여 가장 풍요한 민족이 되어야 한다는 그들의 욕망에 정반대가 되기 때문이고, 그리고 그 밖의 다른 민족은 그들에게 비교하여 무가치(無價値)한 존재라는 그들의 탐욕에 정반대가 되기 때문입니다. 이런 욕망이나 탐욕이 있는 곳에 천계적인 사랑들은 영접, 수용될 수 없습니다. 왜냐하면 이런 천계적인 사랑들은 이 세상적인 사랑(=애욕이나 탐욕)에 의하여 소멸되고 질식(窒息)되기 때문입니다. 이런 이유가 바로 여호와께서, 다시 말하면 주님께서 짙은 구름이나 큰 구름에 나타나신 이유입니다. 이러한 사실은 저 세상에서도 마찬가지입니다. 악에서 비롯된 거짓들 안에 있는 자들이 있는 곳은 그런 거짓들의 양(量)이나 질(質)에 따라서 짙은 구름이나 검은 구름으로 에워싸여 있습니다. 이런 일은 거기에 있는 모두의 눈에도 꼭 같이 나타납니다. 그럼에도 불구하고 거기에 있는 태양은 계속해서 빛을 비춥니다. 이 주제에 관해서는 위에 언급된 내용을 참조하십시오(6832 · 8137 · 8138항 참조). 일반적으로 말하면 저 세상에서 신령존재는 그의 믿음이나 사랑의 성질에 일치하여 각자에게 나타납니다.

8815. 산양 뿔나팔 소리(=매우 우렁찬 나팔 소리)**가 우렁차게 울려퍼졌다.**

이 말씀이 주위의 천적인 상태를 뜻한다는 것은, 천적인 선에 속한 진리를 가리키는 "나팔의 소리"나 또는 "나팔의 음성"의 뜻에서 잘 알 수 있습니다. 그리고 "소리"가 진리를 뜻한다는 것이나, "나팔"이 선을 뜻한다는 것은 8802항을 참조하십시오, 우리의 본문이 주위에 있는 천적인 상태를 뜻한다는 것은 천계에 있는 신령존재께서는 중간 천계나 극내적인 천계에 계시기 때문입니다. 다시 말하면 거기에 있는 가장 높은 곳에 계시기 때문입니다. 그러나 상대적으로 천사들에게는 천계는 그것들 주위나 그것들 밖에 있습니다. 다시 말하면 그것들 아래에 있습니다. 왜냐하면 그것의 주위는 곧 외부이기 때문입니다. 그리고 외부에 있는 것은 아래에 있기 때문입니다. 천계에 있는 신령진리 자체는 "소리들"이나 "번개들"이 뜻합니다. 그러나 아래에, 또는 주위에 있는 신령한 것에 결합된 천적인 진리나 또는 천사적인 진리는 "나팔 소리"가 뜻합니다. 스가랴서에서도 마찬가지입니다.

주께서
그의 백성에게 나타나셔서
그의 화살을 번개처럼 쏘실 것이다.
주 하나님이 나팔을 부시며,
남쪽에서 회리바람을 일으키며 진군하신다.
(스가랴 9 : 14)

다윗의 글입니다.

하나님이 보좌에 오르신다.
환호하는 함성이 울려 퍼진다.
주님이 보좌에 오르신다.
나팔소리 크게 울려 퍼진다.
(시편 47 : 5)

여기서 "환호하는 함성"은 영적인 선에 속한 진리를 뜻하고, "나팔소리"는 천적인 선에 속한 진리를 뜻합니다.
[2] 천계를 통과해서 온 신령진리는 천사들이 그것을 가지고 분 나팔들이 뜻합니다(묵시록 8 : 2, 6-8, 12, 13 ; 9 : 14). 천계에서 비롯된 신령진리는, 여리고 성의 성벽이 무너질 때 법궤 앞에서, 또한 여호와 앞에서 일곱 제사장들이 분 일곱 나팔이 표의하고(여호수아 6장), 그리고 또한 사사기서(7장)에서 동쪽의 자손들이나 미디안, 아말렉 진영의 주위에서 분 기드온과 같이 한 삼백 명의 나팔들이 뜻합니다. 이 나팔들이 그런 결과를 이룬 이유는 그것들이 천계를 통해서 온 신령진리들을 표의하기 때문입니다. 그런데 그 진리들은 선을 완성하지만, 그러나 악을 파괴하기 때문입니다. 그것이 선을 완성하는 이유는 이런 것들이 진리 안에 있는 신령선을

영접, 수용하기 때문입니다. 그러나 그것이 악을 파멸하는 이유는 이런 것들은 그것 안에 있는 신령선을 영접, 수용하지 못하기 때문입니다. 여기서 "여리고 성의 성벽들"은 악들을 방어(防禦)하는 온갖 거짓들을 뜻합니다. 그리고 기드온의 삼백 명이 진을 친 주위에 있는 미디안·아말렉·동쪽의 자녀들이 나팔들을 불었다는 그들은 악들 안에 있고, 거기에서 파생된 거짓들 안에 있는 자들을 뜻합니다.

8816. 진에 있는 모든 백성이 두려워서 떨었다.

이 말씀이 영접, 수용하려는 자들의 거룩한 떨림(戰慄)을 뜻한다는 것은, 거룩한 전율을 가리키는 "두려워서 떨었다"라는 말의 뜻에서, 그리고 신령진리를 수용하려고 하는 자들을 가리키는 "진에 있는 모든 백성"의 뜻에서 잘 알 수 있습니다. 여호와(=주)께서 내려오실 때 성경의 여러 곳에서 "땅이 두려워서 떨고, 산들은 초처럼 녹아 버린다"(시편 77 : 17, 18 ; 97 : 4, 5 ; 104 : 32 그 밖의 여러 곳)라고 언급되었습니다. 그것은 신령존재의 임재(=현현)에 대한 모든 것의 동요(動搖)나 소동(騷動)을 뜻합니다. 왜냐하면 신령존재는 그가 일종의 구름 안에 있지 않다면, 따라서 그것의 수용에 대한 조절이 없다면, 어느 누구도 참고 견딜 수가 없기 때문입니다. 왜냐하면 그것은 마치 태양 안에 있는 불꽃과 같기 때문입니다. 그래서 그것이 만약에 어느 누구에게 적나라하게 임재한다면 그것은 한 순간에 그 사람을 살라버릴 것입니다. 그러나 그 수용은 각자의 선에 일치합니다. 선 안에 있는 자들은 사실 신령존재의 임재에 대하여 두려워 떱니다. 그러나 그와 같은 경외는 그 수용에 선행(先行)하는 거룩한 떨림(敬畏·a holy tremor)을 가리킵니다. 그러나 악 안에 있는 자들은 신령존재의 임재에 대하여 공포적인 떨림(戰慄) 가운데 있고, 따라서 그들은 멀리 도망합니다. 그리고 그 때 그들은, 마치 짙은 구름 안에 있는 것과 같이, 온갖 거짓들 안에 덮어지고, 그리고 숨겨집니다. 이런 일들은, 그들이 그 때 자기 자신들을 그것들로부터 가려 달라고 호소할 때 “바위들의 동굴”이 뜻하는 내용입니다. 이상에서 볼 때 우리의 본문 “진에 있는 모든 백성이 두려워서 떨었다”라는 말이 뜻하는 것이 무엇인지 잘 알 수 있겠습니다.

8817. 모세는, 백성이 하나님을 만날 수 있게, 진으로부터 그들을 데리고 나왔다.

이 말씀이 그들에게 있는 선 안에서 신령존재를 영접, 수용하기 위하여 그들을 준비하게 하는 신령존재에게서 비롯된 진리에 속한 능력을 뜻한다는 것은 신령존재를 영접, 수용하기 위하여 그들로 하여금 준비하게 하는 능력을 가리키는 “하나님을 만날 수 있게 데리고 나왔다”라는 말의 뜻에서 잘 알 수 있습니다. 왜냐하면 아래에 언급된 것에서 다루어지고 있는 주제는, 그들이 영접하려고 한, 신령존재가 뜻하는 시내 산에서 공포된 율법이기 때문입니다. 왜냐하면 “율법”은 신령선에서 비롯된 신령진리를 뜻하기 때문입니다. 따라서 “만나기 위하여 데리고 나왔다”라는 우리의 본문은 모세에 의하여 표징되는 신령존재에게서 비롯된 진리에 의한 수용을 위한 준비에 속한 능력을 뜻합니다(8760 · 8787 · 8805항 참조).

8818. 모세는 그들을 산기슭에 세웠다.

이 말씀이 천적인 사랑에 속한 선에서부터 멀리 떨어져 있다는 것을 뜻한다는 것은 천계를 가리키는, 따라서 거기에 있는 신령진리에 결합된 신령선을 가리키는, 시내 산의 뜻에서(8805항 참조), 그리고 그것에서부터 먼 곳에 있는, 또는 멀리 떨어진 것을 가리키는 “낮은 곳(=산기슭)에 그들을 세웠다”라는 말의 뜻에서 잘 알 수 있습니다. 내적인 역사적인 뜻에서 여기의 이스라엘 민족은 천적인 사랑에 속한 선의 결핍(缺乏)을 뜻합니다(8788 · 8806항 참조). 결과적으로는 그들이 그것에서 멀리 떨어져 있다는 것을 뜻합니다. 그리고 아래에서 모세는 그 백성과 제사장들이 경계선을 넘어서 들어오지 말 것과 그 산에 접근하지 말 것과 그리고 그렇게 하면 죽을 것이라는 것을 일러두는 임무를 맡았습니다(출애굽기 19 : 21, 22, 24, 25). 그러나 속뜻으로 거기에는 영적인 교회에 속한 자들이 다루어지고 있는데, 그리고 "그들을 산기슭에 세워두었다"라는 우리의 본문은 자만(自慢)에 의하여 그것이 보다 높은 천계에 오르는 것이 허락되지 않았다는 것, 그리고 만약에 그들이 거기에 오르게 되면 그들이 죽을 것이라는 것을 뜻하고 있습니다. 이것에 관해서는 8794 · 8797항을 참조하십시오.

8819. 그 때에 시내 산은 온통 연기로 자욱하였다.

이 말씀이 가장 큰 불영명의 상태에 나타난 천적인 선을 뜻한다는 것은 천적인 선을 가리키는 "시내 산"의 뜻에서(8818항 참조), 그리고 불영명 상태에 나타남(出現)을 가리키는 "연기의 자욱함"의 뜻에서 잘 알 수 있습니다. 여기서 불영명(不英明)은 곧 믿음에 속한 불영명의 상태를 뜻합니다. 그리고 그런 것이 바로 천적인 교회에 속한 자들의 믿음과 비교된 영적인 교회에 속한 자들의 것들입니다(2708 · 2715 · 2718 · 2831 · 2935 · 2937 · 3241 · 3833 · 6289항 참조). "온통 연기로 자욱한 시내 산"이 뜻하는 것이 가장 심한 불영명의 상태이고, 그리고 그 아래에 언급된 "그 연기는 마치 가마(=용광로)에서 나오는 연기처럼 솟아올랐다"라는 말이, 그들 앞의 나타남이 일어나기 전, 이스라엘 민족이 처해 있었던 그 불영명의 상태를 뜻합니다. 왜냐하면 여호와, 즉 주님께서는 각자의 성품에 일치하여 그에게 나타나시기 때문입니다(8788 · 8814항 참조). 따라서 그 나타남은 선 안에 있는 자들에게는 사랑과 같고, 또한 진리의 빛과 같습니다. 그러나 그것은 악 안에 있는 자들에게는 원수와 같고, 그리고 보복자(報復者)와 같습니다. 주님께서 이스라엘 백성에게 그와 같이 나타나신다는 것은 모세의 글 여러 장절에서 잘 드러나고 있습니다.

이스라엘 자손의 눈에는 주의 영광이, 마치 산꼭대기에서 타오르는 불처럼 보였다.
(출애굽기 24 : 17)
그리하여 너희가 산기슭에 가까이 와서 서자, 하늘 한가운데까지 높이 치솟는 불길이 그 산을 휩싸고, 어둠과 검은 구름이 산을 덮었다. 주께서 불길 속에서 너희에게 말씀하셨으므로, 너희는 말씀하시는 소리만 들었을 뿐, 아무 형상도 보지 못하였다. 너희는 오직 소리를 들었을 뿐이다
(신명기 4 : 11, 12 ; 5 : 22)
산이 불에 탈 때, 캄캄한 어둠 속에서 들려 오는 음성을 너희가 듣고, 너희 지파의 모든 두령과 장로들이 나에게 다가와서, 이렇게 말하였다. "보십시오, 주 우리의 하나님은 그의 영광과 위엄을 우리에게 보여 주시고, 우리는 불 가운데서 들려 오는 하나님의 음성을 들었습니다. 그리고 하나님이 사람과 말씀하셨는데도, 그 사람이 여전히 살아 있음을, 오늘 우리는 보았습니다. 그런데 지금은 이 큰 불길이 우리를 삼키려고 하고 있느니, 어찌하여 우리가 죽음의 위협을 받아야 합니까? 우리가 주 하나님의 음성을 다시 듣는다면, 우리는 죽을 것입니다."
(신명기 5 : 23-25)

[2] 어느 누구도 자기 자신 안에 있는 것들에게서 비롯된 것을 제외하면 하나님을 볼 수 없기 때문에, 그러므로 증오의 상태에 있는 자는 하나님을 증오의 상태에서 보고, 그리고 무자비(無慈悲)의 상태에 있는 자는 주님을 무자비 상태에서 봅니다. 다른 한편, 인애나 자비 안에 있는 자들은 그것에서 주님을 봅니다. 따라서 인애나 자비 가운데서 주님을 봅니다. 여기의 경우가 어떠한지는 빛의 광선과 같다고 하겠습니다. 다시 말하면 그것들이 어떤 추한 모양들에 빠지게 되면 그것들은 흉측한 색깔들로 바뀝니다. 그러나 그것들이 멋진 모양들에 있게 되면, 그것들은 아주 멋진 색깔들로 바뀝니다. 여기서 "연기"(smoke)는 진리에 속한 불영명(不英明)을 뜻하고, 그리고 또한 거짓에 속한 짙은 흑암(黑暗)을 뜻한다는 것은 이

사야서 9 : 18, 19 ; 34 : 9, 10 ; 그리고 요엘서 2 : 30, 31 ; 호세아서 13 : 3 ; 묵시록서 9 : 17, 18 ; 18 : 18 ; 19 : 3절에서 잘 드러나고 있습니다.

8820. 주께서 불 가운데서 그 곳으로 내려오셨기 때문이다.
이 말씀이 신령존재께서 천적인 사랑 안에 계시기 때문이라는 것을 뜻한다는 것은 신령 천적인 사랑을 가리키는 "주께서 거기에 계신다는 불"의 뜻에서 잘 알 수 있습니다. "불"이 사랑을 뜻한다는 것은 934 · 4906 · 5071 · 5215 · 6314 · 6832 · 6834 · 6849항을 참조하시고, 그리고 여기서 신령 천적인 사랑, 다시 말하면 신령사랑은 천적인 천사들이 존재하는 천계에 있는 신령사랑을 뜻합니다.

8821. 그 연기는 마치 가마(=용광로)**에서 나오는 것처럼 솟아오랐다.**
이 말씀이 온갖 탐욕들에게서 비롯된 불영명의 상태와 같은 어둠을 뜻한다는 것은 불영명(=어둠)을 가리키는 "연기"(smoke)의 뜻에서(8819항 참조), 그리고 "탐욕"을 가리키는 "가마"(=용광로)의 뜻에서(7519항 참조), 잘 알 수 있습니다. 주님께서 천적인 사랑 안에 계실 때 주님께서 이스라엘 자손에게 그와 같이 나타나신 이유는 1861 · 6832 · 8819항을 참조하십시오.

8822. 온 산이 크게 진동하였다.
이 말씀이 천계의 동요나 소동을 뜻한다는 것은 동요나 소동을 가리키는 "크게 진동하였다"라는 말의 뜻에서, 그리고 천계를 가리키는 "시내 산"의 뜻에서(8805항 참조) 잘 알 수 있습니다. 신령존재의 임재로 인하여 동요가 있었다는 것은 8816항을 참조하십시오.

8823. 나팔 소리가 점점 더 크게 울려퍼졌다(=나팔 소리가 길어지고, 점점 더 커질 때)**.**
이 말씀이 천사적인 천계를 통한 일반적인 계시를 뜻한다는 것은, 천계적인 것을 가리키는, 또는 신령한 것과 결합된 천사적인 진리를 가리키는(8815항 참조), 따라서 계시에 속한 일반적인 것을 가리키는 "나팔 소리"의 뜻에서 잘 알 수 있습니다. 왜냐하면 신령진리는 곧 계시이고, 그것이 천계에 속한 매개(媒介)를 통해서 밝히 드러낸다는 것은 천계에 있는 신령진리 자체에 대한 상대적인 일반적인 것이기 때문입니다. 왜냐하면 그것은 밖에 또는 주변에 있기 때문이고(8815항 참조), 그리고 주변이나 밖에 있는 것은 중앙에 있는 것에, 즉 안에 있는 것에 대하여 상대적으로 조잡한 것이기 때문입니다. 그리고 그것의 증대(增大)를 가리키는 "길어지고 점점 더 커졌다"라는 말의 뜻에서 잘 알 수 있습니다. 왜냐하면 여기서의 경우는, 순수한 대기(大氣)가 존재하는 높은 곳에 있는 소리와 같기 때문이고, 그리고 그 소리는 조용합니다. 그러나 그것이, 대기의 밀도(密度)가 높은 낮은 지역에 내려왔을 때 그 소리는 점점 더 커지고, 그리고 보다 더 크게 울려 퍼지기 때문입니다. 그와 같은 일은 신령진리나 신령선에게서 꼭 같은데, 가장 높은 곳에 있는 그것은 평온하고, 그리고 그 어떤 것도 소란을 일으키지 않습니다. 그러나 그것들이 보다 낮은 것들을 향해서 내려 올 때 그것들은 점차적으로 평온하지 않고, 종국에는 매우 소란스럽게 됩니다. 이런 내용이 열왕기 상서에서 그가 호렙에 있을 때 엘리야에게 주님에 의하여 기술된 것입니다.

> 주께서 말씀하셨다. "이제 곧 나 주가 지나갈 것이니, 너는 나가서 산 위에, 주 앞에 서 있어라." 크고 강한 바람이 주 앞에서 산을 쪼개고, 바위를 부수었으나, 그 바람 속에 주께서 계시지 않았다. 그 바람이 지나가고 난 뒤에, 지진이 일어났지만, 그 지진 속에도 주께서 계시지 않았다. 지진이 지나가고 난 뒤에, 불이 났지만, 그 불 속에도 주님께서 계시지 않았다. 그 불이 난 뒤에, 부드럽고 조용한 소리가 들렸다. (열왕기 상 19 : 11, 12)

8824. 모세가 하나님께 말씀을 아뢰니, 하나님이 음성으로 그에

게 대답하셨다.

이 말씀이 그것 안에 신령존재 자체가 내재해 있는 신령존재에게서 비롯된 진리의 입류에 의한 것을 뜻한다는 것은 신령존재에게서 비롯된 진리를 가리키는 모세의 표징에서(8760 · 8787 · 8805항 참조), 그리고 입류를 가리키는 "말한다"라는 말의 뜻에서(5797 · 7270 · 8128항 참조), 근원인 신령진리를 가리키는 "음성으로 대답하였다"라는 말의 뜻에서 잘 알 수 있습니다. 우리의 본문이 이런 내용을 뜻하는 이유는 신령대답들은 신령한 것이 내재해 있는 진리들이기 때문입니다.

8825. 20-25절. **주께서 시내 산, 곧 그 산 꼭대기로 내려오셔서, 모세를 그 산 꼭대기로 부르시니, 모세가 올라갔다. 주께서 모세에게 말씀하셨다. "너는 내려가서 백성에게, 주를 보려고 경계선을 넘어 들어오다가, 많은 사람이 죽는 일이 없도록 단단히 일러 두어라. 나 주에게 가까이 오는 제사장도 자신을 성결하게 하여야 한다. 그렇게 하지 않으면, 나 주가 그들도 쳐서 죽일 것이다." 모세가 주께 대답하였다. "주께서 우리들에게, 산에 경계선을 정하여 그것을 거룩하게 구별하라고 경고하시는 명을 내리셨으므로, 이 백성은 시내 산으로 올라올 수 없습니다." 주께서 그에게 말씀하셨다. "너는 어서 내려가서, 아론을 데리고 올라오너라. 그러나 제사장들과 백성은 나에게 올라오려고 경계선을 넘어서는 안 된다. 그들이 경계선을 넘으면, 나 주가 그들을 쳐서 죽일 것이다." 모세가 백성에게 내려가서, 그대로 전하였다.**

"주(=여호와)께서 시내 산에 내려오셨다"라는 말씀은 천계에 있는 주님의 임재(=현존)를 뜻하고, "그 산 꼭대기에 내려오셨다"라는 말씀은 극내적인 천계(the inmost heaven)를 뜻합니다. "주께서 모세를 그 산 꼭대기로 부르시니, 모세가 올라갔다"라는 말씀은 거기에 있는 신령존재에게서 비롯된 진리와의 결합을 뜻합니다. "주께서 모세에게 말씀하셨다"라는 말씀은 신령존재에게서 비롯된 권유

(勸諭)나 훈계(訓戒)를 뜻합니다. "너는 내려가서 백성에게, 주를 보려고 경계선을 넘어 들어오지 않도록 단단히 일러 두어라"라는 말씀은 영적인 교회에 속한 자들이 신령 천적인 것이 존재하는 천계에 오르기를 열망하는 것을 막는다는 것을 뜻합니다. "많은 사람이 죽는다"(=무너진다)라는 말씀은 그래서 그들이 소멸될 것이라는 것을 뜻합니다. "나 주에게 가까이 오는 제사장도 자신을 성결하게 하여야 한다"라는 말씀은 신령존재께서 그것 안에 내재해 있는 영적인 선 안에 있는 자들이 덮어 가려져 있다는 것을 뜻합니다. "그렇게 하지 않으면, 나 주가 그들을 쳐서 죽일 것이다"(=주께서 그들 안에 깨뜨림(=파괴 · 죽임)을 만들지 않도록 하라)라는 말씀은 결과적으로는 선으로부터의 이탈(離脫)을 뜻합니다. "모세가 주께 대답하였다"라는 말씀은 신령존재에게서 비롯된 진리에 속한 생각을 뜻합니다. "이 백성은 시내 산으로 올라올 수 없다"라는 말씀은 그들 자신들은 천적인 왕국에 올라갈 수 없다는 것을 뜻합니다. "왜냐하면 주께서 우리들에게 명을 내리셨다"라는 말씀은 그들이 신령존재에 의하여 경고를 받았기 때문이라는 것을 뜻합니다. "주께서 우리들에게 산의 경계선을 정하셨다"라는 말씀은 그 사실에 의하여 선에 속한 영적인 영기(靈氣)가 아래에서 그치었다는 것을 뜻합니다. "그것을 거룩하게 구별하여라"라는 말씀은 따라서 그들은 신령존재로부터 지켜져야 한다는 것을 뜻합니다. "주께서 그(=모세)에게 말씀하셨다"라는 말씀은 더 많은 권고와 훈계를 뜻합니다. "너는 어서 내려가라"라는 말씀은 입류를 뜻하고, "너는 아론을 데리고 올라오너라"라는 말씀은 신령존재에게서 비롯된 내적인 진리와 외적인 진리의 결합을 뜻합니다. "그러나 제사장들과 백성은 나에게(=주께) 올라오려고 경계선을 넘어서는 안 된다"라는 말씀은 영적인 선이나 진리 안에 있는 자들은 천적인 천계에 오르려고 열망하지 말라는 것을 뜻합니다. "그들이 경계선을 넘으면, 나 주가 그들을 쳐서 죽일 것이다"(=주가 그들에게 갑자기 임하지 않게 하여라)라

는 말씀은 진리와 선으로부터의 이탈(離脫)을 뜻합니다. "모세가 백성에게로 내려갔다"라는 말씀은 신령존재로부터 진리를 통한 신령존재의 입류를 뜻합니다. "모세가 그들(=백성)에게 그대로 전하였다"라는 말씀은 권유나 훈계를 뜻합니다.

8826. 주께서 시내 산에 내려오셨다.

이 말씀이 천계에 있는 주님의 임재(臨在·現存)를 뜻한다는 것은 천계를 가리키는 "시내 산"의 뜻에서(8805항 참조) 잘 알 수 있습니다. 결과적으로는 우리의 본문 "그 산에 내려오셨다"라는 것은 거기에 있는 임재나 현존을 뜻합니다. 우리의 본문이 주님의 임재(=현존)을 뜻한다는 것은 성경에서 "여호와"(=주)는 주님을 뜻하기 때문입니다.

8827. 주께서 곧 그 산 꼭대기에 내려오셨다.

이 말씀이 극내적인 천계(極內的 天界·the inmost heaven)에 있다는 것을 뜻한다는 것은 바로 위에서 언급한 것과 같이(8826항 참조) "산"(山)의 뜻에서 잘 알 수 있습니다. "산 꼭대기"(the head of the mountain)가 극내적인 천계를 뜻한다는 것은, 산 꼭대기가 산의 최고 높은 곳이기 때문입니다. 그리고 "최고 높은 곳"(頂上)은 극내적인 것을 뜻하기 때문입니다(1735·2148·4210·4599·8153항 참조). 천계는 셋이 있습니다. 다시 말하면 일층천(一層天·the first heaven)이라고 부르는 제일 낮은 천계와, 이층천(二層天·the second heaven)이라고 부르는 중간 천계와 그리고 삼층천(三層天·the third heaven)이라고 부르는 극내적 천계가 있습니다. 이 삼층천에는 보다 낮은 두 천계가 존재하는 것에 비하여 더 신령한 신령존재가 계십니다. 왜냐하면 이 천계에 있는 그들은 주님의 직접적인 시야(視野·view) 아래에 있기 때문입니다. 그 이유는 거기에 존재하는 자들은 주님사랑 안에 존재하고, 그리고 그것으로 인하여 나머지 것들에 비하여 월등한 평화(平和·平穩·peace)나 순진무구(純眞無垢·innocence)의 상태에 있기 때문입니다. 거기에 있는 천사들은 "천적인 천사들"이라고 하고, 이층천에 있는 천사들은 "영적인 천사들"이라고 합니다. 그리고 결과적으로 전자의 천계에 있는 신령존재는 "신령 천적 존재"(the Divine celestial)라고 부르고, 후자의 천계에 있는 신령존재는 "신령 영적 존재"(the Divine spiritual)라고 부릅니다. 이렇게 볼 때 우리의 본문, "주께서 그 산 꼭대기로 내려오셨다"라는 말이 뜻하는 내용이 무엇인지 잘 알 수 있겠습니다.

8828. 주께서 모세를 그 산 꼭대기로 부르시니, 모세가 올라갔다.

이 말씀이 거기에 있는 신령존재에게서 비롯된 진리와의 결합을 뜻한다는 것은, 동일한 말씀이 나오는 앞에서 설명된 내용에서(8760·8761항 참조) 잘 알 수 있습니다. 그러나 여기서는 신령 천적인 것, 다시 말하면 극내적인 천계에 속한 신령존재와의 결합을 뜻합니다.

8829. 주께서 모세에게 말씀하셨다.

이 말씀이 신령존재에게서 비롯된 권유(勸諭)나 훈계(訓戒)를 뜻한다는 것은 아래에 이어지는 것을 뜻하는 "말한다"(saying)라는 말의 뜻에서 잘 알 수 있습니다. 그리고 그 권유나 훈계에 관한 내용은 그들이 그 산에 봉쇄(封鎖)된 경계선을 넘어서는 안 된다는 것입니다.

8830. "너는 내려가서 백성에게, 주를 보려고 경계선을 넘어 들어오지 않도록 단단히 일러 두어라"(=그들이 주를 보려고 뛰쳐나오지 않게 하여라).

이 말씀이 영적인 교회에 속한 자들이 신령 천적인 것이 존재해 있는 천계에 오르려고 열망하지 않도록 하여야 한다는 것을 뜻한다는 것은 권유나 훈계 따위를 가리키는 "단단히 일러 둔다"(=당부한다·to charge)라는 말의 뜻에서, 그리고 이것에 관해서는 위에서 자주 언급하였듯이, 영적인 교회에 속한 자들을 가리키는, 여기서는 "백성"을 가리키는 "이스라엘 자손"의 표징에서, 그리고 보다 더 높은 천계에 오르기를 열망하는 것을 가리키는 "넘어 들어온다"(=헤치고 나아간다 · breaking through), 다시 말하면 경계선들을 헤치고 나아간다는 말의 뜻에서, 그리고 신령존재를 지각(知覺)한다는 것을 가리키는 "주를 본다"라는 말의 뜻에서 잘 알 수 있습니다. 왜냐하면 그 산 꼭대기에 계시는 "여호와"는, 천적인 천계(the celestial heaven)라고 불리우는 극내적인 천계를 뜻하기 때문입니다(8827항 참조). 그리고 "본다"(seeing)라는 말은 지각을 뜻하기 때문입니다(2150 · 3764 · 4567 · 4723 · 5400항 참조).

8831. 많은 사람이 죽을 것이다(=그들 중 많은 자가 죽을 것이다)**.**
이 말씀이 그렇게 그들이 멸망할 것이라는 것을 뜻한다는 것은 다른 설명이 없이도 잘 알 수 있겠습니다.

8832. "나 주에게 가까이 오는 제사장도 자신을 성결하게 하여야 한다"(=거룩하게 하여라)**.**
이 말씀이 신령존재께서 내재해 계신 영적인 선 안에 있는 자들은 반드시 덮어 가려져 있어야 한다는 것을 뜻한다는 것은, 선을 가리키는, 여기서 신령선을 가리키는 "제사장들"의 뜻에서 잘 알 수 있습니다. 그 이유는 그들의 제사장들인 이스라엘 자손은 영적인 교회에 속한 자들을, 따라서 진리에 의하여, 그리고 선에서 비롯된 진리 안에 있는 자들을, 표징하기 때문입니다(7957 · 8234항 참조). 그리고 제사장들에 관해서 언급되었을 때 그들이 뜻하는, 신령존재께서 내재해 계신 선을 가리키는, "여호와께 가까이 온다"라는 말의 뜻에서 잘 알 수 있고, 그리고 내면적인 것들의 측면에서 덮어 가려져 있다는 것을 가리키는 "성결하여야 한다"라는 말의 뜻에서(8788 · 8806항 참조) 잘 알 수 있습니다.

8833. "나 주가 그들도 쳐서 죽일 것이다"(=주가 그들에게 갑자기 임하지 않게 하여라)**.**
이 말씀이 선에서부터의 이탈(離脫 · 分離)을 뜻한다는 것은 선에서부터 진리의 이탈(=분리)을 가리키는, 여기서는 선에서의 분리를 가리키는 "갑자기 임한다"(=죽일 것이다 · making a breach)라는 말의 뜻에서 잘 알 수 있습니다(4926항 참조). 그 이유는 본문이 선을 뜻하는 제사장들에 관해서 언급하였기 때문입니다.

8834. 모세가 주께 대답하였다.

이 말씀이 신령존재에게서 비롯된 진리에 속한 생각(思想)을 뜻한다는 것은 생각을 가리키는 모세가 표징하는 신령존재에게서 비롯된 진리에 의한 것을 언급할 때 "말한다"(=대답한다 · saying)라는 말의 뜻에서(3395 · 7107 · 7244 · 7937항 참조) 잘 알 수 있습니다. 우리의 본문은 신령존재에게서 비롯된 진리의 생각을 언급하고 있고, 그리고 그것은 신령존재에게서 비롯된 진리를 표징하는 모세에게 있는 생각을 뜻합니다. 그와 같이 언급된 이유는, 한 사람이 가지고 있는 진리는 그가 생각하게 하고, 그 생각 가운데 있는 그 사람은 진리에 의하여 생각하기 때문입니다. 왜냐하면 주님께서는 선을 통하여 진리에 입류하시고, 그리고 사람에게 생명을 주시기 때문입니다. 이 생명은 그 사람 안에 자기 자신의 것인 양 나타나지만, 그러나 그것은 그 사람에게 있는 선에서 비롯된 진리 안에 있는 주님의 것입니다. 이것이 사실이기 때문에 천사들은 이런 식으로 말합니다. 왜냐하면 그들은 그 생각을 인물에게서 추상화된 선에서 비롯된 진리의 탓으로 돌리기 때문입니다. 이상에서 볼 때 천사적인 언어가 무엇인지 잘 알 수 있고, 그리고 그것은 지혜에 속한 언어라는 것도 잘 알 수 있겠습니다.

8835. "이 백성은 시내 산으로 올라올 수 없습니다."

이 말씀은 그들이 자신들을 천적인 왕국에 올릴 수 없다는 것을 뜻한다는 것은 영적인 왕국에 속한 자들을 가리키는 "백성" 즉 "이스라엘 자손"의 뜻에서, 그리고 위로 올리우는 것을 가리키는 "올라온다"(coming up)의 뜻에서, 그리고 천적인 왕국을 가리키는 "시내 산"의 뜻에서(8827항 참조) 잘 알 수 있습니다. 이런 내용들이 어떠한 것인지는 위의 설명에서 잘 알 수 있겠습니다(8794·8797항 참조).

8836. "주께서는 우리들에게 경고하시는 명을 내리셨기 때문이다"(=이는 주께서 우리에게 명령하셨기 때문이다).
이 말씀은 그들이 신령존재에 의하여 경고를 받았기 때문이라는 것을 뜻한다는 것은 설명이 없이도 잘 알 수 있습니다.

8837. "주께서는 산에 경계선을 정하셨다"(=말씀하시기를 "산 주위에 범위를 정하셨다").
이 말씀이 선에 속한 영적인 영기(靈氣·영역)가 아래에서 소멸되었다는 사실에 의한 것을 뜻한다는 것은 선에 속한 영적인 영기(=영역)에 비하여 더 이상 천계에 확대될 수 없다는 것을 가리키는 "산 주위에 경계선을 정하셨다"라는 말의 뜻에서(8794-8797항 참조) 잘 알 수 있겠습니다.

8838. "백성은 그것을 거룩하게 구별하여라."
이 말씀이 따라서 그들은 신령존재로부터 멀리 떨어져 있어야 한다는 것을 뜻한다는 것은 외적인 것들이 거룩한 상태에 나타나게 하기 위하여 내면적인 것들이 덮혀 가려져 있어야 한다는 것을 가리키는(8788·8806항 참조), 따라서 그들이 해를 입지 않기 위하여 신령존재로부터 멀리 떨어져 있어야 한다는 것을 가리키는 "거룩하게 구별한다"(=성결한다)라는 말의 뜻에서 잘 알 수 있습니다. 왜냐하면 만약에 그들이 가려지는 일이 없다면 신령존재께서는 통과할 것이고, 그리고 파괴할 것이기 때문입니다. 그 이유는 신령존재의 임재는, 마치 덮어 가리지 않는 자에게는 태우는 불과 같기 때문입니다. 그러므로 그것은 마치 천사들이 구름으로 가리는 것과 같다고 하겠습니다(6849항 참조). 이렇게 볼 때 덮어 가린다는 말이 뜻하는 것이 무엇인지 잘 알 수 있겠습니다. 이러한 내용이 "거룩하게 구별하여야 한다"라는 말이 뜻하는 것이라는 것은, 그들이 가려졌을 때 그들이 거룩한 상태에 나타나기 때문입니다. 왜냐하면 그 때 신령존재는, 거기에 있는 선에 속한 상태나 진리의 형체 안에 입류하고, 존재하기 때문인데, 이러한 일은 덮어 가리는 일이 없다면 결코 일어날 수 없기 때문입니다.

8839. 주께서 그에게 말씀하셨다.

이 말씀이 보다 상세한 권유(勸諭)나 훈계(訓戒)를 뜻한다는 것은, 권유나 훈계를 가리키는, 그가 백성이 보기 위하여 경계선을 넘어 들어오면 죽을 것이라고 단단히 일러두어야 한다는, 주께서 모세에게 언급할 때의 "말한다"라는 말의 뜻에서 잘 알 수 있습니다. 그것이 더 상세한 권유나 훈계라는 것은, 그들이 이 사안에 관해서 단단히 일러졌고, 그리고 그들이 반드시 그 일을 하지 못하도록 경고되었기 때문입니다.

8840. "너는 어서 내려가라"(=가라, 너는 내려가라).

이 말씀이 입류(入流)를 뜻한다는 것은, 입류를 가리키는, 다시 말하면 신령존재에게서 비롯된 진리를 통한 신령존재의 입류를 가리키는, 모세가 표징하는 신령존재에게서 비롯된 진리를 통하여 신령존재에 의하여 언급되었을 때의 "백성에게 내려가서, 그들을 타이른다"라는 말의 뜻에서 잘 알 수 있습니다.

8841. "너는 아론을 데리고 올라오너라."

이 말씀이 신령존재에게서 비롯된 내적인 진리와 외적인 진리의 결합을 뜻한다는 것은 결합을 가리키는 "올라온다"(coming up)라는 말, 다시 말하면 여호와께로 올라온다라는 말의 뜻에서(8760항 참조), 그리고 신령존재에게서 비롯된 내적인 진리와 외적인 진리를 가리키는 모세와 아론의 표징에서 잘 알 수 있습니다. 그리고 모세는 내적인 진리를, 그리고 아론은 외적인 진리를 표징하기 때문입니다(7089 · 7382항 참조).

8842. "그러나 제사장들과 백성은 나에게 올라오려고 경계선을 넘어서는 안 된다"(=뛰쳐나와 주께로 올라오지 못한다).

이 말씀이, 신령선이나 신령진리 안에 있는 자들은 천적인 천계

(=삼층천)에 오르려고 열망하지 못하게 막는다는 것을 뜻한다는 것은 동일한 말이 나오는 위의 설명에서(8830·8832항 참조) 잘 알 수 있습니다.

8843. "그들이 경계선을 넘으면, 나 주가 그들을 쳐서 죽일 것이다"(=주가 그들에게 갑자기 임하지 않게 하여라).
이 말씀이 진리와 선에서의 분리(分離·離脫)를 뜻한다는 것은, 위의 설명에서(8833항 참조), 그리고 여기서는 진리에서의 이탈을 가리키는 내용에서 잘 알 수 있습니다. 그 이유는 그것이 백성에 관해서 언급되었기 때문입니다.

8844. 모세가 백성에게 내려갔다.
이 말씀은 신령존재에게서 비롯된 진리를 통한 신령존재의 입류를 뜻합니다(8840항 참조).

8845. 모세가 그대로 전하였다(=모세가 그대로 말하였다).
이 말씀이, 따라서 위에 설명한 것과 같이(8839항 참조), 권유나 훈계를 뜻합니다.

목성(木星)의 영들이나 주민들에 관한 속편

8846. 이른바 그들이 "굴뚝 청소부들"(chimney sweepers)이라고 하는 목성에서 온 그들 가운데 영들이 있었습니다. 그 이유는 그들이 그들의 의상(衣裳)이나 얼굴에서 이들과 같이 나타났기 때문입니다. 그들은 자신들의 지구에 속한 사람들을 비난하는 자들 가운데 있었습니다. 그리고 그 뒤에는 그들을 가르쳤습니다(7801-7812항 참조). 최대인간(最大人間·the Grand Man)과의 관계가 어떤 것인지에 관해서, 그리고 그들의 성품이 어떤지에 관해서는 그들에 관해서 기

술된 위의 내용에서(5056항 참조) 잘 알 수 있는데, 여기에 그 내용이 기술되겠습니다.

8847. 다른 지구에서 온 어떤 영이 나와 함께 있었는데, 아마도 그는 목성에서 온 영이었습니다. 그는 나에게 그가 천계에 들어가기 위한 자신을 위하여 중재(仲裁)할 것을 요청하였습니다. 그는, 그 지구의 주민들을 비난하는 것 이외에는 그가 악을 행하였다는 것을 알지 못한다고 말하였습니다. 그리고 그는, 그가 그들을 비난한 뒤에는 그들을 가르쳤다는 것을 부연하였습니다. 그는 자신을 나의 왼쪽 팔꿈치 아래에 모습을 드러냈고, 그리고 이른바 쇠약한 소리(a broken voice)로 말하였고, 그리고 어느 누구를 동정으로 옮길 수 있었습니다. 그러나 내가 응대할 수 있었던 것은, 나는 그에게 아무런 도움을 줄 수 없다는 것이고, 누구에게 도움을 준다는 것은 오직 주님의 것이라는 것이고, 그리고 나는 중재(仲裁)할 수 없다는 것이었습니다. 그 이유는, 그런 일이 유익한 것인지, 아닌지 내가 알지 못하기 때문이지만, 그러나 만약에 그가 원한다면 값진 것이라는 것 때문입니다. 그 때 그는 그의 지구에서 온 올바른 영들에게로 되돌려 보내졌습니다. 그러나 그 영들은, 그가 그들의 동료들 가운데 있을 수 없다고 말하였습니다. 그 이유는 그가 그들과 같은 성품이 아니었기 때문입니다. 그럼에도 불구하고 그가 열렬한 바람을 가지고 그는 천계에 올려지기를 끈덕지게 청하였기 때문에, 그는 이 지구의 영들의 사회로 보내졌습니다. 그러나 그들은 그가 그들과 함께 있을 수 없다고 말하였습니다. 천계의 빛 가운데 있을 때 그는 검은 색으로 변하였지만, 그러나 그는, 자신이 검은 색이 아니고, 오히려 형석(螢石)의 색깔이라고 말하였습니다. 내게 일러진 것은, 그들은, 그 뒤에는 생식의 소포(小胞)들의 영역을 형성하는 자들 가운데 수용된, 초기에는 그런 인물이라는 것이었습니다. 왜냐하면 이런 소포들 안에는 정액(精液)이 수집(收集)되고, 그리고 흩어지는 것으로부터 그것을 보존하기 위하여 적합하고 적절한 물질로 감싸져 있기 때문입

니다. 그리고 그것은 자궁의 경부(頸部)에 뿌려져서, 그래서 그 안에 보존된 것은 수태(受胎)를 위해 쓰여집니다. 다시 말하면 배주(=밑씨·胚珠)의 수태를 돕는 것입니다. 따라서 이와 같은 생식의 물질 안에는 애씀이 있습니다. 말하자면 불타는 욕망이 그것 자체를 벗어버리고, 그리고 그것의 씀씀이를 이루려고 하는 정액이 남아 있습니다. 이런 영 안에는 유사한 것이 보여졌습니다. 그는 다시 나에게 왔습니다. 그러나 그는 허름한 옷을 입었습니다. 그리고 그가 다시 한 말은, 천계에 오르기를 열망한다는 것과 그리고 그가 지금 깨달은 것은 그 일을 위해 적절한 존재라는 것이었습니다. 그러나 내가 그에게 일러줄 말이 허락된 것은, 아마도 곧 수용될 것이라는 지시였습니다. 그 때 그에게 일러진 것은, 여러 천사들이 그의 옷을 벗기고, 그리고 그의 열망 가운데 그는, 그 어떤 것에 비하여 매우 빠르게, 옷이 벗겨졌습니다. 이러한 것은 생식의 소포(小胞)들에 대응하는 영역 안에 있는 자들의 열렬한 열망들에 속한 성품을 드러낸 것입니다.

8848. 이런 부류의 인물들이 천계를 위해 준비되었을 때 일러진 것은, 그들은 자신들의 옷을 벗고, 새로운 옷을 입어야 하고, 천사들이 된다는 것이었습니다. 이런 천사들은 모충(毛蟲)들에 비유되었는데, 그것들은 그들의 낮은 상태를 경과, 번데기들로 변하고, 그리고 나중에는 나비들로 변합니다. 그 때마다 그것들에게는 다른 옷들이 주어졌습니다. 그 옷들이란 파랗고, 노랗고, 은빛이나 금빛 나는 그런 것들이었습니다. 그리고 동시에 그들이 창공 안에서 하듯이, 공중을 나는 자유도 주어졌습니다. 그리고 그것들은 짝짓기를 하고, 알을 낳고, 그리고 그들의 종자의 증식을 위해서 준비를 하고, 그리고 그것들은 자신들의 종자들을 위하여 온갖 종류의 꽃들로부터 수액(樹液)이나 향기들로부터 맛있고, 멋진 먹거리를 준비합니다.

8849. 그 지구에서 온 영들 중 하나가 나에게 와서, 자기는 한 분 주님(the One Only Lord)을 찾는다는 것과, 그리고 하늘 나라에

가기를 열망한다는 것, 그러나 그는 아직까지 할 수 없었는데, 그 이유는 육신을 입은 삶에서 악을 행하였기 때문이라는 것 등을 말하였습니다. 그에게는 무엇이 악인지 질문되었습니다. 그는 이 질문에 이렇게 대답하였습니다. 그는 그의 동료에게서 거의 보잘 것 없는 그런 것들을, 그리고 그는 그의 동료가 그에게 주려고 한다고 생각하는 것들을 가져가는 것이고, 그리고 이런 일은 자신의 양심에 무거운 짐이 된다고 하였습니다. 이렇게 볼 때 그들이 그들의 땅에서 살 때 그의 삶이 어떤 것이었는지 잘 알 수 있고, 그리고 그들이 어느 누구에게 지극히 가벼운 악을 행하였다고 해도 그것이 그들에게 심한 고통을 준다는 것을 잘 알 수 있겠습니다. 왜냐하면 그는 자신의 지구에서부터 그런 생각을 가지고 왔기 때문입니다.

8850. 나는 대머리를 보았는데, 다만 머리의 높은 부위는 머리카락이 전혀 없는 골질(骨質)이었습니다. 내게 일러진 것은, 이런 부류의 모습은 죽은 지 일 년 된 자들의 모습이라는 것이고, 그리고 그 때 그들은 자기 자신을 준비한다는 것 등이었습니다. 그 지구의 그들은, 그들의 배우자, 자녀들이나 그들의 부모들과 헤어지는 것을 제외하면, 그들의 죽음에 대해서는 전혀 두려워하지 않습니다. 왜냐하면 그들은, 사후(死後)에 그들이 살 것이라는 것을 알고 있기 때문이고, 그리고 그들은 삶에서 전혀 벗어나지 않고, 계속된다는 것을 알고 있기 때문입니다. 그 이유는 그들이 천계에 가기 때문입니다. 그러므로 그들은 죽음에 관해서도 말하지 않고, 오히려 하늘나라 형성에 관해서 언급할 뿐입니다. 그 지구에 있는 자들은 혼인애 안에서, 그리고 자신들의 자녀들을 돌보면서 행복하게 삽니다. 그와 같은 일은 그들로 부모가 되게 합니다. 그리고 그들은 질병들에 의해서는 죽지 않고, 오히려 잠잘 때와 같이, 평온하게 잘 뿐입니다. 이와 같이 그들은 이 세상에서 천계로 옮겨질 뿐입니다.

8851. 거기의 주민들이 사는 나이는 대부분 우리 지구의 햇수들에 따라서 30 여년입니다. 이 나이를 넘어서 사는 자들은, 이른바

누구의 말을 듣지 않는 나이(unteachable)라고 일러집니다. 그러므로 질책(叱責)하고, 가르치는 영들은 그들에게 가지 않습니다. 그들이 대부분 이 기간 안에 죽는 이유는 주님의 섭리(攝理)인데, 그것은 그들의 숫자들이 그 지구를 지탱할 수 있는 범위를 넘지 않게 하기 위해서입니다. 그들은 역시 이 지구에 비하여 더 빨리 성숙기에 이릅니다. 그들은 청년의 꽃다운 나이에 혼인을 하고, 그 때 그들의 기쁨이나 희열은 자신들의 배우자들을 사랑하고, 자녀들을 돌보는 것입니다. 그들은 사실 다른 기쁨들을 기쁨들이라고 하지만, 그것들은 상대적으로 외적인 기쁨들이나 희열들입니다.

8852. 이어지는 장들의 말미에는 토성(土星)의 영들이나 주민들에 관한 것이 부연되겠습니다.

제 20장 서문 : 인애의 교리에 관하여(18)

8853. 모든 사람은 모든 것들 보다 더 사랑하는 자기 자신의 어떤 것을 가지고 있습니다. 이것이 바로 통치(統治)하는 것이라고 부르는 것인데, 만약에 사람이 원한다면, 그것은 보편적으로 그와 더불어 다스립니다. 이것은 그의 생각(思想) 안에, 그리고 그의 의지 안에 변함없이 현존(現存)하고, 그것이 그의 진정한 삶(=생명)을 완성합니다.

8854. 예를 들어 보겠습니다. 모든 것들에 비하여, 그것이 돈이든 소유물이든, 재물(財物)을 사랑하는 사람은, 그의 마음 안에서 그가 그것을 어떻게 취할 것인가를 계속해서 생각합니다. 그는, 자신이 그것을 취득하였을 때 가장 기뻐합니다. 그리고 그는 그가 그것을 잃었을 때 가장 슬퍼합니다. 그의 마음이나 심령은 늘 그것 안에 있습니다. 모든 것들에 비하여 자기 자신을 가장 사랑하는 사람은 모든 것들 안에 자기 자신을 주의 깊게 둡니다. 그리고 변함없이 자기 자신에 관해서 생각하고, 말하고, 자기 자신의 목적을 위해서 행동합니다. 그의 생명은 곧 그 자신의 삶이기 때문입니다.

8855. 한 사람이 목적으로서 모든 것들에 비하여 사랑하는 그것을 가지고 있다면, 그리고 개별적이든 전체적이든, 그는 이것에 늘 관심을 가지고 있습니다. 그것은 그의 의지에 있는 것으로 마치, 그가 무엇인가를 행할 때, 그를 물러서게 하고, 방향을 바꾸는 숨겨진 강의 지류와 같습니다. 왜냐하면 그것은 그 사람을 활기차게 하기 때문입니다. 이것이 바로, 전자가 다른 것 안에서 찾는 것이고, 또한 그것이 그를 인도하고, 또한 그 사람과 더불어 행동하는 것에 일치하여 역시 보는 것입니다.

8856. 사람이 중생과정에 있을 때 인애는, 그것이 지배하는 것이 될 때까지, 믿음에 의하여 활착됩니다. 그리고 인애가 이런 것이 되었을 때 그는 새로운 생명을 취합니다. 왜냐하면 그 때 그것은 계속

해서 그의 생각 안에 현존하고, 그의 의지 안에 계속해서 현존하기 때문입니다. 아니, 그것은, 그가 다른 것들에 관해서 깊이 생각할 때, 그리고 그가 사업에 종사할 때, 그것들에 속한 모든 개별적인 것 안에 현존합니다.

8857. 주님사랑의 경우도 이와 꼭 같습니다. 이 사랑에 지배하는 것이 되었을 때 그것은 사람의 생명에 속한 모든 개별적인 것 안에 현존합니다. 예를 들면 그가 그의 왕이나, 그의 부모를 사랑할 때 그들을 향한 그의 사랑은 그의 얼굴의 모든 용모에서부터 그것들의 현존 안에 나타납니다. 그리고 그의 언어의 모든 표현에서 들을 수 있고, 그리고 그의 모든 자태에서 볼 수 있습니다. 이것이 계속적인 그의 안전에 하나님을 두는 것이고, 그리고 모든 영혼과 심령으로 모든 것들 보다 더 그분을 사랑한다는 것의 뜻입니다.

8858. 사람은 그의 삶에 속한 지배적인 원칙과 전적으로 같은 그런 존재입니다. 그리고 이것에 의하여 그는 다른 사람과 분별됩니다. 이것에 따라서 그가 선하다면 그의 천계가 형성되고, 그리고 그가 악하다면 그의 지옥이 그것에 따라서 형성됩니다. 왜냐하면 그것이 그의 의지 자체이기 때문입니다. 따라서 그의 삶(=생명)에 속한 존재 자체는 사후(死後)에도 결코 바꾸어질 수 없습니다. 이렇게 볼 때 중생한 사람의 생명의 본질이 어떤 것인지, 그리고 중생하지 못한 사람의 생명의 본성이 어떤 것인지 밝히 알 수 있겠습니다.

제 20장 본 문(20장 1-26절)

1 이 모든 말씀은 하나님이 하신 말씀이다.

2 "나는 너희를 이집트 땅, 종살이하던 집에서 이끌어 낸 주 너

회의 하나님이다.
3 너희는 내 앞에서 다른 신들을 섬기지 못한다.
4 너희는 너희가 섬기려고 위로 하늘에 있는 것이나, 아래로 땅
에 있는 것이나, 땅 아래 물 속에 있는 어떤 것이든지, 그 모양을
본떠서 우상을 만들지 못한다.
5 너희는 그것들에게 절하거나, 그것들을 섬기지 못한다. 나, 주
너희의 하나님은 질투하는 하나님이다. 나를 미워하는 사람에게는,
그 죄값으로, 본인뿐만 아니라 삼사 대 자손에게까지 벌을 내린다.
6 그러나 나를 사랑하고 나의 계명을 지키는 사람에게는, 수천
대 자손에 이르기까지 한결같은 사랑을 베푼다.
7 너희는 주 너희 하나님의 이름을 함부로 부르지 못한다. 주는
자기의 이름을 함부로 부르는 자를 죄 없다고 하지 않는다.
8 안식일을 기억하여 그 날을 거룩하게 지켜라.
9 너희는 엿새 동안 모든 일을 힘써 하여라.
10 그러나 이렛날은 주 너희 하나님의 안식일이니, 너희는 어떤
일도 해서는 안 된다. 너희와, 너희의 아들이나 딸이나, 너희의 남
종이나 여종만이 아니라, 너희 집짐승이나, 너희의 집에 머무르는
나그네라도, 일을 해서는 안 된다.
11 이는, 내가 엿새 동안 하늘과 땅과 바다와 그 안에 있는 모
든 것을 만들고, 이렛날에는 쉬었기 때문이다. 그러므로 나 주가
안식일을 복 주고, 그 날을 거룩하게 하였다.
12 너희 부모를 공경하여라. 그래야 너희는, 주 너희 하나님이
너희에게 준 땅에서 오래도록 살 것이다.
13 살인하지 못한다.
14 간음하지 못한다.
15 도둑질하지 못한다.
16 너희 이웃에게 불리한 거짓 증언을 하지 못한다.
17 너희 이웃의 집을 탐내지 못한다. 너희 이웃의 아내나 남종

이나 여종이나 소나 나귀나 할 것 없이, 너희 이웃의 소유는 어떤
것도 탐내지 못한다."
18 온 백성이 천둥소리와 번개와 나팔 소리를 듣고 산의 연기를
보았다. 백성은 그것을 보고 두려워 떨며, 멀찍이 물러섰다.
19 그들은 모세에게 말하였다. "어른께서 우리에게 말씀하십시
오. 우리가 듣겠습니다. 하나님이 직접 우리에게 말씀하시면, 우리
는 죽습니다."
20 모세가 백성에게 말하였다. "두려워하지 말아라. 하나님이
너희를 시험하시려고 나타나신 것이며, 너희가 주를 두려워하여 죄
를 짓지 않게 하시려고 나타나신 것이다."
21 백성은 멀리 떨어져 서 있고, 모세는 하나님이 계시는 먹구
름이 있는 곳으로 가까이 갔다.
22 주께서 모세에게 말씀하셨다. "너는 이스라엘 자손에게 이렇
게 말하여라. '내가 하늘에서부터 너희에게 말하는 것을 너희는 다
보았다.
23 너희는, 나 밖에 다른 신들을 섬기려고, 은이나 금으로 신들
의 상을 만들지 못한다.
24 나에게 제물을 바치려거든, 너희는 흙으로 제단을 쌓고, 그
위에다 번제물과 화목제물로 너희의 양과 소를 바쳐라. 너희가 나
의 이름을 기억하고 예배하도록, 내가 정하여 준 곳이면 어디든지,
내가 가서 너희에게 복을 주겠다.
25 너희가 나에게 제물 바칠 제단을 돌로 쌓고자 할 때에는 다
듬은 돌을 써서는 안 된다. 너희가 돌에 정을 대면, 그 돌이 부정
을 타게 된다.
26 너희는 제단에 층계를 놓아서는 안 된다. 그것을 밟고 올라
설 때에, 너희의 알몸이 드러나서는 안 되기 때문이다' 하여라."

간추린 내용(20장 1-26절)

8859. 속뜻으로 우리의 본문장에서 다루고 있는 주제는 주님의 영적인 교회에 속한 자들에게 있는 선 안에 활착된 신령진리입니다. 십성언(十聖言)의 열 계명들은 이 진리들을 뜻합니다. 그 뒤에 이어지는 희생제물이나 제단에 관한 계명들은 예배에 속한 외적인 진리들을 뜻합니다.

상세한 영적인 뜻(20장 1-26절)

8860. 1절. **이 모든 말씀은 하나님이 하신 말씀이다. 말씀하시기를…….**
이 말씀은 천계들 안에 있는 자들과 그리고 지상(地上)에 있는 자들을 위한 신령진리들을 뜻합니다.

8861. 이 모든 말씀은 하나님이 하신 말씀이다. 말씀하시기를……(=하나님께서 이 모든 말씀을 일러 말씀하시기를……).
이 말씀이, 천계들 안에 있는 자들과 지상에 있는 자들을 위한 신령진리들을 뜻한다는 것은 신령진리들을 가리키는 "하나님께서 말씀하신 말씀들이다"라는 말의 뜻에서 잘 알 수 있습니다. 왜냐하면 하나님께서 말씀하신 것들은 진리들 이외에 아무것도 아니기 때문입니다. 이렇게 볼 때 요한복음서 1장 1절에서와 같이 신령진리는 "성언"(聖言 · 말씀)이라고 불리웠고, 그리고 "성언"(聖言)은 주님이시라고 하였습니다. 왜냐하면 주님께서 이 세상에 계실 때 주님은 신령진리 자체셨고, 그리고 그 뒤에 주님께서 영화되셨을 때, 주님께서는 신령선이 되셨고, 그리고 거기에서부터 모든 신령진리는 그분에게서 발출하였기 때문입니다. 이 신령진리가 천사들에게는 빛(光)인데, 그 빛은 또한 우리의 이해에 속한 우리의 내적인 시각(internal sight)을 비추었습니다.

[2] 이 시각은 자연적인 것을 보지 못하지만, 그러나 영적인 것들을 볼 수 있기 때문에, 이 시각은, 믿음에 속한 진리들이라고 부르는 그것의 목적들을 영적인 이해에서 취합니다. 그러나 자연적인 이해에서 그것은 올바름과 관계되는 시민적인 상태에 속한 진리들을 그것의 목적으로 취하고, 그리고 명성(名聲)이나 신망(信望)과 관계되는 도덕적인 상태에 속한 진리들을 그것의 목적으로 취하고, 그리고 종국에는 외적인 감관들에 속한, 특히 시각에 속한, 목적들에게서 비롯된 결론들을 가리키는 자연적인 진리들을 목적들로 취합니다. 이상에서 우리는 어떤 질서 안에 어떤 진리들이 입류하는지 잘 알 수 있겠습니다. 그리고 전체적인 것이나 개별적인 것이 신령진리들로부터 자신들의 근원을 취한다는 것도 잘 알 수 있겠습니다. 그리고 그것들의 근원들은 모두가 모든 것들의 내적인 시작들입니다. 더욱이 그것들이 내재해 있는 형체들은 동일한 근원에서 자신들의 근원을 취합니다. 왜냐하면 이런 것들은 그것들을 영접, 수용하고, 보존하기 위하여 창조되었기 때문입니다. 이러한 내용은, 요한복음서 1장 1-3절의 말씀을 통해서 창조되어진 모든 것들이 뜻하는 것을 보여주고 있습니다. 왜냐하면 신령진리는 본질(本質) 자체이고, 그리고 모든 것들이 그것들을 통해서 존재하는 유일의 실체(唯一實體 · the only substantial)이기 때문입니다.

8862. "하나님께서 말씀하신 말씀이다"라는 말이 천계들과 지상에 있는 자들을 위한 신령진리들을 뜻한다는 것은, 십성언(十聖言 · 十誡命)이라고 부르는 열 계명들이나, 그것에 후속하는 법령들이 시

내 산에서 공표되었고, 명령되었기 때문이고, 그리고 이런 진리들은 지상에 있는 자들 뿐만 아니라, 천계들 안에 있는 자들을 위한 것이기 때문입니다. 왜냐하면 모든 말씀들, 다시 말하면, 주님에게서 온 모든 진리들은 사람들을 위한 것뿐만 아니라, 동시에 천사들을 위한 것이기 때문입니다. 그 이유는, 그것들이 천계를 통해서 왔고, 그리고 따라서 천계를 통과해서 이 땅에 왔기 때문입니다. 그러나 천계에서는 그들이 지상에서 하듯이, 천계에서는 소리를 내지 않기 때문입니다. 왜냐하면 천계에서 그것들은 영적인 형체 안에 존재하지만, 그러나 지상에서는 그것들이 자연적인 형체 안에 존재하기 때문입니다. 영적인 형체 안에 있는 것들의 성질이 어떤 것인지 자연적인 형체 안에 있는 것들과 비교한다면, 그것은 속뜻 가운데 있는 성언에 속한 개별적인 것과 겉뜻 안에 있는 성언에 속한 개별적인 것과의 비교와 같다고 하겠습니다. 속뜻 안에 있는 것들은 영적이지만, 겉뜻 안에 있는 것들은, 문자적인 뜻으로, 모두가 자연적입니다. 후자, 즉 문자적인 뜻은 지상의 사람들에게 맞게 조절된 것이지만, 그러나 전자, 속뜻은 천계에 있는 천사들에게 맞게 조절된 것입니다.

[2] 이 경우가 그러하다는 것은 성언이 신령존재 자체로부터 천계를 통하여 이 땅에 보내졌고, 그리고 그와 같이 통과되었다는 사실에서 잘 알 수 있습니다. 그리고 성언이 이 땅에 올 때 그것은 인류에게 알맞게 조절된 진리였습니다. 그래서 그것은 이 세상적이고, 육신적인 것들이었습니다. 이에 반하여 천계에 있는 성언은 영적인 것들이나 천계적인 것들 안에 있는 천사들에게 맞게 조절된 것입니다. 성언의 본성이 이러한 것이기 때문에 그것은 본질적으로 거룩하였습니다. 왜냐하면 그것은 그것 자체 안에 천계적인 것이나, 신령한 것을 담고 있기 때문입니다. 이러한 사실은 이들 계명들이 지상의 모든 곳에 이미 주지(周知)된 것들이라는 것에서 아주 명백합니다. 그리고 이런 사실은 십성언(十聖言)의 열 계명들에게서도 명확합니다. 모든 사람은 이들 계명들이 지상의 어느 곳에서나 이미 주지

된 그런 것들이라는 것을 잘 알 수 있습니다. 부모는 공경(恭敬) 받아야 하는 것과 같이 살인·간음·도둑질을 범하지 말아야 한다는 것이나, 그리고 어느 누구도 거짓증거를 하지 말아야 한다는 것, 결과적으로 이스라엘 민족은 오직 자연적인 빛에서 이런 법들이 주지될 수 있었습니다. 왜냐하면 그런 것들을 알지 못하는 민족이 거기의 어느 민족입니까? 그럼에도 불구하고 그들의 반포(頒布)를 위하여 여호와 자신은 천계의 심장부에서 활활 타고 있는 불 가운데서 내려 오셔서, 그것들을 공포하셨습니다. 이렇게 볼 때 이 계명들은 문자적으로 나타난 것에 비하여 더 많은 것들을 자신들의 품에 담고 있습니다. 다시 말하면 이런 것들은 동시에 천계들을 위한 것이고, 또한 천계를 채웁니다. 성언에 속한 모든 것들은 이런 성질입니다. 그 이유는 그것들이 모두 신령존재에게 있기 때문입니다. 이렇게 볼 때 거기에서 비롯된 성언은 거룩한 것이고, 그리고 일점일획(一點一劃)의 측면에서, 그리고 작은 점(點) 하나의 측면에서(마태 5 : 18 ; 누가 16 : 17) 영감 된 성언이 뜻하는 것이 무엇인지, 잘 알 수 있겠습니다. 영적인 뜻으로 십성언의 계명들의 본성, 다시 말하면 천계에 존재하는 것들의 본성은 아래에 언급될 내용과 일치한다고 하겠습니다.

8863. 2-7절. **"나는 너희를 이집트 땅, 종살이하던 집에서 이끌어 낸 주 너희의 하나님이다. 너희는 내 앞에서 다른 신들을 섬기지 못한다. 너희는 너희가 섬기려고 위로 하늘에 있는 것이나, 아래로 땅에 있는 것이나, 땅 아래 물 속에 있는 어떤 것이든지, 그 모양을 본떠서 우상을 만들지 못한다. 너희는 그것들에게 절하거나, 그것들을 섬기지 못한다. 나, 주 너희의 하나님은 질투하는 하나님이다. 나를 미워하는 사람에게는, 그 죄값으로, 본인뿐만 아니라 삼사 대 자손에게까지 벌을 내린다. 그러나 나를 사랑하고 나의 계명을 지키는 사람에게는, 수천 대 자손에 이르기까지 한결같은 사랑을 베푼다. 너희는 주 너희 하나님의 이름을 함부로 부르지 못**

한다. 주는 자기의 이름을 함부로 부르는 자를 죄 없다고 하지 않는다.

"나는 주 너희의 하나님이다"라는 말씀은 선과 진리에 속한 개별적인 것이나 전체적인 것들을 보편적으로 다스리는 신령인성(神靈人性·神靈人間·the Divine Human)의 측면에서 주님이시라는 것을 뜻합니다. "나는 너희를 이집트 땅, 종살이하던 집에서 이끌어 내었다"라는 말씀은 지옥에서부터 그분에 의한 해방(解放·自由)을 뜻합니다. "너희는 내 앞에서 다른 신들을 섬기지 못한다"(=너는 내 안전에 다른 신들을 두지 못한다)라는 말씀은 진리들이 주님 이외의 어떤 다른 근원으로 말미암아 생각되어서는 안 된다는 것을 뜻합니다. "너희는 우상을 만들지 못한다"(=너는 어떤 새긴 형상도 네게 만들지 말라)라는 말씀은 자기 총명으로 말미암아 하지 말라는 것을 뜻합니다. "그 모양을 본떠서 만들지 못한다"(=어떤 모습이든지 만들지 말라)라는 말씀은 신령존재에게서 비롯된 것들의 외형(外形)을 뜻합니다. "위로 하늘에 있는 것이나, 아래로 땅에 있는 것"은 영적인 빛 가운데 있는 것들을 뜻하고, 그리고 자연적인 빛 안에 있는 것들을 뜻합니다. "땅 아래 물속에 있는 것"은 감관적이고 관능적인 것 안에 있는 것들을 뜻합니다. "너희는 그것들에게 절하거나, 그것들을 섬기지 못한다"라는 말씀은 그런 것들에게 드려진 것은 결코 신령 예배(Divine worship)가 아니라는 것을 뜻합니다. "나, 주 너희의 하나님"이라는 말씀은 개별적인 것이나 전체적인 것 안에 있는 주님에게서 온 신령존재를 뜻합니다. "질투하는 하나님이다"라는 말씀은 거짓이나 악은 거기에서 비롯된다는 것을 뜻합니다. "조상들의 죄악을 그 자손들에게 미치게 하겠다"라는 말씀은, 결과적으로 악에서 파생된 거짓에 속한 다산(多産)을 뜻합니다. "삼사 대 자손에게까지"라는 말씀은 하나의 긴 영속적인 것 안에 있는 것을 뜻하고, 그리고 그것들과의 결합을 뜻합니다. "나를 미워하는 사람들"이라는 말씀은 주님의 신성(神性)을 전적으로 부인하고, 배척(排斥)하는 자를 뜻합니다. "수천 대 자손에게 이르기까지 사랑(=자비)을 베푼다"라는 말씀은 영원토록 그들에게 주어지는 선과 진리를 뜻합니다. "나를 사랑한다"라는 말씀은 사랑에 속한 선을 받는 자를 뜻합니다. "나의 계명을 지키는 사람"은 믿음에 속한 진리들을 수용한 자를 뜻합니다. "너희는 주 너희 하나님의 이름을 함부로 부르지 못한다"라는 말씀은 진리나 믿음에 속한 선을 모독하고, 더럽히는 것을 뜻합니다. "주는 자기의 이름을 함부로 부르는 자를 죄 없다고 하지 않는다"라는 말씀은 이런 것들은 결코 용서될 수 없다는 것을 뜻합니다.

8864. "나는 주 너희의 하나님이다."

이 말씀이 보편적으로 선과 진리에 속한 개별적인 것들이나 전체적인 것들을 다스리시는 신령인성(神靈人性)의 측면에서 주님을 뜻한다는 것은 성경에서 여호와(=주)가 주님 이외의 다른 분을 뜻하지 않는 다는 사실에서(1343 · 1736 · 2921 · 3023 · 3035 · 3448 · 5663 · 6280 · 6281 · 6303 · 8274항 참조) 잘 알 수 있습니다. 그리고 마찬가지로 "전능자 여호와"(Jehovah Zebaoth)나 "주 여호와"(the Lord Jehovah)나 "여호와 하나님"(Jehovah God)도 꼭 같은 뜻을 뜻합니다(2921 · 3023 · 3448 · 6303항 참조). 그리고 주님께서는 신령존재(the Divine Being)를 가리키는, 신령선으로 말미암아 "여호와"라고 불리웠고, 그리고 주님께서는 신령발출(神靈發出 · the Divine coming -forth)을 가리키는 신령진리로 말미암아 "하나님"이라고 불리웠습니다(6905 · 709 · 732 · 1096 · 2586 · 2769 · 2807 · 2822 · 3921 · 4402항 참조). 여기서 "주 하나님"(=여호와 하나님 · Jehovah God)이 주님의 신령인성(the Divine Human of the Lord)을 뜻한다는 것은 성경에서 "여호와"(=주)와 "하나님" 양자가 이런 측면에서 주님을 뜻하기 때문입니다. 즉, 인성의 측면에서 "여호와"(=주)는 신령선을 뜻하고, 그리고 "하나님"은, 그분에게서 그것이 발출하였기 때문에 신령진리를 뜻합니다.

[2] 주님의 신령인성은 "여호와 하나님"(=주 하나님)이 뜻한다는 것은 주님 안에 존재하는 신령존재 자체는 천계에서도 보여질 수 없기 때문이고, 그리고 심지어 지각될 수도 없기 때문입니다. 따라서 신령존재 자체는 믿음과 사랑 안에서도 지각될 수 없지만, 그러나 오직 신령인성(the Divine Human · 신령인간)만 볼 수 있고, 지각할 수 있고, 수용될 수 있기 때문입니다. 신령존재 자체는 천계에 있는 천사들과도 교류될 수 없다는 것, 그리고 더욱이 신령인성을 통하는 것을 제외하면, 땅의 사람들에게 교류될 수 없다는 것은 복음서들에서 주님께서 말씀하신 말씀에서, 즉 주님 친히 나는 "문"(門 · door)이다, 그리고 주님은 "중보자"(仲保者 · the mediator)다, "주님을 통하지 않고서는 아버지에게 올 자가 아무도 없다" 심지어 그분의 "모습"(shape)이 아니고서는 "어느 누구도 아버지를 보지 못하였다" 등등의 말씀으로 말미암아 교회들 안에서 잘 알려져 있습니다. 이렇게 볼 때 주님께서는 "여호와"(=주 하나님)가 여기서 뜻하는 분이시라는 것은 아주 명확합니다. 그리고 그분이 곧 인류(人類)를 구속(救贖)하신 분이시라는 것, 그리고 그분이 곧 인류를 지옥에서 해방시키신 분이시라는 것은 역시 잘 알려져 있습니다. 이러한 뜻의 내용은 아래의 말들이 뜻하는 것입니다. 즉, "나는 너희를 이집트 땅, 종살이하던 집에서 이끌어 낸 자"라는 말의 뜻입니다. 이렇게 볼 때 우리가 밝히 알 수 있는 것은, 시내 산에서 말씀하신 여호와 하나님이 신령인성(=신령인간)의 측면에서 주님을 뜻한다는 것입니다.

[3] 이러한 내용이 주님께서 시내 산에서 말씀하신 첫 번째 것이라는 것은, 뒤에 이어지는, 개별적으로나 전체적으로나, 모든 것 안에서 보편적으로 반드시 다스려야 한다는 것 때문입니다. 왜냐하면 첫 번째라고 언급된 것은 뒤에 이어지는 것들 안에 있는 것은 기억에서 반드시 지켜져야 하기 때문이고, 그리고 그것들 안에 있는 것들은 보편적인 것들로서 반드시 중시되어야 하기 때문입니다.

"보편적인 통치"(普遍的 統治 · universally reigning)가 뜻하는 것이 무엇인지는 아래에 이어지는 내용에서 잘 알 수 있겠습니다. 주님께서 말씀하신 것들은 모두가 이런 성질에 속한 것입니다. 다시 말하면 주님께서 말씀하신 첫 번째 되는 것들은, 이어지는 모든 것들 안에서 통치한다는 것이고, 그리고 그것들을 담고 있다는 것이고, 연속적으로 이어지는 것들 안에서도 그와 같이 승계된다는 것 등입니다. 우리의 본문장에서 이어지는 것들은 십성언(十聖言)에 속한 계명들인데, 그것은 내적인 진리들이고, 그리고 그 때의 계율들은 외적인 진리들이라는 것입니다. 이런 양자들 안에서 주님께서는 신령인성의 측면에서 반드시 다스려야 한다는 것입니다. 왜냐하면 그것들은 그분에게서 온 것이고, 그분 자신이시기 때문입니다. 그 이유는 모든 진리들은 그분에게서 발출한 진리들이기 때문이고, 그리고 그분에게서 발출한 것들은 모두 그분 자신이기 때문입니다. 신령인성의 측면에서 주님께서 반드시 개별적이든 전체적이든, 믿음에 속한 모든 것들 안에서 다스려야 한다는 것은 교회들 안에 역시 잘 알려져 있습니다. 왜냐하면 그것에는, 주님 밖에는 결코 구원이 없다는 가르침이고, 그리고 믿음에 속한 모든 진리나 선은 주님에게서 온 것이라는 가르침 때문입니다. 따라서 주님께서 믿음의 근원이시기 때문에 주님께서는 모든 진리이시라면 그것은 믿음에 속한 교리 안에 담겨진 것으로, 그것은 성언에서 비롯된 것입니다. 이런 것으로 인하여 주님께서는 "성언"(聖言)이시라고 불리셨습니다.

[4] 위에서 언급한 것과 같이, 발출된 것들은, 시리즈로 이어지는 것에서 반드시 통치하여야 한다는 것은, 주님께서 말씀하신 모든 것들에서, 특히 이른바 "주님의 기도"라고 하는 주님의 기도문에서 아주 명확합니다. 주님의 기도에서 모든 것들은, 시리즈로 선행하는 모든 것들의 내면적인 것들 안에서 꼭대기부터 아래 밑바닥까지 크게 증대하는 이른바 하나의 기둥(支柱)을 형성하는 연속적인

것들에게서 이어지고 있습니다. 거기에서 첫째 것은 극내적인 것이고, 계층적으로 이어지는 것은 계속적이고, 따라서 성장하는 것 그 자체는 극내적인 것에 더해집니다. 극내적인 것이 주위에 있는 그것들 안에서 보편적으로 다스린다는 것, 다시 말하면 개별적이든 전체적이든 모든 것 안에서 다스립니다. 왜냐하면 이것으로 인하여 그것은 모든 것들의 존재(存在)에 대하여 본질적인 것이기 때문입니다.

8865. "보편적 통치"(universally reigning)가 뜻하는 내용이 무엇인지는 이미 언급하고, 입증된 것에서 잘 알 수 있겠습니다(8853-8858항 참조). 다시 말하면, 그의 생각이나 그의 의지 안에 있는, 개별적인 것이나 전체적인 것 안에 있는 모든 것에서, 그 사람이 가지고 있는 보편적인 통치적인 것이 있다는 것, 그리고 결과적으로 그것은 그의 마음, 즉 그의 생명을 형성한다는 것입니다. 이런 통치적인 것은 한 사람에게서는 반드시 주님이시라는 것입니다. 왜냐하면 이런 통치적인 것은 천계에 있는 천사들에게는 주님이시기 때문이고, 그러므로 그들에 관해서 그들은 "주님 안에 있다"라고 언급되기 때문입니다. 모든 선과 진리가 그분에게서 온 것이라고 믿어질 때, 그리고 그것이 그러하기 때문에 사랑받는다고 믿어질 때, 주님께서는 통치적인 존재가 됩니다. 천사들은 이런 믿음 안에 있을 뿐만 아니라, 그런 지각의 상태에 있습니다. 그리고 사실 역시 그러합니다. 그러므로 여기서 얻는 결론은, 그들의 생명(=삶)은 그들 안에 있는 주님의 생명이라는 것이고, 그들의 의지에 속한 생명은 주님에게서 비롯된 사랑에 속한 생명이라는 것입니다. 그리고 그들의 이해에 속한 생명은 주님에게서 온 믿음에 속한 생명이라는 것입니다. 이상의 모든 것에서 볼 때 주님께서는 천계에 있는 모든 것의 전부(the all in all of heaven)가 어떠한 것인지, 그리고 주님 자신은 천계시라는 것이 무엇인지 알 알 수 있겠습니다. 주님께서, 마치 천계의 천사들을 다스리는 것과 같이, 교회에

속한 사람을 보편적으로 다스리실 때, 주님께서는, 그 때 심장이 혈관들 안에 있는 것과 같이, 그 사람에게 있는 믿음에 속한 모든 진리들이고, 모든 선들 안에 계십니다. 그 이유는 이런 것들은 모두가 그것에서부터 그것들의 근원을 취하기 때문이고, 그리고 그 피(血)가 그들의 생명이기 때문입니다.

[2] 역시 더 알아야 할 것은 이런 영들이나 천사들은 그의 보편적인 통치적인 것으로 사람과 함께 한다는 것입니다. 그 이유는 보편적으로 다스리는 것은 모두의 생명에 속한 존재이기 때문입니다(8853-8858항 참조). 사람이 가지고 있는 모든 즐거움이나 모든 만족은, 심지어 그가 다른 것들에 관하여 생각할 때, 모두가 그것에서 오기 때문입니다. 왜냐하면 그것 안에는 그 사람과 함께 하는 천사들이나 영들이 살고 있기 때문이고, 그리고 이른바 그들의 주거(住居)를 취하기 때문이고, 그리고 그들의 기쁨은 그 사람에게 입류하고, 그의 즐거움이나 만족이 그것에서 기인(起因)하기 때문입니다. 이런 내용이 그것의 근원이라는 것은 사람의 지각에는 오지 않는데, 그 이유는 그가 자신의 생명이 입류한다는 것을 알지 못하기 때문이고, 또한 보편적인 통치적인 것이 그의 삶을 완성한다는 것도 알지 못하기 때문이고, 그의 삶에 속한 통치적인 것이 비견(比肩)되었을 때를 모르기 때문입니다. 그것은 마치 눈의 눈동자에 비견되겠습니다. 그것은 아름다운 대상물에 의한 기쁨과 같고, 또한 추한 것에 의한 고통과 같습니다. 그것은 총체적인 것 안에 있는 모든 개별적인 것이 그러하다는 사실에서 보편적인 것이라고 부릅니다. 따라서 보편적인 통치적인 것은, 개별적이든 전체적이든, 모든 것들 안에 존재합니다(1919[E]·5949·6159·6338·6482·6483·6571·7648·8067항 참조).

8866. "나는, 너희를 이집트 땅, 종살이하던 집에서 이끌어 내었다."

이 말씀이 그분에 의하여 행해진 지옥으로부터 해방을 뜻한다는 것은, 해방(=자유)을 가리키는 "이끌어냈다"라는 말의 뜻에서, 그리고 지옥적인 것들에 의한 내습이나 괴롭힘을 가리키는 "이집트 땅"의 뜻에서(7240 · 7278항 참조), 그리고 영적인 포로상태를 가리키는 "종살이 하던 집"(=종들의 집)의 뜻에서(8049항 참조), 잘 알 수 있습니다. "종들의 집"(=종살이하던 집)이 영적인 포로상태를, 그리고 또한 지옥을 뜻한다는 것은, 그것이 사로잡아 두는 노예상태나 징역(懲役)을 가리키기 때문입니다. 그리고 지옥에 있는 자들에 의하여 인도되기 때문입니다(892 · 905 · 2870-2875 · 2882 · 2884 · 2892 · 2893 · 6205 · 8209항 참조). 영적인 교회에 속한 자들이, 그리고 이스라엘 자손이 표징하는 자들이 주님에 의하여 지옥에서 해방되었다는 것이 그분의 이 세상 강림(降臨)과 그분 안에 있는 인성(人性)이 신령하게 완성되었다는 것에 의하여 이루어졌다는 것은 6854 · 6914 · 7035 · 7828 · 7932 · 8018 · 8321항을 참조하십시오.

8867. "너희는 내 앞에서 다른 신들을 섬기지 못한다"(=너는 내 앞에 · 면전에 다른 신들을 가지지 못한다).

이 말씀이 진리들은 주님 이외의 다른 어떤 근원에서 온다는 것을 결코 생각하지 말아야 한다는 것을 뜻한다는 것은, 진리들을 가리키는, 그리고 나쁜 뜻으로는 거짓들을 가리키는, "신들"(gods)의 뜻에서(4402 · 4544 · 7268 · 7873 · 8301항 참조), 그리고 하나님에 관해서 언급할 때, 사랑 · 자비 · 평화 · 선 등을 가리키는 "얼굴"(面前 · face)의 뜻에서(222 · 223 · 2434 · 5585항 참조), 따라서 주님 자신을 가리키는 "얼굴"의 뜻에서 잘 알 수 있습니다. 왜냐하면 이런 것들의 근원이 바로 주님이시기 때문입니다. "내 면전에 다른 신들이 존재하지 않는다"라는 말이 진리들은 주님 이외의 그 어떤 다른 근원에서 온다고 결코 생각하지 않아야 된다는 것은, "내가 너희 여호와 하나님이다"라는 말씀이 뜻하는 주님의 신령인성이 제일 먼저 언급되었기 때문이고, 결과적으로는 질서에서 첫 번째 자리에 놓여 졌기 때문이고, 그리고 그것이 뒤에 이어지는 진리들에 속한 각각의 것에서 보편적으로 다스려야만 하기 때문입니다(8864·8865항 참조). 그러므로 취소되어야만 할 그런 것들은 지각되지 않습니다. 그 이유는 그것들이, 시내 산에서 구술(口述)되었고, 명령된 계명들 인에 담겨 있는, 개별적이든 전체적이든, 모든 진리들 안에 있는 주님의 보편적인 통치를 파괴시킬 것이고, 방해(妨害)할 것이기 때문입니다. 이런 것들을 파괴할 첫째 되는 것은 주님 이외의 다른 어떤 근원에서 온다는 진리들의 생각입니다. 그것은 주님의 면전(面前)에 다른 신들을 두지 못한다는 계명이 뜻하는 것입니다. 이와 같은 보편적인 통치적인 것을 파괴할 나머지 것들은 순서에 따라서 이어지는 것들 안에 담겨 있습니다. 다시 말하면 그것들은 그 모양을 본떠서 만들지 말 것들이고, 그리고 하늘에 있는 것이나, 아래로 땅에 있는 것이나, 땅 아래 물 속에 있는 어떤 것이든지 모양을 만들지 못하는 것이고, 그들은 그것들을 섬기기 위하여 그것들에게 절하지 말 것들입니다. 그러므로 이런 것들이 언급된 뒤에 다시 이어진 것은 "나 주 너희의 하나님은 질투하는 하나님이기 때문"이라는 것인데, 이 말씀은 주님께서는, 개별적인 것이든 전체적인 것이든, 모든 것들 안에 반드시 계신다는 것을 뜻합니다.

8868. 주님 이외의 어떤 다른 근원에서 취한 진리들이 뜻하는 것이 무엇인지 간략하지만 필히 부연해야 하겠습니다. 일반적으로 그들은, 주님께서 그것 안에 계시지 않은, 그런 진리들 안에 있습니다. 사람이 그분을 부인하고, 그리고 그분의 신성(神性)을 부인할 때, 사람에게 있는 진리들 안에는 주님께서 계시지 않습니다. 그리고 또한 사람이 주님을 시인하고, 그럼에도 불구하고 선들이나 진리가 그분에게서 온 것이 아니라고 믿지 않고, 오히려 자기 자신에게서 비롯된 것이라고 믿을 때, 결과적으로 의(義)가 자기 자신의 몫이라고 주장하는 사람에게 있는 진리들 안에는 계시지 않습니다.

주님께서 계시는 진리들은, 성언 특히 성언의 문자적인 뜻에서 취한 그런 것들은 결코 아닙니다. 그리고 또한 자아통치(自我統治 · self-rule)나 자기재물(自己財物 · self-gain)을 선호(選好)하여 설명된 그런 진리들은 아닙니다. 그런 것들 안에는 이런 진리들이 있는데, 그 이유는 그것들이 성언에게서 온 것이지만, 그러나 이런 경우 그런 것들은 진리들이 아니기 때문입니다. 그 이유는 그것들은 잘못되게 설명되었기 때문이고, 따라서 왜곡되게 설명되었기 때문입니다. 이런 것이 바로 주님께서 마태복음서에서 말씀하신 말씀이 뜻하는 것입니다. 마태복음서의 말씀입니다.

> 그 때에 누가 너희에게 "보아라, 그리스도(=메시아)가 여기 있다" 혹은 "아니, 여기 있다" 하더라도, 믿지 말아라. 거짓 그리스도들과 거짓 예언자들이 일어나, 큰 표적들과 기적들을 행하여 보여서, 할 수만 있으면, 선택받은 사람들까지도 홀릴 것이다. 보아라, 내가 너희에게 미리 말하여 둔다. 그러므로 그들이 너희에게 "보아라, 그리스도가 광야에 있다" 하더라도 너희는 나가지 말고, "그리스도가 골방에 있다" 하더라도 너희는 믿지 말아라.
> (마태 24 : 23-26 ; 3900항 참조)

누가복음서의 말씀입니다.

> 예수께서 대답하셨다. "너희는 속지 않도록 조심하여라. 많은 사람이 내 이름으로 와서는 '내가 그리스도다' 하거나, '때가 가까이 왔다' 할 것이다. 그러나 그들을 따라가지 말아라."
> (누가 21 : 8)

[2] 주님에게서 온 진리들은 언제나 내적인 형체에 계시는 주님에게서 온 진리들입니다. 그리고 주님에게서 오지 않은 진리들은 다만 겉모양의 형체로는 진리들처럼 보이지만, 그러나 내적인 형체에

서는 그렇지가 않습니다. 왜냐하면 그것들 안에는 쭉정이가 있을 뿐이고, 또한 거짓이나 아니면 악만 있기 때문입니다. 거기에 있는 진리가 진리 되기 위해서는 반드시 그것 안에 생명이 있어야만 합니다. 왜냐하면 생명이 없는 진리는 그 사람에게서는 믿음에 속한 진리가 아니기 때문입니다. 그리고 생명은 선 이외의 다른 근원에게서 오지 않기 때문입니다. 다시 말하면 생명은 주님에게서 온 선을 통하여 오기 때문입니다. 그러므로 만약에 주님께서 진리 안에 계시지 않는다면 그것은 생명이 없는 진리입니다. 따라서 그런 것은 진리가 아닙니다. 그러나 만약에 거짓이 그것 안에 있다면, 또는 악이 있다면, 사람 안에 있는 진리 자체는 거짓이요, 악일뿐입니다. 왜냐하면 안에 존재하는 그것은 본질을 이루고, 그리고 저 세상에서 외적인 것을 통해서 빛을 발합니다. 이렇게 볼 때, 진리들이 주님 이외의 그 어떤 근원에서 온다고 생각조차 하지 말아야 한다는 말을 어떻게 이해할 것인지 밝히 이해할 수 있겠습니다.

[3] 내적인 형체 안에 있는 진리들이 진리들이라는 경우가 어떤 것인지 거의 모르기 때문에, 따라서 그것들이 주님으로 말미암아 살아 있는 진리들이라는 것을 거의 모르기 때문에, 여기서 그것들에 관하여 경험에서 얻은 몇 가지를 부연하고자 합니다. 저 세상에서 그의 언어 가운데 숨겨진 거짓말들이 어떤 것인지 말한 사람 모두에게서 공개적으로 지각됩니다. 그것은 안에 밀봉(密封)된 것이든, 공개된 것이든 관계가 없고, 거기에 있는 정동이 어떤 것이든 관계가 없습니다. 만약에 선에 속한 정동이 안에 있다면 그것은 내적으로 부드럽습니다. 만약에 악에 속한 욕망이 안에 있다면 그것은 내적으로 거칩니다. 그 밖에도 그러합니다. 천계에 있는 천사들의 경우에서도 그들의 언어에 속한 모든 것들은 주님에게는 개방적이고, 그리고 부드러움이나 이것의 성품에서 아주 명료하게 지각되고, 들을 수 있습니다. 이렇게 볼 때, 역시 그것이 주님에게서 온 것이든, 아니든, 진리들 안에 숨겨진 거짓이 무엇인지 잘 알려

져 있습니다. 주님께서 계시는 진리들은 살아 있는 진리들이지만, 그러나 주님께서 계시지 않는 진리들은 살아 있는 것이 아닌 진리들일 뿐입니다. 살아 있는 진리들은 주님사랑과 이웃을 향한 인애에서 비롯된 믿음에 속한 진리들입니다. 살아 있지 않는 진리들은 진리들이 아닙니다. 그 이유는 그것들 안에는 자기사랑이나 세상사랑이 똬리를 틀고 있기 때문입니다. 저 세상에서 영들이나 천사들은 이것에 의하여 식별(識別)됩니다. 왜냐하면 모두는 그의 생명에 일치하여 진리들을 가지기 때문입니다. 다시 말하면 그에게서 보편적으로 통치하는 것에 일치하여 진리들을 취하기 때문입니다.

8869. "너희는 그 모양을 본떠서 우상을 만들지 못한다"(=너는 어떤 새긴 형상도 네게 만들지 말라).

이 말씀이 자기총명(自己聰明 · self-intelligence)에서 비롯된 것이 아니라는 것을 뜻한다는 것은 주님에게서 온 것이 아니고, 사람의 고유속성(固有屬性 · 自我 · man's own)에서 온 것이라는 것을 가리키는 "본떠서 만든 우상"(=새겨 만든 형상 · a graven image)의 뜻에서 잘 알 수 있습니다. 그것이 그의 총명에 속한 사람의 고유속성은 "새겨 만든 우상"이 뜻하고, 그리고 사람의 의지에 속한 사람의 고유속성은 "주조한 형상"(a molten image)이 뜻한다는 것에서 잘 알 수 있습니다. 신(神 · 하나님)으로서, 전자든 후자든, 갖는다는 것은, 또는 그것을 섬긴다는 것은, 자아(自我)에게서 발출하는 모든 것들에 비하여 월등히 사랑한다는 것입니다. 이런 일을 행하는 자들은 신령존재로부터 입류한 총명이나 지혜에 속한 것을 어떤 것도 전적으로 믿지 않습니다. 왜냐하면 그들은 모든 것들의 공을 자기 자신에게 돌리기 때문입니다. 그들에게 일어난 것은 무엇이나 그들은 행운이나 운(運)으로 돌립니다. 그들은 이런 것들 안에 있는 신령섭리(神靈攝理 · the Divine Providence)를 전적으로 부인합니다. 그들은, 신에 속한 어떤 것이 드러나게 된다면, 그것은 자연의 질서 안에서 생긴 것이라고 생각하고, 그들은 모든 것들을 자연의 탓으로 여깁니다. 사실 그들은 입술로는 어떤 창조자 하나님이 이런 것들을 본성에 각인(刻印)시킨 것이라고 말하지만, 그럼에도 불구하고 그들의 마음 속에서는 그들은 자연 이상의 그 어떤 하나님도 부인합니다. 이런 작자들이 바로 마음 속에서부터 모든 것들을 자신의 공으로 돌리는 자들이고, 그리고 자신들의 영민(英敏)이나 총명의 공으로 돌리는 자들이고, 그리고 신령존재에게는 그런 공을 전혀 돌리지 않는 자들입니다. 자기 자신을 애지중지하는 자들의 어떤 자들은 자신들에게 속한 것을 숭상하고, 그리고 다른 자들에 의하여 심지어 신으로서 숭배되기를 열망합니다. 그리고 그들은 만약에 교회가 금하지 않는다면, 아주 공개적으로 그와 같이 할 것입니다. 이런 무리가 주조된 우상에 속한 전자들이고, 그리고 주조된 우상들 자신들은 그들이 자신의 고유속성에서 날조(捏造)한 것들입니다. 그리고 신령한 것들로서 섬기기를 열망합니다.

[2] 이런 것들이 성경에서 "주조된 우상들"(=본떠서 만든 우상들)이 뜻한다는 것은, 그런 것들이 언급되고 있는 여러 장절들에게서 잘 드러나고 있습니다. 예레미야서의 말씀입니다.

> 사람은 누구나 어리석고
> 지식이 모자란다.
> 은장이는 자기들이 만든 신상 때문에,
> 모두 수치를 당한다.
> 그들이 금속을 부어서 만든 신상들은
> 속임수요,
> 그것들 속에는 생명이 없기 때문이다.
> (예레미야 10 : 14 ; 51 : 17)

여기서 "부어서 만든 신상들"은 주님에게서 발출하지 않는 것들을 뜻하고, 오히려 자기총명에서 비롯된 것을 뜻하기 때문에, 그러므로 "모든 사람은 누구나 어리석고(=자기 지식에 우둔하고), 은장이는 자기들이 만든 신상 때문에 수치를 당한다"라고 언급되었습니다. 그리고 이런 것들 안에는 자기총명에서 날조한 것들이 있기 때문에, 거기에는 오직 주님에게서 오는 영적인 생명에 속한 것은 아무것도 없기 때문에, 그러므로 "그것들 속에는 생명이 없다"라고 언급되었습니다.

[3] 하박국서의 말씀입니다.

우상을 무엇에다 쓸 수 있겠느냐?
사람이 새겨서 만든 것이 아니냐?
거짓이나 가르치는, 부어 만든 우상에게서
무엇을 얻을 수 있겠느냐?
그것을 만든 자가
자신이 만든 것을 의지한다고 하지만,
그것은 말도 못하는 우상이 아니냐?
나무더러 '깨어나라!' 하며
말 못하는 돌더러
'일어나라!' 하는 자야,
너는 망한다!
그것이 너를 가르치느냐?
기껏 금과 은으로 입힌 것일 뿐,
그 안에 생기라고는
전혀 없는 것이 아니냐?
(하박국 2 : 18, 19)

여기서 "부어 만든 우상"(the graven image)은, 주님에게서 온 생명에 속한 것은 전무(全無)한 것들을 뜻합니다.

[4] 예레미야서의 말씀입니다.

가뭄이 땅의 물을 치니,
물이 말라 버린다.

바빌로니아는
온갖 우상을 섬기는 나라이니,
그 땅에 사는 사람들이
그 끔찍스러운 우상들 때문에
미쳐 버릴 것이다.
그러므로 바빌론 도성에서는
사막의 짐승들과 이리들이 함께 살고,
타조들도 그 안에서 살 것이다.
그 곳에는 다시는 사람이 살지 않을 것이며,
그 곳에는 영영
정착하는 사람이 없을 것이다.
(예레미야 50 : 38, 39)

이 말씀은 갈대아와 바벨에 관해서 언급하고 있습니다. "가뭄이 물을 치니, 물이 말라 버릴 것이다"라는 말은 그것 안에 있는 진리들이 생명에 속한 것이 전무(全無)하다는 것을 뜻합니다. "사막의 짐승들과 이리들이 함께 살고, 타조들도 그 안에서 살 것이다"(=사막의 들짐승들이 섬들의 들짐승들과 함께 그 곳에 거할 것이요, 올빼미들이 그 곳에 거한다)라는 말씀은 온갖 악들과 거짓들을 뜻하고, 따라서 그 안에 있는 죽음에 속한 것들을 뜻합니다. 이것으로 말미암아 그 곳을 "조각한 형상의 땅"이라고 하였습니다.
[5] 이사야서의 말씀입니다.

우상을 만드는 자들은 모두
허망한 자들이다.
그들이 좋아하는 우상은
아무 쓸모가 없는 것들이다.
이런 우상을 신이라고 증언하는 자들은
눈이 먼 자들이요, 무지한 자들이니,
마침내 수치만 당할 뿐이다.

아무런 유익도 없는 신상을 만들고
무익한 우상을 부어 만드는 자가 누구냐?
그런 무리는 모두 수치를 당할 것이다.
대장장이들은 사람일 뿐이다.
그들을 모두 불러모아 법정에 세워라.
그들은 두려워 떨며, 수치만 당할 것이다.
(이사야 44 : 9-11)

"우상을 만드는 자들"은 성언으로부터 진리들 안에 기초하지 않는 교리들을 부화(孵化)시키는 자들을 뜻합니다. 그러나 교리들에 속한 자기총명 안에 있는 "그들이 좋아하는 우상은 아무 쓸모가 없을 것이다"라고 언급되었습니다. 그리고 "그들은 눈이 먼 자들이요, 무지한 자들"이라고 언급되었습니다. 이사야서 44장에 이어지는 장절에서는(이사야 44 : 12-16), 자기총명에서 기인한 추론에 의하여 날조하고 부화시키는 기술에 관해서 다루고 있습니다. 그들이 열망한 것들은 신령한 것으로 시인될 것이라는 것도 다루고 있습니다. 그런 것들에 관해서 마지막으로 이렇게 언급되었습니다.

불을 때고 남은 토막으로는
신상, 곧 우상을 만들고,
그 앞에 엎드려 숭배하고,
그것에게 기도하며
'나의 신이시여, 나를 구원하여 주십시오'
하고 빈다.
백성이
알지도 못하고 깨닫지도 못하는 것은
그들의 눈이 가려져서 볼 수 없기 때문이며,
마음이 어두워져서
깨달을 수 없기 때문이다.
(이사야 44 : 17, 18)

"백성이 알지도 못하고, 깨닫지도 못하고, 보지 못한다"라는 것은 진리들이나 선들이 그것 안에 있지 않다는 것을 뜻합니다. 왜냐하면 자기총명에서 발출한 모든 것들은 내적으로 진리들도 아니고, 선들도 아니고, 오히려 거짓들이고, 악들이기 때문입니다. 그 이유는 그것들이 사람의 고유속성에서 발출하기 때문이고, 그것의 뿌리는 악이기 때문입니다(210 · 215 · 694 · 874-876 · 987 · 1023 · 1044 · 1047 · 1581 · 3812 · 4328 · 5660 · 5786 · 8480항 참조).
[6] 같은 책의 말씀입니다.

> 그렇다면, 너희가 하나님을
> 누구와 같다 하겠으며,
> 어떤 형상에 비기겠느냐?
> 우상이란 대장장이가 부어 만들고,
> 도금장이가 금으로 입히고,
> 은사술을 만들어 걸친 것이다.
> 금이나 은을 구할 형편이 못되는 사람은
> 썩지 않는 나무를 골라서 구하여 놓고,
> 넘어지지 않을 우상을 만들려고
> 숙련된 기술자를 찾는다.
> (이사야 40 : 18-20)

"대장장이가 부어 만든 우상"은 사람의 고유속성에서 비롯된 거짓 교리를 뜻하고, "도금장이가 금으로 입히고, 은사슬을 만들어 걸친 우상"은 추론들을 통하여 그가 진리들처럼 보이는 교리에 속한 거짓들을 뜻합니다.
[7] 또 같은 책의 말씀입니다.

> 나 주가 의를 이루려고 너를 불렀다.

내가 너의 손을 붙들어 주고,
너를 지켜 주어서,
너를 백성의 언약과 이방의 빛이
되게 할 것이니,
네가 눈 먼 사람의 눈을 뜨게 하고,
감옥에 갇힌 사람을 이끌어 내고,
어두운 영창에 갇힌 이를 풀어 줄 것이다.
나는 주다. 이것이 나의 이름이다.
나는, 내가 받을 영광을
절대로 다른 사람에게 넘겨 주지 않고,
내가 받을 찬양을
절대로 우상들에게 양보하지 않겠다.
(이사야 42 : 6-8)

이 장절은 주님에 관해서 언급하고 있습니다. 내용은, 그분이 여호와(=주님)시라는 것, 모든 지혜는 그분에게서 온다는 것, 그리고 사람에게서 그것에 속한 것은 아무것도 오지 않는다는 것 등입니다. 여기서 주님이 다루어졌다는 것은 아주 명백합니다. 여기서 그분이 "여호와"(=주님)시라는 것 또한 명백합니다. 왜냐하면 "나 주가 의를 이루려고 그를 불렀다"라고 언급되었기 때문입니다. 그리고 그때 "나는 주다. 이것이 나의 이름이다" 그리고 "나는 내가 받을 영광을 절대로 다른 사람에게 넘겨 주지 않는다"라고 언급되었기 때문입니다. 생명에 속한 지혜가 그분에게서 온다는 것은 "내가 눈 먼 사람의 눈을 뜨게 한다"라는 말이나, "감옥에 갇힌 사람을 이끌어 내고, 어두운 영창에 갇힌 이를 풀어 줄 것이다"라는 말이 뜻합니다. 사람에게서는 지혜에 속한 것은 아무것도 오지 않는다는 것은 "내가 받을 찬양을 절대로 우상들에게 양보하지 않는다"라는 말이 뜻합니다.

[8] "새겨 만든 우상들"은 아래의 장들들 안에서는 자기총명에 속

한 것들을 뜻합니다.

"아, 온다!
한 사람이 병거를 타고 오고,
기마병들이 무리를 지오 온다."
파수꾼이 보고한다.
"바빌론이 함락되었다!
바빌론이 함락되었다!
조각한 신상들이
모두 땅에 떨어져서 박살났다!"
(이사야 21 : 9)
그리고 너는,
네가 조각하여 은을 입힌 우상들과,
네가 부어 만들어 금을 입힌 우상들을,
부정하게 여겨, 마치 불결한 물건을
내던지듯 던지면서,
'눈 앞에서 없어져라' 하고 소리 칠 것이다.
(이사야 30 : 22)
(백성이 울부짖는다.)
"이제 주께서는 시온을 떠나셨단 말인가?
시온에는 왕도 없단 말인가?"
(그러나 주께서 말씀하신다.)
"어쩌자고 조각한 신상과 헛된 우상을
남의 나라에서 들여다가,
나를 노하게 하였느냐?"
(예레미야 8 : 19)
내가 부르면 부를수록,
이스라엘은 나에게서 멀리 떠나갔다.
짐승을 잡아서
바알 우상들에게 희생제물로 바치며,
온갖 신상들에게 향을 피워서 바쳤다.

(호세아 11 : 2)
"대장장이를 시켜서, 주께서 역겨워하시는 우상을 새기거나 부어 만들어서, 그것을 은밀한 곳에 숨겨 놓는 자는 저주를 받는다" 하면, 모든 백성은 "아멘"하고 응답하여라."
(신명기 27 : 15)

8870. "그 모양을 본떠서 새긴 것을 만들지 못한다."
이 말씀이 신령존재에게서 비롯된 그런 것들의 꾸밈(=닮음)을 뜻한다는 것은 꾸밈(=닮음·겉모양·semblance)을 가리키는 "모양"(likeness)의 뜻에서 잘 알 수 있습니다. "모양"이 신령존재에게서 비롯된 것들의 꾸밈을 뜻한다는 것은 앞서의 것이나 뒤에 이어지는 것에서 잘 알 수 있습니다. 즉, "너희는 내 앞에서(=여호와 하나님 안전에서) 다른 신들을 섬기지 못한다"라는 말에서, 그리고 "그 모양을 본떠서 우상을 만들지 못한다"라는 말인데, 이 말은 신령존재 이외의 다른 근원에서 온 진리들을 뜻하고, 그리고 그럼에도 불구하고 거기에서 나온 것들은 그것과 같다는 것을 뜻합니다. 그리고 뒤에 이어지는 것에서, 즉 "위로 하늘에 있는 것이나 아래로 땅에 있는 것이나, 땅 아래 물 속에 있는 것을 만들지 못한다"라는 말인데, 이것들은 어디에서나 신령존재에게서 비롯된 그런 것들을 뜻합니다.
[2] 여기서는 신령존재에게서 비롯된 것들의 꾸밈이나 닮음이 무엇인지 언급되어야 하겠습니다. 그 이유는 이런 것들은 우리의 본 문절과 아래에 이어지는 절의 시작에서 다루어지고 있습니다. 신령존재에게서 비롯된 것들의 꾸밈들이나 닮음들은, 사람들이 입으로 신령한 것이라고 말할 때 사람들에 의하여 만들어지기 때문입니다. 그리고 또한 신령존재께서 명령한 그런 것들을 행할 때 만들어집니다. 따라서 그들이 선이나 진리 안에 있다는 확신이나 신념 따위를 유발할 때 만들어집니다. 그럼에도 불구하고 그 때 마음으로는

그들은 전적으로 다르게 생각하고, 그리고 악 이외에는 아무것도 원하지 않습니다. 이런 자들이 바로 위선자(僞善者)들이고, 가면을 쓴 자들이요, 사기꾼들이고, 그리고 신령존재에게서 비롯된 것들의 꾸밈이나 닮음을 날조하는 자들입니다. 저 세상에서 악령들은 신령존재에게서 비롯된 것들의 꾸밈이나 닮음을 만드는데, 그들은 겉모양의 것들에서는 동일한 것이나 외현을 나타내지만, 그 안에는 신령존재에게 속한 것은 전무(全無)합니다. 가면을 쓴 자들이나 위선자들, 또는 사기꾼들은 저 세상에서 이런 것들을 행하는 것을 배웁니다. 그리고 일반적으로는 반복해서 사용하는 자들은, 그들이 생각하는 것과는 다르게 말하는 관습에 전적으로 물들어 있고, 그리고 그들이 원하는 것과는 달리 행하는 것에 사로잡혀 있습니다. 이런 실제적인 것들에 의하여 몇몇은 명성(名聲)이나 호평(好評)을 얻기를 열망합니다. 그것은 그들이 선한 사람이라는 것을 보이기 위함이고, 그리고 이와 같이 기만(欺瞞)하고 속이기 위함입니다. 그리고 몇몇은 그 명령을 실천하기 위해서입니다.

[3] 더욱이 거기에는 대응들의 남용(濫用)이나 오용(誤用) 따위가 있습니다. 그러나 그들이 만든 인애나 믿음에 속한 그런 것들에 속한 가면(假面)이나 겉치레 따위들에 의한 외적인 것들은 계속해서 그들에게서 제거됩니다. 왜냐하면 이런 식으로 그들은 그들이 이 세상에서 터득한 그들의 본성 자체에서 행동하기 때문이고, 그리고 그들은 그 어떤 가면이나 위선으로 말미암아 더 이상 행동할 수 없기 때문입니다. 이런 성격의 사람들이나, 이런 외적인 것들을 지각하는 자들은 그들에게서 제거됩니다. 그리고 만약에 이런 외적인 것들이 그들에게 그대로 남아 있다면 그들은 저 세상에서 그들의 동료들이나 패거리들과 어울려 함께 살 수 있을 것이고, 그리고 겉보기에 선한 것을 행할 것이고, 그리고 이 세상에서 했던 것과 꼭 같이 할 것이라고 말합니다. 그러나 이런 일은 결코 행해질 수 없습니다. 그 이유는 겉보기에 선한 외적인 것들에 의하여 그들은 어

느 정도까지는 천계와 교류할 것이기 때문입니다. 다시 말하면 거기에 있는 영역을 에워싸고 있는 자들이나, 최대인간(最大人間) 안에 있는 표피(表皮)에 대응하는 단순한 자들과 교류할 것입니다. 그렇다고 하지만, 그들의 내적인 것들에 의해서는 그들은 지옥들과 교류할 것입니다. 그리고 그것들이 의지에 속한 것이기 때문에, 안에 있는 악들이 통치하기 때문에, 그리고 외적인 것에서 하나의 겉치레나 가면 따위를 만드는 선들은 지배를 터득하기 위한 하나의 수단으로서 악을 섬기기 때문에, 그러므로 그것은, 이 세상에서와 같이, 겉치레나 가면이나 위선으로 행동하는 것에 대하여 자유스럽게 떠나기 위한 신령질서 자체에 정반대입니다. 그러므로 이런 것들은 그들에게서 제거되고, 그리고 그들은 그들의 의지에 속한 바로 그 악 자체에 보내집니다.

8871. "위로 하늘에 있는 것이나, 아래로 땅에 있는 것을 우상으로 만들지 못한다."

이 말씀이 영적인 빛 안에 있는 것들이나, 또는 자연적인 빛 안에 있는 것들을 뜻한다는 것은, 영적인 빛 가운데 나타나고 보여지는 것들을 가리키는 "위로 하늘에 있는 것들의 그 모양을 만든다"(=본뜬다)라는 말의 뜻에서 잘 알 수 있습니다. 그런 것들은 모두가 선과 믿음에 속한 진리와 관계를 가지고 있고, 이웃사랑의 인애에, 그리고 주님사랑에 속한 선이나 진리와 관계를 가지고 있습니다. 그런데 그런 것들을 만든다는 것은 이런 것들의 겉구밈이나 가면을 만들고, 속이기 위한 것이라는 것이 "위로 하늘에 있는 것들을 본떠서 만들다"는 것입니다. 그리고 자연적인 빛 안에 나타나고, 보여지는 것들을 가리키는 "아래로 땅에 있는 것들의 그 모양을 본떠서 만든다"라는 말의 뜻에서 잘 알 수 있습니다. 이런 것들을 가면으로 위장하고, 만드는 것이 곧 아래로 땅에 있는 것들을 본떠 만드는 것인데, 그러한 것들은 시민법적인, 도덕적인 선이나 진리와 관계를 가지고 있습니다. 문자적인 뜻에서는 해 · 달 · 별들과 같이, 하늘에 나타나는 것들을 뜻합니다. 그리고 땅 위에 나타나는 것들, 예를 들면 날고, 걷고, 기는 것들인 온갖 종류의 동물들을 뜻합니다. 그러나 속뜻으로 이런 것들이 뜻하는 것들을 뜻합니다. 그것들은 위에서 언급한 것과 같이, 선과 진리와 관계를 가지고 있습니다.

[2] 이런 것들은 모세의 글에, 이런 말들로, 상세하게 기술되었습니다.

> "남자의 형상이든지, 여자의 형상이든지, 너희 스스로가 어떤 형상을 본떠서도, 새긴 우상을 만들지 않도록 하여라. 우상을 만드는 것은 스스로 부패하는 것이다. 땅 위에 있는 어떤 짐승의 형상이나, 하늘에 날아다니는 어떤 새의 형상이나, 땅 위에 기어다니는 어떤 동물의 형상이나, 땅 아래 물 속에 있는 어떤 물고기의 형상으로도 우상을 만들어서는 안 된다. 눈을 들어서 하늘에 있는 해와 달과 별들, 하늘의 모든 천체를 보고 미혹되어서, 절을 하며 그것들을 섬겨서는 안 된다. 하늘에 있는 해와 달과 별과 같은 천체는 주 너희의 하나님이 이 세상에 있는 다른 민족들이나 섬기라고 주신 것이다.……너희는, 주 너희 하나님이 너희와 세우신 언약을 잊지 말고 지켜야 한다. 그리고 주 너희의 하나님이 너희에게 금하신대로, 어떤 형상의 우상도 만들어서는 안 된다. 주 너희의 하나님은 삼키는 불이시며, 질투하는 하나님이시다. 너희가 자식을 낳고 또 그 자식이 자식을 낳아, 그 땅에서 오래 산 뒤에, 어떤 형상의 우상이든, 우상을 만들어 섬기거나, 주 너희의 하나님의 눈에 거슬리는 행동을 하면, 오늘 내가 하늘과 땅을 증인으로 세울 것이니, 너희가 요단 강을 건너가 차지하는 땅에서 반드시 곧 멸망할 것이다, 그 땅에서 오래 살지 못하고, 반드시 망할 것이다. 주께서는 너희를 여러 민족 사이에 흩으실 것이다. 주께서 너희를 쫓아 보내실 그 곳 백성 사이에서 살아 남을 사람이 많지 않을 것이다. 너희는 거기에서, 사람이 나무와 돌로 만든 신, 즉 보지도 못하고 듣지도 못하고 먹지도 못하고 냄새도 맡지 못하는 신을 섬기게 될 것이다. (신명기 4 : 16-19, 23-28)

[3] 하늘에 있는 것이나 땅에 있는 어떤 것의 모양을 만들지 못하도록 아주 엄하게 금하는 이유는 야곱에게서 이어지는 백성이 외적인 것들을 숭배하는 일에 크게 과오를 범한다는 것이 주된 이유입니다. 그 원인은, 그들이 믿음과 주님사랑에 속한 것들인, 그리고 이웃사랑에 속한 것들인, 교회에 속한 내적인 것들에 관해서 전혀 알려고 하지 않기 때문입니다. 그러므로 만약에 그들이 이런 것들의 모양을 만드는 것이 허락되었다면, 그들은 그 때 스스로 그것들에게 엎드려 절하고, 그리고 그것들을 신(神)들로서 예배할 것입니다. 이러한 사실은, 아주 수많은 기적들 가운데서 그들이 자신들을 위하여 만든 금송아지(the golden calf)에서 잘 드러나고 있습니다. 그리고 또한 신령예배로부터 우상숭배적인 예배로 바뀐 그들의 잦은 배교(背敎)에서도 잘 알 수 있겠습니다. 뿐만 아니라 속뜻에서 그런 것들을 뜻하기 때문입니다.

8872. "너희는 땅 아래 물 속에 있는 어떤 것이든지, 그 모양을 본떠서 만들지 못한다."

이 말씀이 감관적이고, 관능적인 것 안에 있는 것들을 뜻한다는 것은 자연적인 빛 안에 있는 것들 아래에 있는 것들을 가리키는 "땅 아래 물 속에 있는 그 모양"의 뜻에서 잘 알 수 있습니다. 그리고 이런 것들이 감관적이고 관능적인 것들 안에 있는 그런 것들이라는 것은 사람 안에 있는 총명적인 것에 속한 계속적인 계도(階度)들에게서 잘 드러나고 있습니다. 사람 안에 있는 첫 번째 계도 안에는 영적인 빛 안에 그런 것들이 있는데, 그것들이 "위로 하늘에 있는 것들"이 뜻하는 것들입니다. 두 번째 계도에는 자연적인 빛 안에 있는 것들을 가리키는데, 그것들은 "아래로 땅에 있는 것들"이 뜻하는 것들입니다. 그리고 세 번째 계도에는 감관적이고 관능적인 것 안에 있는 것들을 가리키는데, 그것들은 "땅 아래 물 속에 있는 것들"이 뜻합니다. 이런 것들이나 그것의 성품이 바로 감관적이고 관능적인 것이라는 것은 5084 · 5089 · 5094 · 5125 · 5128 · 5580 · 5767 · 6183 · 6201 · 6310-6316 · 6318 · 6598 · 6612 · 6614 · 6622 · 6624 · 6844 · 6845 · 6948 · 6949 · 7442 · 7693항을 참조하십시오. 외적인 감관이나 그것들의 쾌락들에게 속한 경험에서 가장 직접적으로 야기(惹起)되는 그런 기억지(記憶知)들은 감관적이고, 관능적인 것들과 관계를 가지고 있습니다. 선한 사람에게서 이런 지식들이나 그것들의 기쁨들은 선한 것인데, 그 이유는 그것들이 선한 것들에 적용되기 때문입니다. 그러나 악한 사람에게서 그것들은 악한데, 그것은 그것들이 악한 것들에게 적용되기 때문입니다. 이런 것들에 의하여, 예를 들면, 가면을 쓴 자들, 위선자들이나 사기꾼들이 그런 짓하기를 좋아하고, 속이는 것이 바로 "땅 아래 물 속에 있는 것의 모양을 만드는 것" 입니다.

8873. "너희는 그것들에게 절하거나, 그것들을 섬기지 못한다." 이 말씀은 신령예배가 결코 그들에게 이익이 되지 않는다는 것을 뜻한다는 것은 겸비(謙卑)를 가리키는 "그것들에게 절한다"라는 말의 뜻에서(2153 · 5682 · 6266 · 7068항 참조), 그리고 복종(服從)을 가리키는 "섬긴다"라는 말의 뜻에서(5164항 참조) 잘 알 수 있습니다. 그것이 신령예배를 뜻한다는 것은, 겸비나 복종이 예배의 본질들이기 때문입니다. 왜냐하면 그런 것들이 결여된 예배는 진정한 예배가 아니고, 다만, 예배에 속한 진리 안에 있는 자들의 모방(模倣)이나 흉내에 속한 하나의 동작(動作)일 뿐입니다. 이런 동작들 안에는 생명에 속한 것은 전무(全無)합니다. 왜냐하면 주님에게서 온 생명은 전적으로 겸비한 마음이나, 복종하는 마음에 입류하기 때문입니다. 그 이유는 이런 마음은 그런 것들을 영접, 수용하기에 매우 적합하기 때문입니다. 우리 본문의 경우가 이러하다는 것은, 마음이 진정으로 겸비스럽다면 자기사랑이나 세상사랑에 속한 것은 그 어떤 것도 그런 식으로 존재할 수 없기 때문입니다. 양자의 표

현들이 사용된 것은, "절한다"라는 말이 사랑에 속한 선에게서 비롯된 예배를 뜻하고, 그리고 "섬긴다"라는 말이 믿음에 속한 진리에게서 비롯된 예배를 뜻하기 때문입니다.

8874. "나, 주 너희의 하나님"(=나는 너희의 하나님이기 때문이다). 이 말씀이, 개별적이든 전체적이든, 모든 것들 안에 계시는 주님에게서 온 신성(神性 · 신령존재)을 뜻한다는 것은 앞에서의 설명에서 잘 알 수 있겠습니다(8864 · 8865항 참조).

8875. "질투하는 하나님이다."

이 말씀이 거기에서 비롯된 거짓과 악을 뜻한다는 것은, 본연의 뜻으로 "질투하는 하나님"이 신령선에 속한 신령진리를 뜻한다는 사실에서 잘 알 수 있습니다. 왜냐하면 "하나님"(God)은 진리에 관해서 서술하기 때문입니다(2586 · 2769 · 2807 · 2822 · 3921 · 4287 · 4402 · 7010 · 7268 · 8301항 참조). 그리고 "질투하는 하나님"(a zealous God)은, 아래에서 언급할 것과 같이, 선에 관해서 뜻하기 때문입니다. 그러나 상대적으로 주님의 신령선에 속한 신령진리를 영접, 수용하지 못하는 자들에게서, "질투하는 하나님"(a zealous God)은 거짓과 악을 뜻합니다. 왜냐하면 반대 입장에 있는 자들은 신령진리를 거짓으로 지각하기 때문이고, 또한 신령선을 악으로서 지각하기 때문입니다. 그 이유는 모두가 자기 자신의 성품에서 이런 사물들을 보고, 이해하기 때문입니다. 그러므로 여기서 얻는 결론은, 본질적으로 사랑이시고, 자비(慈悲)이신 주님의 열정(熱情 · zeal)은 그들에게는 마치 분노(忿怒)처럼 보인다는 것입니다. 왜냐하면 주님께서 사랑과 자비로 말미암아 천계에서 그분 자신의 고유속성(His own)을 보호, 지킬 때, 악 안에 있는 자들은 선한 자에 거슬러 분노하고, 성질을 부리고, 그리고 그들은 거기에 있는 자들을 멸망시키려는 시도(試圖)를 가지고, 신령진리나 신령선이 존재해 있는 영역으로 돌진하기 때문입니다. 바로 그 때 신령선에 속한 신령진리는 그것들 안에서 역사(役事)하고, 그리고 그들로 하여금 지옥에서 느끼는 것과 같은 심한 고통을 느끼게 합니다. 따라서 여기서 알 수 있는 것은, 그들은 격노(激怒)나 분노가 신령존재에게 있다고 생각하고, 그리고 모든 악들이 그것의 탓이라고 여긴다는 것입니다. 그럼에도 불구하고 그 때 신령존재 안에는 전적으로 분노에 속한 것은 아무것도 없고, 그리고 악에 속한 것도 전무(全無)합니다. 그러나 다만 거기에는 순수한 온화함이나 자비가 있을 뿐입니다.

[2] 이상에서 볼 때 "질투한다"(=열광적이다 · zealous)라는 말이 거짓이나 악을 뜻한다는 이유가 무엇인지 잘 알 수 있겠습니다. 그리고 또한 "열정"이 분노를 뜻하는 이유도 잘 알 수 있겠습니다. 이런 내용들에 관해서는 위의 설명을 참조하십시오. 다시 말하면 격노나 분노가 주님에게 속한 것, 그럼에도 불구하고 그 때 그것들은 악 안에 있는 자들이나 신령존재에 대한 분노에 있는 자들과 함께 있을 때라는 것을 잘 알 수 있겠습니다(5798 · 6997 · 8284 · 8483항 참조). 마찬가지로 온갖 악들, 형벌들이나 박탈들이 주님에게 있다고 여기는데, 그럼에도 불구하고 그 때 주님 안에는 사랑과 자비 이외에는 아무것도 없다는 것은 2447 · 6071 · 6559 · 6991 · 6997 · 7533 · 7632 · 7643 · 7679 · 7710 · 7877 · 7926 · 8214 · 8223 · 8226-8228 · 8282 · 8632항을 참조하십시오. 그리고 역시 악은 자기 자신을 황폐하게 만들고, 그리고 선한 것이나 참된 것을 파괴하려고 하는 애씀에 의하여 자신들을 영벌(永罰)이나 지옥으로 내쫓는다는 것은 7643 · 7679 · 7710 · 7926 · 7989항을 참조하십시오. 그리고 주님께서는 각자의 성품에 맞게 모두에게 나타나신다는 것은 1861 · 6832 · 8197항을 참조하십시오. "주님의 열정"이 사랑과 자비를 뜻한다는 것, 그리고 주님께서 악으로부터 선을 보호하실 때 그렇다는 것을 뜻한다는 것은, 그것이 적의(敵意)나 분노 같은 것으로 나타난다는 것은 성경의 아래 장절들에게서 명백합니다.

[3] 이사야서에서는 "주님의 열정"(the zeal of the Lord)이 사랑과 자비를 뜻합니다. 이사야서의 말씀입니다.

하늘로부터 굽어 살펴 주십시오.
주님이 계시는 거룩하고 영화로우신 곳에서
굽어보아 주십시오.
주의 열성과 권능은
이제 어디에 있습니까?
이제 나에게는
주의 자비와 긍휼이 그쳤습니다.
(이사야 63 : 15)

여기서 "열성"(=열정)은, "굽어보아 주시는 것"을 가리키는 자비를 뜻하고, 그리고 선에 관한 것을 뜻합니다. 왜냐하면 "주님의 열성과 권능이 행한다"라고 언급되었기 때문인데, 여기서 "열성"(=열정)은 선에 관해서 언급하고, "권능"은 진리에 관해서 언급합니다. 마찬가지로 "굽어보아 주신다"라는 말은 선에 관해서 언급하고 있고, 그리고 "긍휼"은 진리에 관해서 언급합니다. 그와 꼭 같이, "주님이 계시는 거룩한 곳"은 천적인 왕국에 속한 자들이 있는 천계를 뜻하고, "주님이 계시는 영화로운 곳"은 영적 왕국에 속한 자들이 있는 천계를 뜻합니다. 여기에서 명확한 것은 성경에서 선이 언급된 곳에서 그 언급은, 천계적인 혼인 때문에 진리에 관해 언급하고 있고, 그리고 천계적인 혼인은 성경의 구체적인 모든 것 안에 있는 선과 진리의 혼인입니다. 주님의 두 이름의 경우에서와 같이, "예수"와 "그리스도"의 두 이름은 주님 안에 있는 천적인 혼인을 뜻합니다. 이것에 관해서는 683 · 793 · 801 · 2516 · 4138 · 5138 · 5502 · 6343 · 7945 · 8339항을 참조하십시오.
[4] 같은 책의 말씀입니다.

한 아기가 우리에게서 태어났다.
우리가 한 아들을 얻었다.
그는 우리의 통치자가 될 것이다.
그의 이름은 '기묘자, 모사,
전능하신 하나님,
영존하시는 아버지,
평화의 왕'이라고 불릴 것이다.
그의 왕권은 점점 더 커지고
나라의 평화도 끝없이 이어질 것이다.
그가 다윗의 보좌와 왕국 위에 앉아서,
이제부터 영원히,
공평과 정의로 그 나라를 굳게 세울 것이다.
만군의 주의 열심이
이것을 반드시 이루실 것이다.
(이사야 9 : 6, 7)

이 장절은 주님과 주님의 강림에 관해서 언급하고 있습니다. "여호와(=만군)의 열심이 이것을 이루실 것이다"라는 말씀은 주께서 인류를 구원하시려는 열렬한 사랑으로 말미암아 그것을 행하실 것이라는 것을 뜻합니다. 또 같은 책의 말씀입니다.

'남은 사람들이 예루살렘에서부터 나오고,
환난을 피한 사람들이
시온 산에서 나올 것이다.'
만군의 주께서 정열을 가지고서
이 일을 이루실 것이다.
(이사야 37 : 32)

이 장절에서 "주께서 정열을 가지고서 이 일을 이루실 것이다"라는 말씀은 주님께서 사랑과 자비로 말미암아 그것을 실천할 것이라는 것을 뜻합니다.

[5] 에스겔서의 말씀입니다.

> "그러므로 나 주 하나님이 말한다. 이제는 내가 포로된 야곱의 자손을 돌아오게 하고, 이스라엘 온 족속을 불쌍히 여기며, 내 거룩한 이름을 열심을 내어 지키겠다."
> (에스겔 39 : 25)

여기서 "열심을 낸다"라는 말은 불쌍히 여기는 것을 뜻합니다. 다윗의 글입니다.

> 주의 집에 쏟은 내 열정이
> 내 안에서 불처럼 타고 있습니다.
> 주님을 모욕하던 자들의 모욕이
> 나에게로 떨어집니다.
> (시편 69 : 9)

이 말씀은 주님에 관해서 언급하고 있습니다. "주의 집에 쏟은 열정"은 선과 진리를 수용하는 자들에 대한 주님의 사랑을 뜻합니다. 왜냐하면 이것들이 바로 "주의 집"(=여호와의 집)이기 때문입니다.

[6] 주님의 열정이나 자비가 선한 자를 보호하고, 지킬 때 그것은 마치 적의(敵意)처럼 보인다는 것은 이사야서에서 잘 드러나고 있습니다. 이사야서의 말씀입니다.

> 주께서 용사처럼 나서시고,
> 전사처럼 용맹을 떨치신다.
> 전쟁의 함성을 드높이 올리시며,
> 대적들을 물리치신다.
> (이사야 42 : 13)

요엘서의 말씀입니다.

그 때에 주께서
땅이 당한 일로 마음 아파하시고,
당신의 백성을 불쌍히 여기셨다.
(요엘 2 : 18)

[7] 주님의 열정이 "분노" "격분"으로 불리웠다는 것이, 자비가 악한 자에게는 그와 같이 나타나 보이기 때문이라는 것은 아래의 장절에게서 명확합니다.

너희는, 너희 가까이에 있는 백성이 섬기는 신들 가운데에, 그 어떤 신도 따라가서는 안 된다. 너희 가운데 계시는 주 너희의 하나님은 질투하시는 하나님이시니, 주 너희의 하나님이 분노하시면, 너희를 땅 위에서 멸하실 것이다.
(신명기 6 : 14, 15)
그들은 이방 신을 섬겨서
주께서 질투하시게 하였으며,
역겨운 짓을 하여
주께서 진노하시게 하였다.
너희는
하나님도 아닌 신들에게 제사를 드렸다.
너희가 알지도 못하는 신들,
새롭게 나타난 새 신들,
너희 조상이 섬기지 않던 신들이다.……
우상을 섬겨서 나를 격분시켰고,
신이 아닌 것들을 신이라고 섬겨서
나의 질투에 불을 붙였다.
그러니 이제 나도,
내 백성이 아닌 딴 백성을

내 백성으로 삼아서,
그들의 질투심에 불을 붙이고,
어리석은 민족을 내 백성으로 만들어
그들을 격분시키겠다.
(신명기 32 : 16, 17, 21)

이렇게 나의 분을 다 쏟아야, 그들에게 품었던 분이 풀려서, 내 마음도 시원하게 될 것이다. 내가 내 분을 그들에게 다 쏟을 때에, 그들은 비로소 나 주가 질투하기 때문에 그와 같이 말하였다는 것을 알게 될 것이다.
(에스겔 5 : 13)

내게 말하는 천사가 내게 일러주었다. "너는 외쳐라. 만군의 주께서 이렇게 말씀하신다. '나는 예루살렘과 시온을 몹시 사랑한다. 그러나 안일한 생활을 즐기는 이방 나라들에게는, 크게 화가 난다. 내 백성에게는 나도 함부로 화를 내지 않는데, 이방 나라들은 내 백성을 내가 벌주는 것보다 더 심하게 괴롭힌다.'"
(스가랴 1 : 14 , 15 ; 8 : 2)

그러므로 나를 기다려라.
나 주의 말이다.
내가 증인으로 나설 날까지 기다려라.
내가 민족들을 불러모으고,
나라들을 모아서,
불같이 타오르는 나의 이 분노를
그들에게 쏟아 놓기로 결정하였다.
온 땅이
내 질투의 불에 타 없어질 것이다.
(스바냐 3 : 8)

주께서는 그런 사람을 용서하지 않으신다. 주께서는 그런 사람에게 주의 분노와 질투의 불을 퍼부으실 뿐만 아니라, 이 책에 기록되어 있는 모든 저주를 그에게 내리게 하실 것이다. 그리하여 주께서는, 마침내 그의 이름을 하늘 아래에서 지워 버려서, 아무도 그를 기억하지 못하게 하실 것이다.

(신명기 29 : 20)
주님 언제까지입니까?
영원히 노여워하시렵니까?
언제까지 주의 진노하심이
불길같이 타오를 것입니까?
주님을 알지 못하는 저 이방인들에게나
주의 진노하심을 쏟아 주십시오.
(시편 79 : 5, 6)

이런 식으로 여호와의 열정이 분노로서 시편 38 : 1. 에스겔 16 : 42 ; 23 : 25 ; 38 : 19에 기술되었습니다.
이상에서 우리는 "여호와의 열정"(=주의 열정)이나 "질투하는 하나님"이 뜻하는 것이 무엇인지 잘 알 수 있겠습니다. 다시 말하면 본연의 뜻에서는 사랑과 자비를 뜻하지만, 본연의 뜻이 아닌 것에서는, 이런 뜻은 악들 안에, 그리고 거짓들 안에 있는 자들에게는 분노와 박탈을 뜻한다는 것입니다.
[8] 주지하여야 할 것은 주님을 가리키는 여호와께서, 특히 "질투하고" "분노하는 자"라고 불리울 때, 교회에 속한 사람에게서 반드시 보편적으로 통치한다고 할 때, 다시 말하면 신령존재는 모든 것들에 대하여 우선적으로 사랑받아야 하고, 그리고 그렇게 여기고, 경외(敬畏)되어야 한다고 할 때 그 존재는 붕괴되고, 훼손된다는 것입니다. 왜냐하면 거기에는 더 이상의 신령존재에게서 비롯된 이 빛의 입류가 없기 때문입니다. 그 이유는 거기에는 영접이나 수용이 전혀 없기 때문입니다. 이런 이유 때문에, "나, 주 너희의 하나님은 질투하는 하나님이다. 나를 미워하는 사람에게는, 그 죄값으로, 본인뿐만 아니라 삼사 대 자손에게까지 벌을 낸다"라는 말이 언급되었습니다. 그리고 이 경우 그들은 다른 신들을 예배하였고, 자신들에게 주조된 형상이나 모양을 만들었기 때문입니다. 왜냐하면 이런 것들은 보편적으로 통치하여야 할 신령존재를 더럽혔기

때문입니다.
[9] 그러므로 그것은 모세의 글에서 어디서나 꼭 같이 선포되었습니다.

> 너희는, 주 너희 하나님이 너희와 세우신 언약을 잊지 말고 지켜야 한다. 그리고 주 너희의 하나님이 너희에게 금하신 대로, 어떤 형상의 우상도 만들어서는 안 된다. 주 너희의 하나님은 삼키는 불이시며, 질투하는 하나님이시다.
> (신명기 4 : 23, 24)
> 너희는 다른 신에게 절을 하여서는 안 된다. 나 주는 '질투'라는 이름을 가진, 질투하는 하나님이기 때문이다.
> (출애굽기 34 : 14)

이것의 내용은 이스라엘 민족의 경우 우상을 철저하게 금하고 있는데, 그 이유는 다른 신들의 숭배나, 주조된 것들이나 형상들의 숭배나 예배가 그들에게 있는 교회에 속한 모든 표징적인 것을 파괴하기 때문입니다. 왜냐하면 천계에 계신 여호와, 즉 주님께서는 보편적인 통치자이시기 때문입니다. 그의 신성은 거기에 있는 모든 것들을 가득 채우시고, 그리고 모든 것에 속한 생명을 이루시기 때문입니다. 만약에 신령존재 대신에 어떤 것이 예배된다면, 모든 표징적인 것은 소멸할 것이고, 따라서 천계와의 교류도 소멸할 것이기 때문입니다.

8876. "그 조상들의 죄악을 그 자손들에게 미치게 하겠다"(=그 죄값으로 본인뿐만 아니라, 자손에게까지 벌을 내린다).
이 말씀이 결과적으로 악에게서 파생된 거짓에 속한 다산(多産)을 뜻한다는 것은, 온갖 악들에 속한 다산을 가리키는, "조상들의 죄악을 벌한다"라는 말의 뜻에서 잘 알 수 있습니다. "벌한다"(to visit)라는 말이 다산(多産 · prolification)을 뜻한다는 것은 자기들로 말미암아 신령존재를 전적으로 배척하고 부인하는 자들의 상태가 여기에서 다루어지고 있기 때문입니다. 그러므로 그들은 선에 속한 수용은 더 이상 없고, 다만 악에 속한 수용만 있기 때문입니다. 왜냐하면 이런 자들에게서 악은 계속해서 증대하는데, 이것이 바로 그것의 다산(多産)입니다. "조상"(=아버지)이 선을 뜻하고, 나쁜 뜻으로는 악을 뜻한다는 것은 3703 · 5902 · 6050 · 7833 · 7834항을 참조하십시오. 그리고 진리들을 가리키는 "자손들"의 뜻에서(1147 · 2623 · 3373항 참조), 그리고 나쁜 뜻으로는 거짓들을 가리키는 "자손들"의 뜻에서 잘 알 수 있습니다. 가장 가까운 문자적인 뜻으로 "조상들의 죄악을 그 자손들에게 벌을 내린다"라는 말은, 자손들이 그들의 조상들의 죄악의 형벌을 받는다는 것을 뜻하지 않습니다. 왜냐하면 그렇게 하는 것은 신령존재에게 정반대되는 것이기 때문입니다(신명기 24 : 16). 그러나 그 죄악은 조상들과 더불어 증대하고, 그리고 유전(遺傳)에 의하여 자녀손들에게 넘겨져 계승한다는 것을 뜻하고, 그리고 거기에는 악에 속한 계속적인 축적(蓄積)이 있다는 것을 뜻합니다(2910 · 3703 · 4317 · 8550 · 8551항 참조). 그러나 영적인 뜻으로 "조상들"은 조상들을 뜻하지 않고, 오히려 온갖 악들을 뜻하고, "자손들"은 역시 자손들을 뜻하지 않고, 오히려 거짓들을 뜻합니다. 그러므로 우리의 본문은 악에서 파생된 거짓에 속한 계속적인 다산(多産)을 뜻합니다.

8877. "삼사 대 자손에게까지 벌을 내린다."

이 말씀이 하나의 긴 연속적인 것이나, 그것들의 결합을 뜻한다는 것은 시작부터 마지막까지 충분한 것을 가리키는 "삼"(3 · three)의 뜻에서(2788 · 4495 · 7715항 참조), 따라서 하나의 긴 영속적인 것 안에 있는 것을 가리키는 "삼"의 뜻에서, 그리고 따라서 "삼 대 자손들"은 하나의 긴 시리즈 안에 있는 온갖 거짓들을 뜻한다는 것에서 잘 알 수 있습니다. "자손들"이 거짓들을 뜻한다는 것은 바로 위의 8876항을 참조하십시오. 그리고 "둘"(2)이 뜻하는 것과 꼭 같이, 결합을 가리키는 "넷"(4)의 뜻에서(1686 · 5194 · 8423항 참조) 잘 알 수 있습니다. 그러므로 본문 "사대의 자손들"은 하나의 긴 시리즈 안에서 결합된 온갖 거짓들을 뜻합니다. 이러한 내용이 우리의 본문인 "자손들 삼사 대에까지"라는 말의 뜻이라는 것이 사실은 하나의 모순(矛盾)처럼 보이겠고, 또한 성언의 뜻에 대해서는 눈에 익숙하지 않은 낯선 것같이 보일 것입니다. 그러나 주지하여야 할 것은 성언의 속뜻으로 숫자들(numbers)은 숫자들을 뜻하지 않고, 오히려 사물(事物)들을 뜻한다는 것입니다(482 · 487 · 575 · 647 · 648 · 755 · 813 · 1963 · 1988 · 2075 · 2252 · 3252 · 4264 · 4495 · 4670 · 5265 · 6175항 참조).

8878. "나를 미워하는 사람에게는……."

이 말씀이 주님의 신성(神性)을 전적으로 배척하고, 부인하는 자를 뜻한다는 것은, 악 안에 있고, 그것으로 인하여 거짓 안에 있는 자들을 가리키는 "하나님을 미워하는 자"의 뜻에서 잘 알 수 있습니다. 왜냐하면 이들이 바로 주님의 신성을 부인, 배척하는 자들이기 때문입니다. 그리고 만약에 그들이 악에 빠져 있고, 그리고 그것으로 인하여 거짓 안에 빠져 있는 것에 비례하여 그들은 그것을 배척할 뿐만 아니라 역시 증오의 상태에서 그것을 잡고 있을 것입니다. 주님의 신성이 그들이 부인하고, 배척하는 것이라는 것은, 그들이 악에 빠져 있는 자들은 천계의 빛 안에 있지 않고, 오히려 자연적인 빛 안에 있고, 그리고 종국에는 관능적인 것에서 비롯된 감관적인 빛 안에 있기 때문입니다. 이 감관적인 빛으로 말미암아 그들은 하나의 인간과 전혀 다른 주님의 인성(人性 · the Human of the Lord)을 볼 수 없습니다. 왜냐하면 그들은 신령인성(the Divine Human)이 무엇인지 깨달을 수 없기 때문입니다. 그 이유는 그들은 신령존재에 관해서 전적으로 텅 빈 강정이고, 무가치(無價値)한 것이라는 생각을 가지고 있기 때문입니다. 만약에 그들에게 신령존재 자체는 신령사랑이라는 것이나, 그리고 신령사랑이 모든 생명의 존재 자체라는 것, 그리고 그분의 생명의 극내적인 존재이고, 따라서 여호와이시라는 것, 그리고 그분은 그분의 인성을 이것과 동일하게 영화시키셨다는 것, 다시 말하면 인성을 신령하게 완성하셨다는 등등의 것들이 일러지게 되면, 이 모든 내용이나 사실은, 약간의 이지적인 통찰력(洞察力)이 부여된 자들에 의하여 어느 정도는 파악될 수 있지만, 그럼에도 불구하고 그들이 처해 있는 이지적인 빛에서부터 내려와서 그들 자신의 자연적인 빛이나, 감관적인 빛으로 내려왔을 때, 그들은 이런 진리들에 관해서는 칠흑 같은 흑암의 상태에 빠져 있고, 그리고 이것으로 인하여 부인(否認)의 상태에 빠져 있기 때문입니다.

8879. "수천 대까지 자비를 베푼다"(=수천 대 자손에 이르기까지 한결같은 사랑을 베푼다).

이 말씀이 그들에게 있는 영원한 선과 진리를 뜻한다는 것은, 주님에게서 비롯된 선과 진리의 입류를 가리키는, 그리고 중생(重生)에 의하여 부여되는 영적인 생명을 가리키는 "자비"(=한결같은 사랑·mercy)의 뜻에서(6180·6307항 참조) 잘 알 수 있습니다. 왜냐하면 자비 안에 계시는 주님께서는 영생(永生)이나 영원한 행복에 속한 이런 것들을 주시기 때문입니다. 그리고 아주 많은 것을 가리키는, 그리고 신령자비에 관해서 언급되었을 때에는 영원(永遠)을 가리키는 "천"(千·a thousand)의 뜻에서(2575·8715항 참조) 잘 알 수 있습니다.

8880. "나를 사랑하는 사람에게는……."

이 말씀이 사랑에 속한 선을 영접, 수용한 자를 뜻한다는 것은, 사랑에 속한 선을 영접, 수용하는 것을 가리키는 "여호와를 사랑하는 자," 즉 주님을 사랑하는 자의 뜻에서 잘 알 수 있습니다. 왜냐하면 주님을 사랑하는 자들은 자기 자신 때문이 아니고, 주님으로 말미암아 사랑하기 때문입니다. 왜냐하면 모든 선은 그분에게서 입류하고, 그리고 악으로부터 단절(斷絶)하는 자들이 주님을 사랑하기 때문입니다. 그 이유는 악이 그 길을 가로 막고 서 있고, 그리고 주님에게서 비롯된 선의 입류를 배척하기 때문입니다. 그러므로 악이 제거될 때, 선은 영접됩니다. 그것이 주님으로 말미암아 계속해서 현존하고, 그리고 들어오려고 애씁니다.

8881. "나의 계명을 지키는 사람에게는……."

이 말씀이 믿음에 속한 진리들을 영접, 수용한 자를 뜻한다는 것은, 믿음에 속한 진리들을 가리키는 계명(誡命)들의 뜻에서 잘 알 수 있습니다. 계명들을 "지킨다"라는 말이 수용하는 것을 뜻한다는 것은 믿음에 속한 진리들이라고 불리우는 진리들이 믿음에 속한 것이 되기 위하여, 그리고 이것들이 사람에게서 살아 있기 위한 것으로, 이런 것들은 역시 주님에게서부터 입류합니다. 사람이 배운 것들은 기억 안에 축적됩니다. 그러나 그 사람이 그것들을 원하지 않는 한, 결과적으로 그것들을 행하지 않는 한, 그것들은 살아 있는 것이 되지 않습니다. 그러나 그것들이 기억에서부터 호출되고, 그리고 이지적인 것을 통해 의지에 삽입(插入)되었을 때, 다시 말하면 사상을 통해서 정동에 침투되었을 때, 그리고 그것으로 인하여 행위에 침투하였을 때, 그 때 그것들은 살아 있는 것들이 되고, 그리고 믿음에 속한 진리들이 됩니다. 이러한 일은, 사람이 악들로부터 단념(斷念)되었을 때, 주님에 의하여 일어납니다(8880항 참조).

8882. "너희는 주 너희 하나님의 이름을 함부로 부르지 못한다"(=너는 주 너희 하나님의 이름을 헛되이 사용하지 말아라).

이 말씀이 믿음에 속한 진리나 선에 대한 온갖 모독(冒瀆·profanations)들과 온갖 불경(不敬·blasphemings)들을 뜻한다는 것은, 그것에 의하여 주님을 예배하는, 따라서 믿음에 속한 모든 진리나 선을 가리키는 총체적인 것 안에 있는 모든 것을 가리키는 "하나님의 이름"(the name of God)의 뜻에서(2724·3006·6674항 참조), 그리고 모독하고, 불경하는 것을 가리키는 "함부로 이름을 부른다"(=헛되이 사용한다)라는 말의 뜻에서 잘 알 수 있습니다.

"하나님의 이름을 함부로 부른다"라는 것은 진리를 악으로 바꾸는 것을 뜻합니다. 다시 말하면 그것이 진리다라고 믿는 것, 그리고 그럼에도 불구하고 악 안에서 사는 것을 뜻합니다. 그리고 그것은 선을 거짓으로 바꾸는 것을 뜻합니다. 다시 말하면 거룩하게 살지만, 그럼에도 불구하고 여전히 믿지 않는 것을 뜻합니다. 이들 양자는 모두가 모독(冒瀆)들입니다(4601항 참조). 왜냐하면 믿는다는 것은 이해에 속한 것이고, 그리고 산다는 것은 의지에 속한 것이기 때문입니다. 그러므로 그들이 사는 것 이외의 다른 것을 믿는 자들 안에서는 생각(思想)이나 의지는 둘로 나뉩니다. 왜냐하면 이해는 의지의 형식(形式 · form)이기 때문입니다. 그러므로 만약에 사람이 이런 식으로 믿고, 저런 식으로 살 때, 진리와 악이, 그리고 선과 거짓이 결합하게 됩니다. 따라서 사람이 가지고 있는 천계에 속한 것들과 지옥에 있는 것들이 서로 결합합니다. 이와 같은 결합은 결코 해체될 수 없습니다. 그리고 그것에 의하여 사람은, 만약에 영적인 삶에 속한 모든 것이 그것과 더불어 옮겨 버리는, 산산조각으로 깨지는 일이 있다면, 치유될 수 있겠습니다. 그러므로 이런 작자들은 지옥에서 가장 극심한 상태인 지옥으로 보내집니다. 그리고 그들은 거기에서 가장 심한 치명적인 고통을 겪습니다.

[2] 이러한 내용이 주님께서 복음서에서 하신 말씀의 뜻입니다. 마태복음서의 말씀입니다.

> 그러므로 내가 너희에게 말한다. 사람이 무슨 죄를 짓든지, 무슨 신성모독적인 말을 하든지, 그들은 용서를 받을 것이다. 그러나 성령을 모독하는 것은 용서를 받지 못할 것이다. 또 누구든지 인자를 거역하여 말하는 자는 용서를 받을 것이다. 그러나 성령을 거역하여 말하는 사람은, 이 세상에서도 오는 세상에서도, 용서를 받지 못할 것이다.
> (마태 12 : 31, 32)

누가복음서의 말씀입니다.

"악한 귀신(=더러운 귀신)이 어떤 사람에게서 나온다고 하면, 그 귀신은 쉴 곳을 찾아서 물 없는 곳을 헤맨다. 그러나 찾지 못하면, 그 때에 그 귀신은 말하기를 '내가 나온 집으로 돌아가겠다' 한다. 귀신이 돌아와서 보면, 그 집은 말끔히 청소되고, 잘 정돈되어 있다. 그 때에 그 귀신은 가서, 자기보다 더 악한 딴 귀신 일곱을 데리고 와서, 그 집에 들어가 자리를 잡고 산다. 그러면 그 사람의 나중 형편이 처음보다 더 비참하게 된다."
(누가 11 : 24-26)

[3] 여기에 인용된 구절은 주님에게서 온 진리의 모독(冒瀆)을 기술하고 있습니다. 여기서 "어떤 사람에게서 나왔을 때의 더러운 귀신"은 진리에 속한 믿음의 시인과 진리에 속한 믿음을 뜻하고, "말끔히 청소된 그 집"은 진리들에 거스르는 삶을 뜻하고, 그리고 "자기보다 더 악한 딴 귀신 일곱을 데리고 온 그의 돌아옴"은 모독의 상태를 뜻합니다. 이런 것들이, 우리의 본문, "하나님의 이름을 함부로 부른다"라는 말이 뜻하는 것들입니다. 사람에게서 이런 상태는 결코 치유될 수 없다는 것, 따라서 용서받을 수 없다는 것은 그 아래에 즉시 이어지는 구절들이 뜻합니다. 다시 말하면 "주(=여호와)는 자기의 이름을 함부로 부른 자를 죄 없다고 하지 않는다"라는 구절이 뜻하는 것입니다. 이 구절은 도저히 용서받을 수 없다는 것을 뜻합니다. 모독에 속한 본성이나, 모독의 범죄를 저지른 사람에 관한 상세한 내용은 593 · 1003 · 1008 · 1010 · 1059 · 1327 · 1328 · 2051 · 2426 · 3398 · 3399 · 3402 · 3489 · 6348 · 6595 · 6959 · 6963 · 6971 · 8394항을 참조하십시오.
[4] "주 너희 하나님의 이름을 함부로 부른다"(=주 너희 하나님의 이름을 헛되이 사용한다)라는 말은 신성모독(神性冒瀆)을 뜻하는데, 그런 일은, 성언에 속한 것들이나, 또는 믿음의 교리에 속한 것들이나, 따라서 거룩한 것들이 조롱(嘲弄)을 당할 때, 그리고 불결한

이 땅의 것들로 저하(低下)될 때, 따라서 모독될 때, 일어납니다 (4050·5390항 참조). 우리의 본문, "하나님의 이름을 함부로 부른다"(=사용한다)라는 말은 이스라엘 민족에게는 상대적으로 "하나님의 이름"이 뜻하는 것들인, 어떤 선도, 믿음에 속한 어떤 진리도 시인하지 않는 것을 뜻하는데, 그것은 우상숭배에 대하여 곧 여호와의 이름을 적용하는 것, 그리고 그들에게 명령된 계명들이나 계율들의 적용을 뜻합니다. 이와 같은 일은 그들이 광야에서 금송아지(the golden calf) 숭배에서 그 짓들을 하였고, 그 송아지에게 번제물과 희생제물을 바쳤을 뿐만 아니라, 그런 것에 의하여 이른바 축성(祝聖)된 그것들을 먹었을 뿐만 아니라, 그들은 그것의 축제일을 "여호와의 절기"라고 불렀습니다. 이런 것을 우리는 모세의 글에서 읽습니다.

> 아론이 그들에게서 그것들을 받아 녹여서, 그 녹인 금을 거푸집에 부어 송아지 상을 만드니, 그들이 외쳤다. "이스라엘아! 이 신이 너희를 이집트 땅에서 이끌어 낸 너희의 신이다." 아론은 그것을 보고서 그 신상 앞에 제단을 쌓고 "내일 주의 절기를 지키자" 하고 선포하였다. 이튿날 그들은 일찍 일어나서, 번제를 올리고, 화목제를 드렸다. 그런 다음에, 백성은 앉아서 먹고 마시다가, 일어나서 흥청거리며 뛰놀았다. (출애굽기 32 : 4-6)

[5] 여호와 하나님의 이름을 함부로 부르는 자들이 용서받을 수 없다고 하였는데, 그 말의 뜻이 바로 "죄 없다고 하지 않겠다"라는 말이 뜻한다는 것은 그 때 그것들에 관해서 모세에게 하신 주의 말씀에서 잘 나타나고 있습니다. 즉—.

> 주께서 모세에게 말씀하셨다. "누구든지 나에게 죄를 지으면, 나는 오직 그 사람만을 나의 책에서 지운다. 이제 너는 가서, 내가 너에게 말한 곳으로 백성을 인도하여라. 보아라, 나의 천사가 너를 인도할 것이

다. 그러나 기억하여라. 때가 되면, 내가 그들에게 반드시 죄를 묻겠다."
(출애굽기 32 : 33, 34)

8883. "주는 자기의 이름을 함부로 부르는 자를 죄 없다고 하지 않는다."
이 말씀이 용서받지 못할 것들을 뜻한다는 것은 바로 윗 단원에서(8882항 참조) 설명된 내용에서 잘 알 수 있겠습니다.

8884. 8-11절. **안식일을 기억하여 그 날을 거룩하게 지켜라. 너희는 엿새 동안 모든 일을 힘써 하여라. 그러나 이렛날은 주 너희의 하나님의 안식일이니, 너희는 어떤 일도 해서는 안 된다. 너희와, 너희의 아들이나 딸이나, 너희의 남종이나 여종만이 아니라, 너희 집짐승이나, 너희 집에 머무르는 나그네라도, 일을 해서는 안 된다. 이는, 내가 엿새 동안 하늘과 땅과 바다와 그 안에 있는 모든 것을 만들고, 이렛날에는 쉬었기 때문이다. 그러므로 나 주가 안식일을 복주고, 그 날을 거룩하게 하였다.**
"기억하여라"라는 말씀은 생각 가운데 있는 계속적인 것이나 영속적인 것을 뜻합니다. "안식일"은 최고의 뜻으로는 신령존재 자체와 주님의 신령인성(=신령인간 · the Divine Human)의 합일(合一 · union)을 뜻하고, 그리고 속뜻으로는 신령인성과 천계들의 결합, 따라서 천계와의 결합을 뜻하고, 그러므로 거기에 있는 선과 진리의 혼인(婚姻)을 뜻합니다. "그 날을 거룩하게 지킨다"라는 말씀은 어떤 방법으로도 전혀 폭행(暴行)이나 모독(冒瀆) 따위가 없는 것을 뜻합니다. "너희는 엿새 동안 일하라. 네 모든 일을 하라"(=너희는 엿새 동안 모든 일을 힘써 하라)라는 말씀은 이 혼인을 위하여 선행(先行)하고, 준비하는 싸움(=다툼 · combat)을 뜻합니다. "이렛날은 주 너희 하나님의 안식일이다"라는 말씀은 이식(移植), 활착된 선을 뜻하고, 그리고 이와 같은 혼인을 뜻합니다. "너희는 어떤 일도 해서는 안 된다. 너희와, 너희의 집에 머무르는 나그네라도, 일을 해서는 안 된다"라는 말씀은 이 경우 천계나 지복(至福)이 사람의 내적인 것이나 외적인 것 안에, 개별적이든 전체적이든, 모든 것들이 있다는 것을 뜻합니다. "이는, 엿새 동안 내(=주께서)가 하늘과 땅과 바다를 만들었기 때문이다"라는 말씀은 사람의 내적인 것이나 외적인 것 안에 있는 것들에 속한 중생(重生)과 생기(生氣 · vivification)를 뜻합니다. "이렛날에는 쉬었기 때문이다"라는 말씀은 그 때 거기에 있는 평화(平和 · peace)와 사랑에 속한 선을 뜻합니다. "그러므로 나 주 여호와가 안식일을 복준다"라는 말씀은 그 때 주님에게서 비롯된 천계적인 혼인을 뜻하고, "그 날을 거룩하게 하여라"라는 말씀은 그것이 어떤 방법으로든 결코 폭행이나 모독을 당할 수 없다는 것을 뜻합니다.

8885. "안식일을 기억하여라."

이 말씀이 생각(思想) 안에 있는 계속적인 것이나, 영속적인 것을 뜻한다는 것은, 이런 것들에 관해서 언급되었을 때 어떻게든 결코 잊혀질 수 없다는, 생각 안에 있는 계속적인 것이나 영속적인 것을 가리키는 "기억한다"라는 말의 뜻에서 잘 알 수 있습니다. 그것은 곧 거기에서 보편적으로 다스리는 생각 안에 있는 계속적인 것이나 영속적인 것을 뜻합니다. 그리고 그의 생각 안에서 영속적인 것이 그 사람에게서는 보편적으로 다스리는 것입니다. 심지어 그가 다른 것들에 관해서 깊이 생각할 때에도, 또는 사업적인 일들에 종사할 때에도 그 사람에게서는 보편적으로 지배하는 것입니다. 사람의 생각(思想)은 수많은 것들을 함께 담고 있습니다. 왜냐하면 그것은, 계속해서 쉼 없이 들어오는 수많은 것들의 형체(形體 · form)이기 때문입니다. 명확한 지각(知覺)에 들어온 그런 것들은 동시에 중앙에 있고, 그리고 따라서 내적인 시각의 빛 안에 있습니다. 이에 반하여 모든 다른 것들은 주위에 있는 변방(邊方)에 있습니다. 변방에 있는 것들은 불영명한 상태에 있고, 그리고 이런 대상물들이 그것들과의 제휴(提携)가 일어나는 때를 제외하면 그것들은 명료하지 않습니다. 그러나 더욱이 아주 멀리 떨어져 있는 것들이나, 그리고 동일한 국면에 있지 않고, 그리고 오히려 아래를 향해 있는 것들은, 그 사람이 배척한 그런 것들이고, 또한 혐오(嫌惡)적인 상태에 놓인 것들입니다. 이런 부류의 것들은 선한 사람에게는 악들이고, 거짓들을 가리키고, 그리고 악한 사람에게는 선한 것들이나 거짓된 것들입니다.

[2] 사람의 진정한 생각 안에는 영속적인 것들이 내재해 있습니다. 다시 말하면 거기에서 보편적으로 다스리는 것이 있는데, 그것은 곧 그의 극내적인 것들을 가리킵니다. 이렇게 볼 때 사람은 거기에서 영속적으로, 다시 말하면 여전히 보편적으로 다스리는 것들이 아니면, 그 사람 자신의 외적인 것들로 간주(看做)합니다. 그리고 자신 아래의 것으로 여깁니다. 그리고 자신과 동족(同族)으로 여기지 않는 것으로 간주합니다. 그런 것에서 사람은 그 때 극내적인 것들에 일치하는 것들을 선택하고, 자기 자신에게 그것들을 결합시킵니다. 극내적인 것들은 결합이나, 최종적인 그것과의 제휴(提携), 다시 말하면, 보편적으로 다스리는 것들은 힘을 얻고, 강건해집니다. 이러한 일은 선과 같이 하는 새로운 진리들(new truths)에 의하여, 그리고 새로운 거짓들에 의하여 이루어지고, 또한 악한 사람에게서는 진리에 속한 잘못된 적용(適用)에 의하여 이루어집니다.

[3] 더 자세하게 주지하여야 할 것은, 보편적으로 다스리는 것은 의지 자체에 주입된 것이라는 사실입니다. 왜냐하면 의지 자체는 사람의 극내적인 것이기 때문입니다. 그 이유는 그것은 그 사람의 사랑으로 말미암아 형성되기 때문입니다. 왜냐하면 사람이 사랑하고, 애지중지하는 것은 무엇이나, 그 사람이 원하는 것이고, 그리고 그가 모든 것에 비하여 월등하게 사랑하는 것은 그가 지심(至心)하게 원하는 것이기 때문입니다. 그러나 이해는, 그 사람이 원하는, 다시 말하면 그가 애지중지하는 다른 것들 앞에 명확하게 하는 것

을 돕습니다. 그리고 이해는, 다종다양한 개념들에 의하여 다른 것들의 바라는 것들을 거기에 적합하게 조절하고 적응하는 일을 돕습니다. 이런 경우에, 사랑이나 정동은 의지로부터 이지적인 개념들(=생각들)에 유입하고, 그리고 일종의 어떤 영감(靈感)에 의하여 그것들에게 생기(生氣)를 주고, 감동을 줍니다.

[4] 선한 사람에게서 이런 이지적인 개념들은 의지에 속한 정동들과 한 몸을 이룹니다. 그러나 그것은 악한 사람에게서는 그와 같지 않습니다. 왜냐하면 이런 자들에게서 생각이나 의지는 사실 마음속 깊이에서 동의하기 때문입니다. 그 이유는 악은 의지가 원하고, 이해가 생각하기 때문입니다. 그것은 마치 이 악과 일치하는 거짓과 같습니다. 그러나 이 일치는 이 세상에 있는 사람들 앞에는 나타나지 않습니다. 그 이유는 그들의 유아기(幼兒期)부터 악한 사람은 그들이 생각하는 것과 다르게 말하는 것을 배웠기 때문입니다. 한마디로 그들은 그들의 내면적인 사람을 그들의 외면적인 사람에게서 분리(分離)하는 것을 배웠기 때문입니다. 그리고 후자 안에서는 다른 의지를 형성하는 것을 배웠기 때문이고, 그리고 그들의 내면적인 사람 안에 있는 그 밖의 다른 생각을 형성하는 것을 배웠기 때문입니다. 따라서 외면적인 사람에 의해서는 내면적인 사람에게 전적으로 반대되는 선을 위장(僞裝)하는 것을 배웠기 때문입니다. 그것은 즉시 악을 원하고, 그리고 역시 그것은 알아차릴 수 없게 그것을 생각합니다. 그러나 저 세상에서 내면적인 의지나 생각의 성질은 아주 대낮의 빛에서와 같이 명료하게 드러납니다. 왜냐하면 저 세상에서 외적인 것들은 제거되고, 내적인 것만 적나라하게 드러나기 때문입니다.

8886. 안식일(安息日 · the Sabbath day).

이 말씀이 최고의 뜻으로는 신령존재 자체와 주님의 신령인간(神靈人間 · the Divine Human)과의 합일(合一 · union)을 뜻한다는 것, 그리고 속뜻으로는 신령인간과 천계들, 따라서 천계와의 결합(結合

· conjunction)을, 그래서 거기에 있는 선과 진리의 혼인(婚姻 · marriage)을 뜻한다는 것은 앞에서 입증된 것(8495항 참조)에서 잘 알 수 있습니다. "안식일"이 이런 내용들을 뜻하고 있기 때문에, 그러므로 표징적 교회(表徵的 敎會 · the representative church)에서 그것은 가장 거룩하였습니다. 그리고 그것은 생각 안에 변함없이 남아 있었습니다. 다시 말하면 그것은 보편적으로 지배하는 것이었습니다. 이것이 사람의 생명(=삶)을 이룬다는 것은 8853-8858 · 8885항을 참조하십시오. 이스라엘 민족은 사실 신령존재와 주님의 신령인간의 합일(合一)에 관해서 생각하지 않았고, 또한 천계와 그분의 합일에 관해서도, 그리고 또한 천계에 있는 선과 진리의 결합(結合)까지도 생각하지 않았습니다. 이러한 것들이 바로 "안식일"이 뜻하는 것인데, 그 이유는 그것들이 내적인 것이 결여(缺如)된 외적인 것들 안에 전적으로 자리를 차지하고 있었기 때문입니다. 그러나 그들은 가장 거룩한 것으로 안식일을 지키는 것을 명령받았습니다. 그 이유는 이와 같은 신령한 것들이나 천계적인 것들이 천계에서 드러나기 위해서입니다. 그들에게서 여기의 경우가 어떠한지는 그 민족과 그리고 그들에게 있는 교회의 표징에 관해서 입증된 내용에서 아주 명확합니다(3147 · 3479 · 3480 · 3881 · 4208 · 4281 · 4288 · 4289 · 4293 · 4307 · 4444 · 4580 · 4680 · 4825 · 4844 · 4847 · 4899 · 4912 · 6304 · 6306 · 7048 · 7051 · 8301항 참조).

8887. "그 날을 거룩하게 지켜라."

이 말씀이 어떤 방법으로든 침해(侵害)나 방해(妨害)가 있어서는 안 된다는 것을 뜻한다는 것은, 앞에서 입증된 것과 같이(8495항 참조) 안식일에 관해서 명령된 내용에서 잘 알 수 있습니다. 그리고 여기서 안식일의 성화(聖化 · 祝聖)에 관해서 이어진 내용에서, 다시 말하면, "너희는 엿새 동안 모든 일을 힘써 하여라. 그러나 이렛날은 주 너희 하나님의 안식일이니, 너희는 어떤 일도 해서는 안 된다. 너희와, 너희의 아들이나 딸이나, 너희의 남종이나 여종만 이 아니라, 너희 집짐승이나, 너희의 집에 머무르는 나그네라도, 일을 해서는 안 된다. 이는, 내가 엿새 동안 하늘과 땅과 바다와 그 안에 있는 모든 것을 만들고, 이렛날에는 쉬었기 때문이다. 그러므로 나 주가 안식일을 복 주고, 그 날을 거룩하게 하였다"라고 언급된 내용에서 잘 알 수 있습니다. 이런 내용들이나 말들에서 볼 때 명백한 것은, 우리의 본문, "안식일을 거룩하게 지켜라"라는 말씀이 어떤 방법으로든 그것이 폭행당하고 침해되어서는 안 된다는 것을 뜻합니다. 그러나 속뜻으로 "안식일"이 뜻하는 것들은 어떤 방법으로든 침해를 당하고, 폭행당하고 해를 입어서는 안 된다는 것을 뜻합니다. 다시 말하면 주님의 인성본질과 주님의 신령본질의 합일(合一), 그리고 또한 천계들과 이것의 합일, 결과적으로는 선과 진리에 속한 것들 안에 있는 결합이 결코 폭행을 당하지 말아야 하고, 해를 입어서는 안 된다는 것을 뜻합니다(8886항 참조). 왜냐하면 만약에 이러한 것들이 해를 입고, 침해를 당하게 되면, 그 사람에게서 영적인 생명은 소멸할 것이고, 그리고 그저 단순한 자연적인 생명이 되고, 그리고 그 뒤에는 감관적인 생명이 될 것이기 때문입니다. 그리고 그 때 거짓은 이미 진리의 자리에서 익혀지고, 그리고 악 또한 선의 자리에서 배워졌기 때문입니다. 왜냐하면 거짓과 악은 그 때 그 사람에게서는 보편적으로 다스리기 때문입니다.

8888. "너희는 엿새 동안 모든 일을 힘써 하여라"(=엿새 동안 네가 일할 것이니, 네 모든 일을 할 것이다).

이 말씀이 이 혼례(婚禮)를 위하여 선행하고, 준비하는 싸움(combat)을 뜻한다는 것은 싸움의 상태(a state of combat)를 가리키는 "엿새 동안"(six days)의 뜻에서 잘 알 수 있습니다. "엿새"(6일)가 싸움을 뜻한다는 것은 23 · 487 · 488 · 493 · 2788 · 4850 · 5672 · 5962 · 6110 · 8426항을 참조하십시오. 그리고 삶에 필수적인 것을 가리키는, 여기서는 영적인 삶에 필수적인 것들을, 다시 말하면, 천계에 있는 삶(=생명)에 필수적인 것들을 가리키는 그런 것들을 행하여야 한다는 것을 가리키는 "자신들의 모든 일을 힘써 일하고, 모든 일을 할 것이다"라는 말의 뜻에서 잘 알 수 있습니다.

[2] 더욱이 천계적인 혼인을 위하여 선행하고, 그리고 준비하여야 하는 싸움(=노력)이 영적인 싸움, 즉 시험을 뜻합니다. 왜냐하면 그가 천계적인 혼인에 들어가기 전, 다시 말하면 그가 중생하기 전, 그 사람은 그 사람 자신 안에 있는 온갖 악들이나 거짓들과의 싸움의 상태에 있습니다. 그 이유는 이런 것들은, 주님에게서 오는 진리나 선이 수용될 수 있기 전에 반드시 제거되어야 하기 때문입니다. 왜냐하면 이런 것들에 의하여 사람은 선이 무엇인지 배울 뿐만 아니라, 그 선에 인도되어야만 하기 때문입니다. 이런 상태가 중생과정에 있는 사람의 처음의 상태입니다. 그리고 이 상태를 가리켜 천계적인 혼인을 위해 선행(先行)하고, 그리고 준비하는 상태라고 합니다. 그러나 그 사람이 선 안에 있고, 그리고 선을 통하여 주님께서 인도하고 있다면, 그 때 그는 천계적인 혼인 안에 있고, 따라서 천계에 있습니다. 왜냐하면 천계적인 혼인이 바로 천계(heaven)이기 때문입니다. "엿새 날들"이 뜻하는 바 예전 상태는 "일곱째 날"에 앞서 선행하고, 그리고 후자의 상태는 "이렛날"(the seventh day)이 뜻합니다. 사람에게 있는 이들 두 상태에 관해서는 7923 · 8505 · 8506 · 8510 · 8512 · 8516 · 8539 · 8643 · 8648 · 8658 · 8685 · 8690 · 8701 · 8722항을 참조하십시오.

[3] "안식일"(安息日)이 천계적인 혼인(=결합)을 뜻하기 때문에, 다시 말하면 천계를 뜻하기 때문에, 그러므로 천계에 있는 주님의 나라는 영구한 안식일(a perpetual sabbath)이라고 부르고, 따라서 영구한 안식이나 평화(a perpetual rest and peace)라고 불리웁니다. 그리고 거기에는 애씀의 엿새 날들은 더 이상 있지 않습니다.

8889. "이렛날(the seventh day)**은 주 너희 하나님의 안식일이다."**

이 말씀이 활착된 선을 뜻한다는 것, 따라서 그 혼인을 뜻한다는 것은 천계적인 혼인을 가리키는 "안식일"의 뜻에서(8886항 참조), 따라서 진리들에 의한 활착된 선과 그 뒤에는 그것들에 의하여 형성된 천계적인 혼인을 가리키는 "인식일"의 뜻에서 잘 알 수 있습니다. 왜냐하면 사람에게 있는 선은, 그것이 진리들에 의하여 형성되기까지는, 영적인 선이 아니기 때문입니다. 그리고 그것이 그와 같이 형성되었을 때, 그 때 거기에는 천계적인 혼인(the heavenly marriage)이 있습니다. 왜냐하면 이 혼인은 곧 선과 진리의 결합이기 때문이고, 그리고 그 사람에게 있는 천계 자체이기 때문입니다. 이렇게 볼 때, "안식일"은 거룩한 상태를 뜻한다고 하겠습니다. "날"(日)이 상태를 뜻한다는 것은 8888항을 참조하시고, "일곱"(seven)이 거룩한 것을 뜻한다는 것은 395·433·716·881·5265항을 참조하십시오.

8890. "너희는 어떤 일도 해서는 안 된다. 너희와, 너희의 아들이나 딸이나, 너희의 남종이나 여종만이 아니라, 너희 집짐승이나, 너희 집에 머무르는 나그네라도, 일을 해서는 안 된다."

이 말씀이, 이 경우 천계와 지복(至福)이, 속사람이나 겉사람 안에 있는 모든 개별적인 것이나 전체적인 것 안에 있다는 것을 뜻한다는 것은 쉼(rest)과 평화(平和)를 가리키는, 따라서 천계를 가리키는 "어떤 일도 해서는 안 된다"라는 말의 뜻에서 잘 알 수 있습니다. 왜냐하면 사람이 천계에 있을 때 그 사람은 근심·불안·걱정 따위에서 자유롭기 때문이고, 그리고 그가 이런 것들로부터 자유스러울 때 그는 지복(至福)을 취하기 때문입니다. 그리고 개별적이든 전체적이든, 속사람이나 겉사람의 모든 것들을 가리키는 "너희와 너희의 아들·딸·너희의 남종·여종이나, 너희의 집짐승·너희 집에 머무르는 나그네"의 뜻에서 잘 알 수 있습니다. 왜냐하면 여기서 "너희"는 그 사람 자신을 뜻하기 때문이고, "아들"은 그의 총명을, "딸"은 그의 의지를 뜻하기 때문이고, 그리고 속사람 안에 있는 양자를 뜻하기 때문이고, 그리고 "남종"은 진리의 측면에서 자연적인 것을, 그리고 "여종"은 선의 측면에서 자연적인 것을, 따라서 겉사람 안에 있는 양자들을 뜻하기 때문이고, 그러나 "집짐승"은 일반적으로 조잡한 기억지를 뜻하기 때문이고, 따라서 거기에 있는 개별적이든 전체적이든, 모든 것들을 뜻하기 때문입니다. "아들"이 총명을 뜻한다는 것은, "아들"이 진리를 뜻하기 때문입니다. 왜냐하면 진리들은 총명적인 것을 형성하기 때문입니다. 그리고 "딸"이 의지를 뜻한다는 것은, "딸"이 선을 뜻하기 때문입니다. 왜냐하면 선들은 의지를 형성하기 때문입니다. "아들"이 진리를 뜻하고, 따라서 총명을 뜻한다는 것은 489 · 491 · 533 · 1147 · 2623 · 2803 · 2813 · 3373 · 3704 · 4227항을 참조하시고, 그리고 "딸"이 선을 뜻하고, 따라서 의지를 뜻한다는 것은 489-491 · 2362 · 3024항을 참조하십시오. "남종"이 진리의 측면에서 자연적인 것을 뜻한다는 것은 3019 · 3020 · 3409 · 5305 · 7998항을 참조하시고, 그리고 "딸"이 선을 뜻하고, 따라서 의지를 뜻한다는 것은 489-491 · 2362 · 3024항을 참조하십시오. "남종"이 진리의 측면에서 자연적인 것을 뜻한다는 것은 3019 · 3020 · 3409 · 5305 · 7998항을 참조하시고, "여종"이 선의 측면에서 자연적인 선을 뜻한다는 것은 2567 · 3835 · 3849항을 참조하시고, "집짐승"이 일반적으로 정동을 뜻한다는 것은 45 · 46 · 142 · 143 · 246 · 714 · 715 · 2179 · 2180 · 3218 · 5198 · 7523 · 7872항을 참조하시고, "나그네"가 교회에 속한 진리들로 가르침을 받고 있는 자를 뜻한다는 것은 1463 · 4444 · 8007 · 8013항을 참조하십시오. 결과적으로 "대문 안에 거하는 나그네"는 일반적으로 기억지를 뜻합니다. 왜냐하면 일반적으로 기억지는 대문간에 있기 때문입니다. 다시 말하면 교회에 속한 진리들에 들어가는 입구

(入口)에 있기 때문입니다.

8891. "이는, 내(=주께서)**가 엿새 동안 하늘과 땅과 바다를 만들었기 때문이다."**

이 말씀이 속사람이나 겉사람 안에 있는 모든 것들의 중생과 생기를 뜻한다는 것은, 이것에 관해서는 앞에서 언급한 것과 같이(8888항 참조), 싸움의 상태들(states of combat)을 가리키는 "엿새 동안"(=엿새 날들)의 뜻에서, 잘 알 수 있습니다. 그리고 여호와에 관해서, 다시 말하면 주님에 관해서 언급되었을 때, 그것들은 사람이 중생하기 전 사람과 같이 하는 주님의 노력(=애씀·His labor)을 뜻합니다(8510항 참조). 그리고 사람 안에 있는 주님의 교회나 또는 주님의 나라를 가리키는, 즉 "하늘"은 속사람 안에 있는 주님의 교회나 주님의 나라를, 그리고 "땅"은 겉사람 안에 있는 주님의 교회나 주님의 나라를 가리키는 "하늘과 땅"의 뜻에서 잘 알 수 있습니다(82·1411·1733·1850·2117·2118·3355·4535항 참조). 따라서 중생한 사람, 다시 말하면, 새로운 생명(the new life)을 터득한 사람이나, 다시 말하면 이와 같이 살아 있는 존재를 뜻합니다. 그리고 관능적인 것에 밀착하고 있는 사람에 속한 감관적인 것들을 가리키는 "바다"의 뜻에서 잘 알 수 있습니다(8872항 참조).

[2] 우리의 본문절에서 다루고 있는 주제는 일곱째 날의 거룩함이고, 또한 안식일의 제정(制定)입니다. 그리고 그것은 이런 몇 마디 말씀으로 기술되었습니다. 즉, "이는, 주께서 엿새 동안 하늘과 땅과 바다와 그 안에 있는 모든 것을 만들고, 이렛날에는 쉬었기 때문이다. 그러므로 나 주가 안식일을 복 주고, 그 날을 거룩하게 하였다"라는 말씀으로 기술되었습니다. 문자적인 뜻을 넘어 생각하지 않는 자들은 창세기서 1장과 2장에 기술된 우주적인 창조 이외의 다른 것을 믿을 수 없습니다. 그리고 거기서의 엿새 날들은 하늘과 땅과 바다와 그리고 그 안에 있는 모든 것을 만드는, 그리고 종국

에는 하나님을 닮은 사람을 만드는, 기간인 엿새 이외의 다른 것을 믿을 수 없습니다. 그러나 그와 같은 기술의 개별적인 것들에 관해서 심사숙고(深思熟考)하는 자는 거기에서의 우주의 창조가 그런 것들을 뜻하는 것이 아니라는 것을 볼 수 있습니다. 왜냐하면 거기에 기술된 것들은 일반적인 뜻으로 그와 같은 것이 아니라는 것을 알게 하기 위하여 기술되었기 때문입니다. 왜냐하면 밝음과 어둠이 있는 것과 같이, 해와 달이 있기 전에도 날들이 있었기 때문이고, 풀들이나 나무들이 생겨나기 전에도 날들이 있었기 때문입니다. 그럼에도 불구하고, 빛은 이런 발광체들에 의하여 제공되었고, 그리고 밝음과 어둠 사이에 명확한 분별이 있었고, 따라서 날들(days)이 만들어졌습니다.

[3] 역사에 이어지는 것에서 보면, 내면적으로 생각하는 자로서는 거의 시인할 수 없는, 유사한 것들이 등장하고 있습니다. 예를 들면, 여자는 남자의 갈비뼈로 만들어졌다는 것이고, 그리고 낙원 에덴에는 두 나무들이 있었는데, 그 중의 하나의 열매는 먹는 것이 되었다는 것이고, 거기에서 온 한 마리의 뱀은 유한(有限)한 창조물들 중 가장 현명했던 남자의 아내와 대화를 하였고, 그 뱀의 입에서 나온 그 대화에 의하여 그들 양자들을 속였다는 것, 그리고 전 인류는 그 결과 지옥에의 저주 가운데 수억의 사람들이 자리매김 되었다는 것 등입니다. 역사 가운데 등장하는 이런 것들이나 그 밖의 다른 것들에 관해서 생각하는 한 순간, 그것들은 필연적으로 성언의 거룩함에 관해서 어떤 의심을 생각나게 하는 자들에게는 모순적인 것으로 보이게 합니다. 그리고 또한 그 뒤에는 그들로 하여금 거기에 있는 신령존재를 부인하게 합니다. 그럼에도 불구하고 주지하여야 할 것은, 지극히 작은 편린(片鱗)에까지 떨어진 그 역사 가운데 있는 개별적인 것들이나 전체적인 것들은 신령하다는 것이고, 광명한 대낮에 천계에 있는 천사들 앞에 명확한 비의(秘義·arcana)를 그것들 안에 담고 있다는 것입니다. 이런 이유는, 천

사들이 문자에 따라서는 성언의 뜻을 알지 못하지만, 그러나 그것 안에 있는 것에 따라서는 성언의 뜻을 알기 때문입니다. 다시 말하면 천사들은 영적인 것이나 천적인 것들을 알기 때문입니다. 창세기서의 첫째 장을 읽을 때 천사들은, 이른바 중생이라고 하는, 사람의 새로운 창조(the new creation of man) 이외의 다른 창조는 깨닫지 못합니다. 이 중생이 그 역사 가운데 기술되었습니다. 낙원(樂園 · paradise)은 새롭게 창조된 사람의 지혜(智慧)를 뜻하고, 그 낙원 가운데 있는 두 나무들은 그 사람의 두 기능(機能)들을, 다시 말하면 생명의 나무(the tree of life)는 선에 속한 의지를 뜻하고, 지식의 나무(the tree of knowledge)는 진리의 이해를 뜻합니다. 이 후자의 나무 열매를 먹지 못하게 금하고 있는 것은 중생한 사람, 즉 새롭게 창조된 사람은 더 이상 진리의 이해에 의하여 인도되지 않고, 오히려 선의 의지에 의하여 인도되어야만 하기 때문입니다. 만약에 그렇지 않다면 그 사람 안에 있는 새로운 생명은 소멸하기 때문입니다(202 · 337 · 2454 · 2715 · 3246 · 3652 · 4448 · 5895 · 5897 · 7877 · 7923 · 7992 · 8505 · 8506 · 8510 · 8512 · 8516 · 8539 · 8643 · 8648 · 8658 · 8690 · 8701 · 8722항 참조). 결과적으로 아담 즉 남자와 그의 아내 이브는 새로운 교회를 뜻하고, 지식의 나무 열매를 먹는다는 것은 선에서부터 진리에로의 그 교회의 몰락(沒落)을 뜻합니다. 결과적으로는 주님사랑에서부터 이런 사랑이 결여(缺如)된 믿음에 대한 이웃사랑으로의 몰락을 뜻합니다. 이런 것은 그들의 자신의 총명에서 비롯된 추론에 의한 것인데, 그 추론이 곧 뱀이 가리키는 것입니다(195-197 · 6398 · 6399 · 6949 · 7293항 참조).

[4] 이렇게 볼 때, 창조의 첫 번째 사람과 낙원에 관한 역사적인 설화(說話)는 그것 안에 천계적인 것들이나 신령한 것들을 담기 위하여 형성된 하나의 역사라는 것, 그리고 이것은 고대 교회들 안에 있었던 수용된 방법에 일치한다는 것 등등은 명확합니다. 거기에서

부터 비롯된 기술방법은 고대 교회 밖에 있는 수많은 자들에게 확대하였습니다. 그들은 마찬가지로, 그것들 안에 있는 역사들이나 비의(秘義)를 궁리하여 안출(案出)하기도 하였고, 그리고 포장(包裝)하기도 하였습니다. 이러한 사실은 태고시대(太古時代)의 저술가들에게서 잘 드러나고 있습니다. 왜냐하면 고대 교회들(the Ancient churches)에서는 천계에서 뜻하는 것인 이 세상에 있는 그런 것들이 무엇인지 잘 알고 있었기 때문이고, 또한 이들에게서는 매우 중요한 것들로 기술된 사건들을 알지 못하였기 때문입니다. 그러나 이러한 것들은 모두가 천계에 속한 것들이었습니다. 이와 같은 후자적인 것들은 그들의 마음을 차지, 사로잡았습니다. 그 이유 때문에 그들은 오늘날의 사람들에 비하여 매우 총명스럽게 생각하였습니다. 따라서 그들은 천사들과의 교류(交流)를 가졌고, 따라서 그와 같은 교류는, 그런 것들과 연관 지어 조리(條理)를 세우는 것이 그들에게는 무척 기쁜 일이었습니다. 그러나 그들은 주님에 의하여 그 교회들 안에 신성(神聖)한 것으로 간직되어야만 할 그런 것들에게 인도되었습니다. 결과적으로 이런 것들은 충분한 대응 가운데 있는 그런 것들로 구성되었습니다.

[5] 이렇게 볼 때 우리는 창세기서 첫 장 첫째 절의 "하늘과 땅"(天地)이 무엇을 뜻하는지 밝히 알 수 있겠습니다. 다시 말하면 그 낱말(=천지)은 내적인 교회와 외적인 교회를 뜻한다는 것을 잘 알 수 있겠습니다. 이런 교회들이 "하늘과 땅"이 뜻한다는 것은 역시 예언서들의 여러 장절들에게서도 명확합니다. 그것에 언급된 것은 "새 하늘과 새 땅"(a new heaven and a new earth)인데, 그것은 새로운 교회(a new church)를 뜻합니다(82 · 1411 · 1733 · 1850 · 2117 · 2118 · 3355 · 4535항 참조). 이상의 내용에서 볼 때 우리가 명확하게 안 사실은, 우리의 본문, "엿새 동안 주께서 하늘과 땅과 바다를 만들었다"라는 말이 속사람이나 겉사람 안에 있는 것돌의 중생과 생기를 뜻한다는 것입니다.

8892. "그 안에 있는 모든 것을 만들었다."
이 말씀이 그것 안에 있는 모든 것들의 생기(生氣)를 뜻한다는 것은 다른 설명이 없이도 잘 알 수 있겠습니다.

8893. "그러므로 이렛날에는 쉬었기 때문이다."
이 말씀이, 그 때의 평화와 사랑에 속한 선을 뜻한다는 것은 평화(平和·peace)를 가리키는 "쉰다"(resting)는 말의 뜻에서 잘 알 수 있습니다. 그리고 또한 천계적인 사랑의 상태를 가리키는(84-87항 참조), 그러므로 거룩한 것을 가리키는(395·433·716·5265·5268항 참조) "이렛날"(the seventh day)의 뜻에서 잘 알 수 있습니다. "이렛날의 쉼"이 평화와 사랑에 속한 선을 뜻한다는 것은, 사람이 중생하기 전이기 때문이고, 또한 새롭게 창조되기 전이기 때문에, 그는 비평온 상태나 들떠 있는 상태에 있었기 때문입니다. 왜냐하면 그 때 그의 자연적인 삶(=생명)은 그의 영적인 생명과 함께 싸워야 했고, 그리고 영적인 생명을 다스리기를 원하였기 때문입니다. 결과적으로 이 때 주님께서는 무척 고단한 애씀을 가지고 있었습니다. 왜냐하면 주님께서는 사람을 위하여 도전(挑戰)한 지옥을 상대로 싸우셔야 했기 때문입니다. 그러나 사랑에 속한 선은 그 즉시 활착(活着)되었고, 그 사람 역시 즉시 소멸되었고, 그리고 안식이 계속해서 이어졌습니다. 왜냐하면 그 때 사람은, 천계에 소개되었고, 그리고 주님에 의하여 거기에 있는 질서의 법칙에 따라서 인도되었고, 따라서 평화의 상태에 있었기 때문입니다. 이런 내용들이 곧 "이렛날의 주께서 쉼"이 뜻하는 것입니다.

8894. "그러므로 나 주가 안식일(=이렛날)**을 복 주었다."**
이 말씀이 그 때에 천계적인 혼인(the heavenly marriage)이 주님에게서 비롯되었다는 것을 뜻한다는 것은, 천계적인 질서에 맞게 배열되었다는 것을 가리키는, 그리고 사랑에 속한 선이 주어졌다는 것을 가리키는 "복 주었다"라는 말의 뜻에서(3017·3406·4981·8674항 참조), 그리고 천계적인 사랑의 상태를 가리키는, 따라서 천계적인 혼인을 가리키는 "이렛날"(the seventh day)의 뜻에서 (84-87항 참조) 잘 알 수 있습니다. 왜냐하면 천계적인 혼인은 선과 진리의 결합이고, 그리고 이것은 사람 안에 있는 천계(heaven)이기 때문입니다. "안식일"(the sabbath)이 혼인을 뜻한다는 것은 8495 · 8410항을 참조하십시오.

8895. "그 날을 거룩하게 하였다."

이 말씀이 어떻게 해서든 그것이 모독이나 폭행을 당할 수 없다는 것을 뜻한다는 것은, 중생한 사람 안에 있는 천계적인 혼인이 다루어지고 있을 때 모독이나 폭행을 당하지 않는 것을 가리키는(8887항 참조) "거룩하게 한다"라는 말의 뜻에서 잘 알 수 있습니다. 왜냐하면 사람에게 있는 주님의 거룩함은 신성불가침적인 것이기 때문이고, 따라서 주님의 거룩함을 영접, 수용한 사람, 다시 말하면 사랑에 속한 선 안에 있는 자, 결과적으로 천계에 있는 사람은 신성한 존재이기 때문입니다.

8896. 12절. **"너희 부모를 공경하여라. 그래야 너희는, 주 너희 하나님이 너희에게 준 땅에서 오래도록 살 것이다."**

"너희 부모(=아버지와 어머니)를 공경한다"라는 말씀은 사랑하는 것을 뜻합니다. 왜냐하면 선과 진리는 최고의 뜻으로 주님과 주님의 나라를 위한 것이기 때문입니다. "너희는 그 땅에서 오래도록 살 것이다"(=네 날들이 길 것이다)라는 말씀은 결과적으로 천계에 있는 생명의 상태를 뜻합니다. "주 너희 하나님이 너희에게 주었다"라는 말씀은 거기에 있는 신령존재를 뜻하고, 결과적으로는 입류(入流)를 뜻합니다.

8897. "너희 부모(=아버지와 어머니 · 父母)**를 공경하여라."**

이 말씀이 선과 진리를, 그리고 최고의 뜻으로는 주님과 주님의 나라를, 대가 없이 거저 사랑하는 것을 뜻한다는 것은 사랑하는 것을 가리키는 "공경한다"라는 말의 뜻에서 잘 알 수 있습니다. 왜냐하면 영적인 뜻으로 "공경한다"는 것은 사랑하는 것을 뜻하기 때문입니다. 이런 이유 때문에 천계에서 어느 누가 어느 누구를 사랑할 때, 그가 사랑하면, 그는 역시 그를 공경합니다. 왜냐하면 거기에서의 공경(恭敬)은 곧 사랑을 가리키기 때문입니다. 사랑이 결여된 공경은 천계에서는 거절(拒絶)됩니다. 아니, 배척되기 때문입니다. 그 이유는 그것이 선에서 비롯된 생명이 없기 때문입니다. 그리고 선을 가리키는, "아버지"의 뜻에서(3703 · 5581 · 5902 · 6050 · 7833 · 7834항 참조), 그리고 최고의 뜻으로는 신령선의 측면에서 주님을 가리키는 "아버지"의 뜻에서(15 · 1729 · 2005 · 2803 · 3704 · 7499 · 8328항 참조) 잘 알 수 있습니다. 최고의 뜻으로 주님이 "아버지"라는 것은 주님께서 사람에게 새로운 생명(=삶)을 주시기 때문이고, 그리고 그것에 의하여 사람은 아들이시고, 그분의 나라의 후계자(後繼者)가 되시기 때문입니다. 그리고 진리를 가리키는 "어머니"(mother)의 뜻에서(3703 · 5581항 참조), 그리고 최고의 뜻으로는 신령진리의 측면에서 주님을 가리키는, 따라서 그분의 나라를 가리키는, "어머니"의 뜻에서 잘 알 수 있습니다. 그 이유는 주님에게서 발출하는 신령진리는 천계를 이루기 때문입니다. 주님에게 속한 신령진리가 천계를 완성한다는 것은, 주님께서 저 세상에서 신령선의 측면에서 태양이시기 때문이고, 그리고 신령진리의 측면에서 그 빛이시기 때문입니다. 태양이신 주님에게서 비롯된 이 신령빛은 천사적인 마음을 비추는 것이고, 그리고 이 신령빛은 총명과 지혜로 그 마음들을 가득 채우고, 그리고 그들로 하여금 빛의 천사들이 되게 합니다. 신령선은 신령진리 안에 내재해 있는데, 그것은 마치 태양에서 비롯된 볕(熱)이 이 세상에 있는 봄이나 여름 시절의 빛 안에 내재해 있는 것과 같습니다.

8898. "그리하면 너희는 (너희에게 준 땅에서) **오래도록 살 것이다"**(=네게 준 땅 위에서 네 날들이 길 것이다).

이 말씀이 결과적으로 천계에 있는 생명(=삶)의 상태를 뜻한다는 것은, 이것에 관해서는 아래에 언급되겠지만, 선과 그것의 증대(增

大)를 서술하는 것을 가리키는 "연장한다"(to be prolong · 길 것이다)라는 말의 뜻에서, 그리고 생명(=삶)의 상태를 가리키는 "너의 날들"(thy days)의 뜻에서(23 · 487 · 488 · 493 · 893 · 2788 · 3462 · 3785 · 4850 · 5672 · 5962 · 6110 · 7680 · 8426항 참조), 그리고 여기서는 가나안 땅인 주님의 나라를 가리키는 "땅"의 뜻에서(1413 · 1437 · 1607 · 1866 · 3038 · 3481 · 3686 · 3705 · 4240 · 4447항 참조), 잘 알 수 있습니다. 그 이유는 여호와 하나님께서 "너에게 준 것"은 이스라엘 자손에 대해서 언급한 것이기 때문입니다. "길게 한다"(=오래 살게 한다)라는 말이 선과 그것의 증대들에 관해서 언급하고 있는 이유는 날들의 길이가 생명에 속한 시간의 기간을 가리키고, 그리고 천계에는 시간(時間)도 공간(空間)도 없고, 그 대신에 상태(狀態)만 있기 때문입니다. 그러므로 "오래 산다"는 것은 선의 측면에서의 상태를 서술하기 때문에, 그것은 그것의 증대를 뜻합니다. "길이"(length)가 선에 관해서 서술한다는 것과 "폭"(=너비 · breadth)이 진리에 관해서 서술한다는 것은 1613 · 4482항을 참조하시고, 그리고 천계에는 공간도 전혀 존재하지 않고, 그리고 거기에는 시간 또한 존재하지 않고, 그것들 대신에 상태들이 있다는 것은 1274 · 1382 · 2625 · 2788 · 2837 · 3254 · 3356 · 3404 · 3938 · 4321 · 4814 · 4882 · 4901 · 4916 · 5605 · 6110 · 7218 · 7381항을 참조하십시오.

8899. "주 너희 하나님이 너희에게 준 땅"(=주 너희 하나님께서 네게 준 땅)**.**

이 말씀이, 신령존재가 계시는 곳, 그리고 결과적으로는 입류가 존재하는 것을 뜻한다는 것은, 여기서 "땅"이 뜻하는, 천계에 관한 내용에서(8898항 참조), 결과적으로는 "여호와 하나님"이 그것 안에 있는 신령존재를 뜻하고, 그리고 "준다"라는 말이 입류를 뜻한다는 내용에서 잘 알 수 있습니다. 왜냐하면 일반적으로 전체적인 것이나 각각의 개별적인 것과 함께 하는 천계는 신령존재에게서 비롯된 입류의 수용이기 때문입니다. 이런 내용들이 부모 공경에 관한 명령이 뜻하는 것이라는 것은 이상스럽게 보일 것입니다. 그 이유는 그런 것들이 문자적인 뜻에서는 멀리 떨어져 있기 때문입니다. 그러나 주지하여야 할 것은 십성언의 계명들이 이 세상에 있는 자들이나 천계에 있는 자들의 양자의 삶을 다스린다는 것입니다. 문자의 뜻, 또는 겉뜻은 이 세상에 있는 자들을 위한 것이고, 그리고 영적인 뜻이나, 속뜻은 천계에 있는 자들을 위한 것입니다. 그리고 왜냐하면 결과적으로 이 양자의 뜻은, 속뜻과 꼭 같이 겉뜻도 역시 그들이 이 세상에서 그들이 사는 동안에 그들을 위한 것과 같이, 천계에 있는 자들을 위한 것이기 때문입니다. 다시 말하면 교리에 속한 진리들에 일치한 삶에 속한 선 안에 있는 자들을 위한 것이기 때문입니다. 십성언의 계명들이 천계에 있는 자들을 위한 것이라는 것은 성언 안에 있는 모든 것들의 속뜻에서 명백하다는 것이나, 주님이신 하나님 그분 친히 말씀하신 사실에서 명료하다는 것은 사람들, 즉 이 세상을 위한 것뿐만 아니라. 역시 천사들을 위한 것 아니, 온 천계를 위한 것이라는 것입니다. 그 이유는 주님에게서 발출하는 신령진리가 천계를 통해서, 그리고 아래의 것을 통해서 사람에게 내려오기 때문입니다. 이런 일련의 내용이 주님 친히 시내 산에서 말씀하신 열 계명들의 경우입니다.

[2] 이런 계명들이 이 세상에 있는 자들뿐만 아니라, 천계에 있는 자들을 위하여 언급되었기 때문에, 그러므로 그것들은 동일한 방법으로 양자에 의하여 영접, 수용될 수 없었습니다. 예를 들면 우리의 본문, 즉 그들은 여호와 하나님께서 그들에게 줄 땅에서 그들의 날들이 길게 하기 위하여 아버지와 어머니를 공경하라는 것입니다. 왜냐하면 천계에서 부모들과 자녀들은 이 지상에서와 같이 함께 있지 못하기 때문입니다. 왜냐하면 그러므로 거기에서 그들이 가지고 있는 "아버지"는 주님이시고, 그리고 거기에서 그들이 가지고 있는 "어머니"는 그분의 나라이기 때문입니다. 그리고 또한 그들의

날들이 길 것이라는 것은 천계에 있는 자들에 관해서 언급된 말이 아닙니다. 그 이유는 그들은 거기에서 영원히 살 것이기 때문입니다. 그리고 또한 이 계명에서의 “땅”은 가나안 땅으로 이해될 수 없고, 그 대신 천계적인 가나안, 즉 천계로 이해될 수 있기 때문입니다. “아버지와 어머니”가 주님과 주님의 나라를 뜻하기 때문에, 그러므로 이 계명은 순서에서 네 번째이고, 그리고 그것들은 뒤에 이어지는 것들의 거룩함에서는 그것들을 능가합니다. 여호와 예배, 다시 말하면 주님의 예배에 관한 계명은 첫째와 둘째입니다. 그 이유는 그것들이 가장 거룩한 것이기 때문입니다. 그리고 안식일에 관한 계명은 그 다음에 왔습니다. 그 이유는 최고의 뜻으로 이 계명은 신령존재 자체와 주님 안에 있는 신령인간의 합일을 뜻하기 때문입니다. 부모 공경에 관한 계명은 그 다음에 이어졌는데, 그 이유는 이 계명이 주님에게 속한 사랑과 그리고 결과적으로는 주님에게서 온 선과 진리에 속한 사랑을 뜻하기 때문입니다. 이 계명이 이런 내용들을 뜻하기 때문에, 그러므로 부모에 대한 경멸(輕蔑)이나 모독(冒瀆)은, “피흘림”(=사람을 죽이는 것 · shedding blood)(에스겔 22 : 6, 7)이 뜻하는 죄악들 가운데서 상세하게 열거되었습니다. 그리고 또한 이런 이유 때문에 불효(不孝)하는 자녀들이나 반역하는 자손들은 돌로 쳐 죽여야 했습니다(신명기 21 : 18-21).

8900. “아버지”가 주님을 뜻하고, “어머니”가 주님나라를 뜻한다는 것은 바로 위에서 설명하였습니다(8897항 참조). 그러나 속뜻으로 “어머니”가 주님의 나라, 다시 말하면 천계를 뜻한다는 것에 혹시나 의심하는 마음이 없게 하기 위하여 나는 위의 설명에 아래의 내용을 부연(敷衍)하고자 합니다. 성경에서 “어머니”는 교회를 뜻합니다(289 · 4257 · 5581항 참조). 이런 이유 때문에 어머니라는 말은 동시에 주님의 “신부”라고 불리웠고, 다른 곳에서는 주님의 “아내”라고 불리웠습니다. 주님의 나라가, 이런 차이 때문에, 교회

와 동일하기 때문에, 지상에 있는 주님의 나라는 "교회"로 불리웠기 때문에, 그러므로 교회는 바로 "어머니"가 뜻합니다. 이런 이유 때문에 이 어머니가 낳은 아들들은 진리들을 가리키고, 그리고 "그 나라의 자녀들"이라고 불리웠습니다(마태 13 : 38 ; 3373항 참조). 더욱이 거기에 있는 자들에게는 주님의 나라가 그들의 나라(母國)이라고 하였고, 그리고 어느 누구의 나라는 자연적인 뜻으로 "어머니"(=母國)라고 하였는데, 그것은 교회가 영적인 뜻으로 "어머니"이기 때문입니다.

8901. 13절. **"살인하지 못한다."**

이 말씀이 어느 누구에게서 영적인 생명을 제거하지 못한다는 것을, 그리고 또한 믿음이나 인애를 멸절(滅絶)시키지 말아야 한다는 것을, 또한 이웃을 증오의 상태에 두면 안 된다는 것을 뜻한다는 것은 영적인 생명의 박탈(剝奪)을 가리키는 "죽인다"(=살인한다 · killing)라는 말의 뜻에서 잘 알 수 있습니다. "살인한다"라는 말이 속뜻으로 이런 것을 뜻한다는 것은, 속뜻으로 영적인 생명, 또는 사람에게 있는 천계에 속한 삶(=생명)이 다루어지고 있기 때문입니다. 그리고 영적인 생명이나 또는 사람에게 있는 천계에 속한 삶(=생명)은 믿음에 속한 생명이고, 인애에 속한 생명입니다. 그러므로 "살인하지 말라"는 말은 어느 누구 안에 있는 믿음이나 인애를 멸절시키지 말라는 것을 뜻합니다. "살인하지 말라"는 말이 속뜻으로 이웃을 증오의 상태에 두지 말라는 것을 가리킨다는 이유는 계속해서 증오의 상태에 두는 자는 죽이기를 원하기 때문입니다. 그리고 또한 만약에 형벌(刑罰)이나 생명의 상실(喪失)이나 명성(名聲)이나 이와 비슷한 것들의 상실의 두려움에 의한 제지(制止)가 없다면 실제적으로 사람을 죽일 것이기 때문입니다. 왜냐하면 미움(憎惡)은 악에 속한 것이기 때문이고, 또한 인애에 정반대이기 때문입니다. 그리고 그것이 증오하는 사람에게는 그를 죽이는 것 이외에 아무것도 토해내지 않습니다. 이러한 내용이 마태복음서에서 주님께서 하신 말씀이 뜻하는 것입니다.

> "옛 사람들에게 이르기를 '살인하지 말아라. 누구든지 살인하는 사람은 재판을 받을 것이다' 한 것을 너희가 들었다. 그러나 나는 너희에게 말한다. 자기 형제나 자매에게 성내는 사람은, 누구나 심판을 받는다. 자기 형제나 자매를 모욕하는 사람은, 누구든지 의회에 불려 갈 것이요, 자기 형제나 자매를 바보라고 하는 사람은, 누구든지 지옥 불 속에 던짐을 받을 것이다."
> (마태 5 : 21, 22)

이웃을 저주하고 미워한다는 것은 "형제나 자매에게 성낸다"라는 말이 뜻하고, 그리고 그것의 증대의 정도가 그에게 "라가"(=욕하는 말)라고 말하는 것에 의하여, 그리고 그를 가리켜 "바보"라고 한다는 것에 의하여, 기술되었습니다. "성내는 것"이 인애로부터 떠나는 것을 가리키고, 또한 악으로 말미암아, 따라서 그것을 미워하는 것을 가리킨다는 것은 357 · 4164 · 5035 · 5798 · 5887 · 5888 항을 참조하십시오.

[2] 속뜻으로 "살인한다"라는 말은 어느 누구에게서 영적인 생명(=삶)을 제거하는 것, 결과적으로는 믿음이나 인애를 멸절시키는 것을 뜻한다는 것은 "살인"이나 "죽인다"라는 낱말이 언급된 성경의 모든 장절들에게서 잘 드러나고 있습니다. 이사야서의 말씀입니다.

> 주의 날이 온다.
> 무자비한 날,
> 진노와 맹렬한 분노의 날,
> 땅을 황폐하게 하고
> 그 땅에서 죄인들을 멸절시키는,
> 주의 날이 온다.

하늘의 별들과 그 성좌들이
빛을 내지 못하며,
해가 떠도 어둡고,
달 또한 그 빛을 비치지 못할 것이다.
"내가 세상의 악과
흉악한 자들의 악행을 벌하겠다.
교만한 자들의 오만을 꺾어 놓고,
포악한 자들의 거만을 낮추어 놓겠다.
내가 사람들의
수를 순금보다 희귀하게 만들고,
오빌의 금보다도 드물게 만들겠다.……
그러나 눈에 띄는 자마다
모두 창에 찔리고,
잡히는 자마다
모두 칼에 쓰러질 것이다.
그들의 어린 것들은
그들이 보는 데서 메어쳐져
갈기갈기 찢어지고,
그들의 집은 약탈을 당하며,
그들의 아내는 강제로 추행을 당할 것이다.……
그들은 활로 젊은이들을 쏘아
갈기갈기 찢어 죽이며,
갓난아기를 가엾게 여기지 않고,
아이들을 불쌍히 여기지 않는다."
(이사야 13 : 9-12, 15, 16, 18)

이 장절에서 다루고 있는 주제는 교회의 마지막 때인데, 그 때 거기에는 더 이상 어떤 믿음이나 인애가 없는 때를 가리키는데, 그 때가 바로 "무자비한 날, 진노의 맹렬한 분노의 주의 날"입니다. 어느 누구나 적나라하게 천명(闡明)된 낱말들 이외의 여기서 뜻하는 어떤 것들을 볼 수 있습니다. 그러나 그 말들이 뜻하는 것이 무엇인지는 그것들의 영적인 뜻의 낱말들의 뜻을 제외하면 아무것도 알 수 없습니다. 영적인 뜻으로, "땅"은 교회를 뜻합니다(566 · 662 · 1067 · 1262 · 1413 · 1607 · 1733 · 1850 · 2117 · 2118 · 2928 · 3355 · 4447 · 4535 · 5577 · 8011 · 8732항 참조). 그러므로 "땅을 황폐하게 하고, 그 땅에서 죄인들을 멸절시킨다"라는 말은, 그 교회에 속한 사람은 그 때 믿음이나 인애 밖에 있다는 것을 뜻합니다.

[3] 여기서 "별들"이나 "그 성좌들"은 진리에 속한 지식들이나 선에 속한 지식들을 뜻합니다(2120 · 2495 · 2849 · 4697항 참조). 그리고 이것들이 "그들의 빛을 내지 못한다"라고 언급되었는데, 그 때 그것들은 더 이상 믿음이나 인애를 통해서 유입하는 천계의 빛에 의한 비춤이 없다는 것을 뜻합니다. "해"는 주님사랑을 뜻하고, "달"은 주님을 믿는 믿음을 뜻합니다(2120 · 2441 · 2494 · 3636 · 3643 · 4060 · 4321 · 4696 · 5097 · 5377 · 7078 · 7083 · 7171 · 7173 · 8644 · 8812항 참조). 그러므로 "해가 떠도 어둡다"라는 말은 주님사랑이 사람에게서 솟아오를 수 없다는 것을 뜻하고, 그리고 "달 또한 그 빛을 비치지 못할 것이다"라는 말은 역시 인애와 믿음이 솟아오르지 못한다는 것, 따라서 사람은 더 이상 중생할 수 없다는 것을 뜻합니다.

[4] "내가 사람들의 수를 순금보다도 희귀하게 만들고, 사람의 아들(=인자)은 오빌의 금보다도 드물게 만들겠다"라는 말은 선이 더 이상 보이지 않고, 진리 또한 보이지 않는다는 것을 뜻합니다. 왜냐하면 "사람"은 그 교회에 속한 선을 뜻하기 때문이고(4287 · 8547항 참조), 그리고 "사람의 아들"(人子)은 선에서 비롯된 진리를 뜻하고, 최고의 뜻으로 주님에게서 발출하는 신령진리를 뜻하기 때문입니다(1729 · 1733 · 2813 · 3704항 참조). "눈에 띄는 자마다 모두 창에 찔릴 것이다"라는 말은 모두가 거짓에 속한 악 때문에

소멸될 것이라는 것을 뜻하고, 그리고 "잡히는 자마다 모두 칼에 쓰러질 것이다"라는 말은 거짓에 의하여 그들이 멸망할 것이라는 것을 뜻합니다. 그리고 "창에 찔릴 것이다"라는 말이 거짓에 속한 악에 의하여 멸망할 것이라는 것을 뜻핮다는 것은 4503항을 참조하시고, 그리고 "모두 칼에 쓰러진다"는 것이 거짓에 의하여 멸망할 것이라는 것을 뜻한다는 것은 2799 · 4499 · 7102 · 8294항을 참조하십시오.

[5] "그들의 어린 것들이 갈기갈기 찢어진다"라는 말은 그들이 전적으로 순진무구(純眞無垢 · innocence)를 소멸 시킬 것이라는 것을 뜻하는데, 그 이유는 "어린 것들"이 순진무구를 뜻하기 때문입니다(430 · 2126 · 3183 · 3494 · 5608항 참조). "그들의 아내는 강제로 추행을 당할 것이다"라는 말은 진리에 속한 선이 거짓에 속한 악들에 의하여 곡해(曲解)되고 악용(惡用)될 것이라는 것을 뜻합니다. 그 이유는 "아내들"이 진리에 속한 선을 뜻하기 때문입니다(2517 · 4510 · 4823 · 7022항 참조). 그리고 "추행을 당한다"라는 말은 곡해되고 악용되는 것을 뜻하기 때문입니다(2466 · 4865항 참조). "그들의 활이 젊은이들을 쏘아 갈기갈기 찢어 죽일 것이다"라는 말은 선에 속한 진리들이 악에서 비롯된 거짓의 교리들로 인하여 소멸할 것이라는 것을 뜻합니다. 왜냐하면 "활"(bow)은 진리에 속한 교리를 뜻하고, 반대의 뜻으로는 거짓에 속한 교리를 뜻하기 때문입니다(2686 · 6422 · 8800항 참조). "젊은이들"은 확증된 진리들을 뜻합니다(7668항 참조). "그들의 눈은 아이들(=아들들)을 불쌍히 여기지 않는다"라는 말은 진리들을 이해하는 자는 그럼에도 불구하고 그것들을 소멸시킬 것이라는 것을 뜻하는데, 그 이유는 "아이들"(=아들들 · sons)이 진리를 뜻하기 때문입니다(489 · 491 · 533 · 1147 · 2803 · 2813 · 3373 · 4257 · 5542항 참조). 그리고 "눈"(eye)은 진리의 이해를 뜻합니다(2701 · 4403-4421 · 4523-4534항 참조). 이상에서 볼 때, 위에 인용된 예언서의 장절들이 뜻하는 바가

무엇인지, 다시 말하면 교회가 종말(終末)에 이르렀을 때, 모든 진리나 선이 소멸될 것이라는 것을 뜻한다는 것이 명확하게 되었습니다. 그러한 내용은 앞에서 언급된 것에서, 즉 "창에 찔린다" "갈기갈기 찢어진다"라는 말에서, 한마디로 "살해될 것이다"라는 말이 믿음과 인애의 소멸(消滅)이나 사멸(死滅)을 뜻한다는 것에서 명확합니다.

[6] 예레미야서의 말씀입니다.

주님, 주께서는 나를 아십니다.
주님은 나의 속을 들여다보시고,
나의 마음이 주님과 함께 있음을
감찰하여 알고 계십니다.
그러므로 그들을
도살할 양처럼 끌어내시고,
죽일 날을 정하셔서 따로 갈라내 두십시오.
이 땅이 언제까지 슬퍼하며,
들녘의 모든 풀이 말라 죽어야 합니까?
이 땅에 사는 사람의 죄악 때문에,
짐승과 새도 씨가 마르게 되었습니다.
사람들은 자기들이 무슨 일을 하든지
하나님께서 내려다보시지 않는다고
말하고 있습니다.
(예레미야 12 : 3, 4)

여기서 "죽일 날들"은, 그것의 마지막 때를 가리키는 황폐하게 된 교회의 때를 뜻하는데, 그 때 거기에는, 거기에 인애가 없기 때문에, 더 이상 믿음이 없다는 것을 뜻합니다. "들녘의 모든 풀이 말라 죽는다"라는 말은 그 교회에 속한 모든 진리가 그렇게 될 것이라는 것을 뜻하고, 그리고 "짐승과 새도 씨가 마르게 될 것이다"라는 말은 선들과 진리들이 그렇게 될 것이라는 것을 뜻합니다. "땅"이 교회를 뜻한다는 것은 바로 위의 설명을 참조하시고, "들녘의 풀"이 그 교회에 속한 진리를 뜻한다는 것은 7571항을 참조하시고, 그리고 "들녘"이 교회를 뜻한다는 것은 2971 · 3310 · 3766항을 참조하십시오. 그리고 "짐승들"이 선들이나 선에 속한 정동들을 뜻한다는 것은 45 · 46 · 142 · 143 · 246 · 714 · 715 · 719 · 1823 · 2179 · 2180 · 3218 · 3519 · 5198항을 참조하시고, "새들"이 진리들을 뜻하고, 그리고 진리에 속한 정동들을 뜻한다는 것은 5149 · 7441항을 참조하십시오. 이렇게 볼 때, 인용된 구절의 속뜻이 무엇인지 밝히 알 수 있겠습니다. 그리고 영적인 것이나 교회에 속한 거룩한 것이나, 천계에 있는 거룩한 것이 모든 개별적인 것 안에 내재해 있다는 것도 잘 알 수 있겠습니다. 그리고 속뜻이 없다면, "죽일 날들"이, 그리고 "땅이 슬퍼한다"라는 말이 뜻하는 것이 무엇인지 결코 이해되지 않을 것입니다. 그리고 "들녘의 모든 풀이 말라 죽어야 한다"라는 말이나, "짐승과 새도 씨가 마르게 될 것이다"라는 말이 뜻하는 것도 결코 이해되지 않을 것입니다.

[7] 스가랴서의 말씀입니다.

> 주 나의 하나님이 이렇게 말씀하신다. "너는 잡혀 죽을 양 떼를 먹여라. 사람들이 그것들을 사다가 잡아도, 벌을 받지 않을 것이다. 그것들을 팔아 넘긴 자도 '주를 찬양하세, 내가 부자가 되었네!' 하고 좋아할 것이다. 그것들을 먹이는 목자들마저도 그것들을 불쌍히 여기지 않을 것이다."
> (스가랴 11 : 4, 5)

여기서 "죽을 양 떼"는 단순한 선 안에 있는 자들을 뜻하는데, 그 자들 안에 있는 믿음에 속한 진리들은, 그들 자신들의 과오 때문은 아니고, 가르친 자들의 과오로 인하여 소멸될 것을 뜻합니다.

[8] 이사야서의 말씀입니다.

앞으로, 야곱이 뿌리를 내릴 것이다.
이스라엘이 싹을 내고
꽃을 피울 것이니,
그 열매가 땅 위(=지면 위)에 가득 찰 것이다.
주께서, 야곱을 친 자들을 치신 것처럼,
그렇게 혹독하게 야곱을 치셨겠느냐?
주께서,
야곱을 살육하던 자들을 살육하신 것처럼,
그렇게 많이 야곱을 살육하셨겠느냐?
(이사야 27 : 6, 7)
주께서 그 처소에서 나오셔서
땅 위에 사는 사람들의 죄악을
벌하실 것이니,
그 때에 땅은
그 속에 스며든 피를 드러낼 것이며,
살해당한 사람들을
더 이상 숨기지 않을 것이다.
(이사야 26 : 21)

여기서도 역시 속뜻으로 다루고 있는 주제는 교회의 마지막 때인데, 그 때 새로운 교회가 소생(蘇生)할 것이고, 옛 교회는 멸망할 것입니다. 여기서 “야곱”은 교회에 속한 외적인 것들 안에 있는 자들을 뜻하고, “이스라엘”은 교회에 속한 내적인 것들 안에 있는 자들을 뜻합니다. 그리고 “지면”(地面)은 일반적으로 교회를 뜻하고, “땅”은 옛 교회를 뜻합니다. “살육된 자들”은 그들 안에 인애가 없기 때문에 믿음이 없는 자들을 뜻합니다.
[9] 같은 책의 말씀입니다.

너는 무덤도 없이 오물처럼 버려져,
칼에 찔려 죽은
군인들의 시체 더미 밑에 깔려 있다가,
지하 세계의 밑바닥으로 내려갈 것이다.
너의 시체를 사람들이 짓밟을 것이다.
네가 너의 나라를 황폐하게 하고,
너의 백성을 죽였으니,
너는 왕들과 함께 묻히지 못할 것이다.
너의 자손도
이 세상에서 살아 남지 못할 것이다.
(이사야 14 : 19, 20)

"죽은 사람"은 영적인 생명을 빼앗긴 자들을 뜻하고, "네가 너의 백성을 죽였다"라는 말씀은 진리들이나, 믿음에 속한 선들의 파괴를 뜻합니다. 바벨이 여기서 다루어졌는데, 그것은 선의 모독을 뜻합니다(1182 · 1283 · 1295 · 1306-1308 · 1321 · 1322 · 1326항 참조). 그리고 그것의 황폐(荒廢)를 뜻합니다.

[10] 예레미야서의 말씀입니다.

나는 해산하는 여인의
진통 소리를 이미 들었다.
첫 아이를 낳은 여인처럼 신음하는 소리,
딸 시온이 몸부림 치는 소리다.
딸 시온이 손을 휘저으며 신음하는 소리다.
'이제 나는 망하였구나.
그들이 나를 죽이려고 달려든다' 하는구나.
"예루살렘에 사는 사람들아,
예루살렘의 모든 거리를 두루 돌아다니며,
둘러보고 찾아보아라.
예루살렘의 모든 광장을

> 샅샅이 뒤져 보아라.
> 너희가 그 곳에서,
> 바르게 일하고 진실하게 살려고 하는 사람을
> 하나라도 찾는다면,
> 내가 이 도성을 용서하겠다."
> (예레미야 4 : 31-5 : 1)

여기서 "시온의 딸"은 천적인 교회를 뜻하고, "죽이는 자들"은 선들이나 진리들을 파괴하는 자들을 뜻합니다. 그리고 "바르게 일하고 진실하게 살려고 하는 사람"은 선에서 비롯된 진리들 안에 있는 자들을 뜻합니다.
[11] 에스겔서의 말씀입니다.

> 너희는 몇 줌의 보리와 몇 조각의 빵 때문에, 내 백성이 보는 앞에서 나를 욕되게 하였다. 너희는 거짓말을 곧이 듣는 내 백성에게 거짓말을 함으로써, 죽어서는 안 될 영혼들을 죽이고 살아서는 안 될 영혼들을 살리려고 한다.
> (에스겔 13 : 19)

여기서 "영혼들을 죽인다"라는 말은 영적인 삶(=생명)을 제거하는 것을 뜻합니다. 그리고 "죽이는 것"이 이런 뜻이기 때문에, 그러므로 그것은 에발 산의 저주들 중의 하나입니다. 즉 "이웃을 암살하는 자나, 뇌물을 받고 죄 없는 사람을 죽이는 자는 저주를 받는다"(신명기 27 : 24, 25)는 것입니다.
[12] 이런 장절들도 있습니다.

> 그 때에 사람들이 너희를 환난에 넘겨 줄 것이며, 너희를 죽일 것이다. 너희는 내 이름 때문에 모든 민족에게 미움을 받을 것이다.
> (마태 24 : 9)
> (예수께서 제자들에게 말씀하셨다.) 사람들이 너희를 회당에서 내쫓을

> 것이다. 그리고 너희를 죽이는 사람마다, 자기네가 하는 그런 일이 하나님을 섬기는 일이라고 생각할 때가 올 것이다. 그들은 아버지도 나도 알지 못하므로, 그런 일들을 할 것이다.
> (요한 16 : 2, 3)

이 장절들에서 "죽인다"라는 말은 영적인 생명(=삶)을 빼앗는 것을 뜻합니다. 다시 말하면 믿음이나 인애에 속한 삶을 빼앗는 것을 뜻합니다. 왜냐하면 "제자들"은 진리나 믿음에 속한 선이나 인애에 속한 모든 것들을 뜻하기 때문입니다(3488 · 3858 · 6397항 참조). 그리고 주님께서 그들에게 말씀하신 제자들이 그 제자들을 뜻하지 않는다는 것은 여기서 다루고 있는 주제가 시대의 마지막 때라는 사실에서 명백합니다. 그 때 주님은 하늘의 구름 가운데 올 것이라고 했는데, 그것에 관해서 제자들은 질문하였습니다. 그리고 그것은 교회의 마지막 때를 뜻하는데, 그 때 제자들은 살아 있지 않을 때입니다(3488항 참조).
[13] 마가복음서의 말씀입니다.

> 형제가 형제를 죽음에 넘겨 주고, 아버지가 자식을 또한 그렇게 하고, 자식이 부모를 거슬러 일어나서 부모를 죽일 것이다.
> (마가 13 : 12)

여기서도 역시 마지막 때들이 다루어지고 있습니다. 그리고 여기서 "죽인다"라는 말은 믿음이나 인애에 속한 진리들이나 선들의 박탈(剝奪), 따라서 영적인 생명(=삶)의 박탈을 뜻합니다.
[14] 누가복음서의 말씀입니다.

> 그러므로 하나님의 지혜도 말하기를 "내가 예언자들과 사도들을 그들에게 보내겠는데, 그들은 그 가운데서 더러는 죽이고, 더러는 박해할 것이다" 하였다.……아벨의 피에서 비롯하여 제단과 성소 사이에서 죽

은 사가랴의 피에 이르기까지 말이다. 그렇다. 내가 너희에게 말한다. 이 세대가 그 책임을 져야 할 것이다.
(누가 11 : 49, 51)

여기서 "애언자들과 사도들"은 영적인 뜻으로, 교회에 속한 진리들이나 선들을 뜻합니다. "죽인다"라는 것은 그들을 소멸시키는 것을 뜻하고, 그리고 "아벨의 피"는 인애의 소멸(掃滅)을 뜻합니다. 그리고 예언자들이 성언에서 비롯된 교리에 속한 진리들을 뜻한다는 것은 2534 · 7269항을 참조하시고, "아벨의 피"가 인애의 소멸을 뜻한다는 것은 374항을 참조하십시오.
[15] 묵시록서의 말씀도 마찬가지입니다.

예언자들의 피와 성도들의 피와
땅에서 죽임을 당한 모든 사람의 피가
이 도성(=바빌론)에서 발견되었다.
(묵시록 18 : 24)

어디에서나 "예언자들의 피와 성도들의 피"는 믿음에 속한 선과 진리, 그리고 인애의 소멸을 뜻합니다. 그리고 "죽임을 당한 자"는 영적인 삶의 측면에서 멸망한 자들을 뜻합니다. "피"(blood)가, 일반적으로 모든 악이 행한 것과 꼭 같이, 인애에 대하여 행한 폭행을 뜻한다는 것은 374 · 1005항을 참조하십시오. 특히 진리의 모독을 뜻한다는 것은 4735 · 6978 · 7317 · 7326항을 참조하십시오.
[16] 어느 누구에 의한 "죽인다"는 것이나 "찌른다"(thrust through)라는 말이 선과 진리의 박탈을 뜻하기 때문에, 그리고 유대 교회에서 제정된 모든 것들이 주님나라에 있는 영적인 것들이나, 천적인 것들의 표징이기 때문에, 그리고 최고의 뜻으로는 주님 안에 있는 신령한 것들의 표징이기 때문에, 그러므로 들판에서 살

해된 자가 발견되었을 때에는 백성을 위하여 아래와 같은 속죄(贖罪)의 절차를 제정, 엄명되었습니다. 신명기서의 말씀입니다.

> "주 너희의 하나님이 너희에게 주셔서 차지하게 하시는 땅에서, 누구에게 살해되었는지 알 수 없는 사람의 주검이 들에서 발견될 때에는, 장로들과 재판관들이 현장에 나가서, 그 주검 주위에 있는 성읍들에 이르는 거리를 재어라. 그 주검에서 가장 가까운 성읍이 있을 터이니, 그 성읍의 장로들은 아직 멍에를 메고 일한 적이 없는 암송아지 한 마리를 끌고 와서, 물이 늘 흐르는 골짜기, 갈지도 심지도 않은 골짜기로 그 암송아지를 끌고 내려가, 물가에서 암송아지의 목을 꺾어서 죽여라. 그 때에 레위 자손 제사장들도 그 곳으로 나와야 한다. 그들은 주 너희의 하나님이 선택하셔서, 주를 섬기며 주의 이름으로 축복하는 직책을 맡은 사람으로서, 모든 소송과 분쟁을 판결할 것이다. 이 때에 피살자의 주검이 발견된 곳에서 가장 가까운 성읍의 장로들은 물가에서, 목이 꺾인 암송아지 위에 냇물로 손을 씻고, 아래와 같이 증언하여라. '우리는 이 사람을 죽이지 않았고, 이 사람이 살해되는 현장을 목격하지도 못하였습니다. 주님, 주께서 속량하여 주신 주의 백성 이스라엘의 죄를 사하여 주시고, 주의 백성 이스라엘 사람에게 무죄한 사람을 죽인 살인죄를 지우지 말아 주십시오.' 이렇게 하면, 그들은 살인의 책임을 벗게 된다."
> (신명기 21 : 1-8)

만약에 영적인 뜻으로 "들에서 살해된 주검"이 뜻하는 것이 무엇인지, 그리고 "가장 가까운 성읍"이나 "암송아지"나 "흐르는 물"이나, "손을 씻는다"라는 것이나, 여기에 언급된 그 밖의 것들이 뜻하는 것을 알지 못한다면 들에서 살해된 자에 관해서 이런 절차가 제정된 이유를 그 누가 알겠습니까? "들에서 살해된 자"는 소멸된 진리나 선을 뜻하고(4503항 참조), "들"(field)은 교회를 뜻하고(2971 · 3310 · 3766항 참조), "성읍"은 진리에 속한 교리를 뜻하고(402 · 2449 · 2943 · 3216 · 4492 · 4493항 참조), "성읍의 장로들"은 선과 일치하는 진리들을 뜻하고(6524 · 6525 · 8578 · 8585항 참조), "아직 멍에를 메고 일한 적이 없는 암송아지"는 아직까지 확증되지 않은 진리를 뜻합니다. "암송아지"가 뜻하는 것이 무엇인지는 1824 · 1825항을 참조하십시오. "목이 꺾인 암송아지 위에 흐르는 냇물로 손을 씻는다"라는 말은 그 악에서부터의 정화(淨化)를 뜻하는데, 그 이유는 진리가 무엇인지 모르는 무지(無知)의 무절제한 열정에서 행한 것이기 때문입니다.

[17] 다른 장절들에게서 볼 수 있는 것과 같이, 위에 언급된 것에서 우리는 성경의 개별적인 것들 안에 내포된 것이 어떤 것이고, 그리고 그 비의(秘義)가 매우 크다는 것을 잘 알 수 있겠습니다. 그런데 그 비의는, 만약에 문자적인 뜻이 성언의 전부라고 믿는다면 비의로 나타나지 않는다는 것입니다. 따라서 거기에 보다 거룩하고 천계적인 것이 내적으로 숨겨져 있다는 것을 믿지 못할 것입니다. 그럼에도 불구하고 성경의 문자적인 뜻은 이 세상에 있는 사람, 다시 말하면 자연적인 사람을 위한 것이라는 것입니다. 이에 반하여 속뜻은 천계에 있는 사람을 위한 것, 다시 말하면 영적인 사람을 위한 것이라는 사실입니다. 여기에서 얻는 결론은 계명에서 "살인하지 말라"는 말의 뜻이 무엇인지 명확하다는 것입니다. 다시 말하면 그것은 육신의 측면에서 사람이 죽임을 당하지 말아야 할 뿐만 아니라, 영혼의 측면에서도 그는 죽임을 당하지 말아야 한다는 것입니다. 그러므로 이 말은 이 세상에서 생명을 빼앗기지 말아야 할뿐만 아니라. 특히 천계에서도 그는 생명을 빼앗기지 말아야 한다는 것입니다. 만약에 이 계명이 그것 안에 이런 뜻을 동시에 뜻하지 않는다면, 그것은 주님 여호와에 의하여, 다시 말하면 주님에 의하여 선언되지 않을 것입니다. 매우 큰 기적과 함께 시내 산 위에서 생생한 음성으로 선포되지 않았을 것입니다. 왜냐하면 모든 백성들이나 민족들은 직접적인 계시가 없다는 것을 알았기 때문이고, 그리고 더욱이 그들의 율법들은, 사람이 죽임을 당하지 말아야

한다는 것, 그리고 또한 간음·도둑질·거짓증거 따위들을 범하지 않아야 한다는 것을 공포하고 있기 때문입니다. 이스라엘 민족은, 지상의 다른 민족들이 알고 있는 것에 대하여 무지(無知)할 만큼 바보스럽다는 것을 믿지 않았습니다. 그러나 신령존재 자체에게서 비롯된 계시된 성언은, 이것들 위에, 그 이상으로 보편적인 것들에 비하여 더 높이, 그리고 더 많이 그것의 깊은 것에 축적(蓄積)됩니다. 다시 말하면 천계에 속한 그런 것들이 거기에 쌓인다는 것입니다. 그러므로 육신의 생명에 관한 것뿐만 아니라, 영혼의 생명, 즉 영원한 생명에 관한 것이 축적됩니다. 거기에 있는 성언은, 다른 저술들에 비하여 차이가 있고, 서로 분리되며, 그리고 월등히 뛰어납니다.

8903. 14절. **"간음하지 못한다."**
이 말씀은 믿음에 속한 교리나 인애에 속한 교리에 관한 것들이 악용되고, 곡해되어서는 안 된다는 것을 뜻합니다. 따라서 성언은 악들이나 거짓들을 확증하기 위하여 적용되지 않아야 한다는 것을 뜻하고, 그리고 또한 질서의 법칙들도 뒤집혀져서 안 된다는 것을 뜻합니다.

8904. "너희는 간음하지 못한다."
이 말씀이 믿음의 교리나 인애의 교리에 속한 것들이 악용되고, 왜곡되어서는 안 된다는 것을 뜻한다는 것, 따라서 성언이 거짓들이나 악들을 확증하기 위하여 적용되지 않아야 한다는 것, 그리고 또한 질서의 법칙들이 뒤집혀서는 안 된다는 것을 뜻한다는 것은, 영적인 뜻으로, 또는 속뜻으로, 믿음의 교리나, 인애의 교리에 속한 것을 가리키는, 선들을 악용하고, 진리들을 위화하는 것을 가리키는 "간음을 범한다" "방탕한다" "매춘"(賣春)의 뜻에서 잘 알 수 있습니다. 그리고 이런 것들이 "간음을 범한다"라는 말이 뜻하기 때문에, 그러므로 악들이나 거짓들을 확증하기 위하여 성언에 적용되는 것을 뜻합니다. 왜냐하면 성언은, 믿음에 속한 교리 자체이고,

인애에 속한 교리 자체이기 때문입니다. 이런 것들이 영적인 뜻으로 "간음을 범한다" "방탕한다"라는 말이 뜻한다는 것은 오늘날에는 거의 잘 알려져 있지 않습니다. 그 이유 때문에, 교회 안에는 영적인 것이 무엇인지 아는 자들이 거의 없고, 그리고 그것이 자연적인 것과 다르다는 것에 관해서도 거의 알지 못합니다. 그리고 둘 사이에 대응(對應)이 있다는 것도 거의 알지 못하고, 그리고 그것의 본성은 전자의 형상을 후자 안에서 드러낸다는 것도 알지 못합니다. 다시 말하면 영적인 것은 자연적인 것 안에서 드러납니다. 결과적으로 영적인 것은 영혼과 같고, 자연적인 것은 영혼의 육체와 같다는 것을 드러냅니다. 따라서 입류나, 결과적인 결합을 통하여 그것들은 한 몸(一體)을 이룹니다. 이런 일은 중생한 사람이 영적인 사람이라고 하는 그의 속사람 안에서 행합니다. 그리고 그의 겉사람은 자연적인 사람이라고 하는 사람입니다.

[2] 오늘날 이런 것들을 모르고 있기 때문에, 그러므로 "간음을 한다"라는 말이 뜻하는 것이 무엇인지 알 수 없으며, 더욱이 육체의 측면에서 불법적으로 결합하는 것 이상의 것은 모르고 있습니다. 위에서 언급한 것과 같이, 오늘날 알지 못하는 이런 내용들을 영적인 뜻으로 왜 "간음을 범한다"라는 말이 믿음과 인애의 교리에 속한 것들을 악용하고, 왜곡하는 것인지, 따라서 선들을 모독하고, 진리들을 위화하는 것인지 그 이유를 설명하고자 합니다. 오늘날 그것이 하나의 비의라는 이유는, "천계적인 혼인"(the heavenly marriage)이라고 하는 선과 진리의 혼인(婚姻·結合)에게서 혼인애(婚姻愛·conjugial love)가 내려오기 때문입니다. 그 사랑은 주님에게서 입류하고, 그리고 천계에서 선과 진리 사이에 존재한다는 그 사랑은 이 땅에서는 혼인애로 바뀌고, 그리고 이와 같은 변화는 대응에 의하여 일어납니다. 따라서 속뜻으로 진리의 위화를 "매춘"(賣春·whoredom)이라고 하고, 선의 악용(惡用·倒錯·perversion)을 "간음"이라고 합니다. 그러므로 선이나, 믿음의 진리 안에 있지

않는 자들은 순수한 본연의 혼인애 안에 있을 수 없다는 것을 알 수 있습니다. 그리고 또한 온갖 간음들 안에서 삶의 쾌락을 발견하는 자들은 더 이상 믿음에 속한 것을 영접, 수용할 수 없다는 것도 알 수 있겠습니다. 나는 천사들이 하는 말을 들었는데, 어느 누가 이 땅에서 간음을 저지르면, 그리고 그것에서 쾌락을 취하면, 그 즉시 천계는 그에게 닫혀진다는 것입니다. 다시 말하면 그는 믿음이나 인애에 속한 것을 천계로부터 영접을 전적으로 거부한다는 것입니다. 오늘날 교회가 있는 나라들 안에 간음들이 수많은 사람들에 의하여 경시(輕視)되고 있다는 것은 교회가 그것의 종말에 있기 때문입니다. 그리고 따라서 거기에 더 이상 믿음이 없기 때문입니다. 그 이유는 거기에 결코 인애가 존재하지 않기 때문입니다. 왜냐하면 전자는 후자에 대응하기 때문입니다. 믿음이 결코 존재하지 않는 곳에는 진리의 자리에 거짓이 존재하고, 그리고 악이 선의 자리에 존재하고, 그리고 이것에서부터 온갖 간음들이 더 이상 죄악적인 것으로 생각되지 않는 결과가 온다는 것입니다. 왜냐하면 사람에게서 천계가 닫히게 되면 이런 것들이 지옥에서부터 유입하기 때문입니다. 이 주제에 관해서는 앞서 설명되고, 입증된 것들은 2727-2759・4434・4835・4837항에서 참조하십시오.

[3] 속뜻으로 또는 영적인 뜻으로 "방탕한다"는 것이나 "간음을 범한다"라는 것이 진리들이나 믿음에 속한 선들이나 인애를 위화하고, 악용하고, 왜곡하는 것을 뜻한다는 것, 결과적으로는 성언으로부터 그릇된 적용들에 의하여 거짓이나 악을 확증하는 것을 뜻한다는 것은, 성경에서 "간음을 범한다" "방탕한 생활을 한다" "매춘을 저지른다"라고 언급된 수많은 장절들에게서 잘 알 수 있습니다. 이러한 사실은 아래의 여러 장절들에게서 명확하게 드러나고 있습니다. 에스겔서의 말씀입니다.

"사람아, 너는, 이스라엘 사람들에게 그들이 얼마나 역겨운 일을 저질

렸는지를 알려 주어라. 이렇게 말하여 주어라. '너의 고향, 네가 태어난 땅은 가나안이고, 네 아버지는 아모리 사람이고, 네 어머니는 헷 사람이다.……오히려 네가 태어나던 바로 그 날에, 사람들이 네 목숨을 천하게 여기고, 너를 내다가 들판에 버렸다.……이렇게 너는 금과 은으로 장식하고, 모시 옷과 비단 옷과 수 놓은 옷을 입었다. 또 너는 고운 밀가루와 꿀과 기름으로 만든 음식을 먹어서, 아주 아름답게 되고, 마침내 왕비처럼 되었다. 네 아름다움 때문에 네 명성이 여러 나라에 퍼져 나갔다. 내가 네게 베푼 화려함으로 네 아름다움이 완전하게 된 것이다.……그런데 너는 네 아름다움을 믿고, 네 명성을 의지하여 음행하였다. 지나가는 남자가 원하기만 하면, 누구하고나 음행을 하여, 네 이름을 그의 것이 되게 하였다. 너는 네 옷을 가져다가, 가지각색의 산당들을 꾸미고, 그 위에서 음행을 하였다. 이런 일은 전에도 없었고, 앞으로도 없을 것이다. 너는, 내가 네게 준 나의 금과 은으로 만든 장식품들을 가져다가, 남자의 형상을 만들어 놓고, 그것들과 음행을 하였다.……또 너는, 우리 사이에서 태어난 아들들과 네 딸들을 데려다가, 우상들에게 제물로 바쳐 불사르게 하였다. 너의 음욕이 덜 찼느냐?……너는 이집트 남자들, 곧 하체가 큰 이웃 나라 남자들과 음행을 하였다. 너는 수도 없이, 아주 음란하게 음행을 하여 내 분노를 터뜨렸다.……그런데도 너는 음욕이 차지 않아서, 앗시리아 남자들과 음행을 하였다. 그들과 음행을 한 다음에도 네 음욕이 차지 않아서, 너는 저 장사하는 나라 바빌로니아 남자들과 더 많이 음행을 하였다. 그래도 너의 음욕이 차지 않았다.……너는 제 남편이 아닌 다른 남자들과 간통하는 음란한 유부녀로구나. 창녀들은 화대를 받는 법이다. 그러나 너는 네 모든 정부에게 선물을 주어 가며 사방에서 불러다가, 너와 음행을 하자고, 남자들에게 돈까지 주었다.……그러므로 창녀야, 너는 나 주의 말을 들어라.……나는 너를, 간음을 하고 살인을 한 여인을 재판하듯이 재판하며, 내 분노와 질투로 네게 살인죄의 벌을 내리겠다."

(에스겔 16 : 2-43)

[4] 여기서 어느 누가, "매춘"이 진리의 온갖 위화들을 뜻하고,

누가 "매춘"이 이런 뜻을 가지고 있다는 것을 알지 못한다면, 이 장절의 일획인들 이해할 수 있겠습니까? 어느 누가 "이집트 남자들"이나, "앗시리아 남자들"이나 "바빌로니아 남자들"(=갈대아 남자들)이 뜻하는 것이 무엇인지 모른다면 그들과 "음행을 하였다"라고 언급한 예루살렘을 어느 누가 알겠습니까? 그 예루살렘이 이들과 함께 이런 일을 하지 않았다는 것은 명확합니다. 그러므로 속뜻으로 이런 것들이 뜻하는 것이 무엇인지 필히 설명되어야만 하겠습니다. 여기서 "예루살렘"은 타락한 교회를 뜻하고, 여기서 "그녀의 옷들"은 역시 타락한 진리들을 뜻하고, 따라서 시인된 거짓들은 "가지각색의 산당들"을 가리킵니다. "이집트 남자들"(=아들들)은 기억지들을 뜻하고, "앗시리아의 남자들"(=아들들)은 합리적인 것들을 뜻하고, "갈대아 남자들"은 진리의 모독을 뜻합니다. "옷들"이 진리들을 뜻한다는 것은 1073 · 2576 · 4545 · 4763 · 5248 · 5319 · 5954 · 6914 · 6918항을 참조하시고, "높은 곳"(=산당)은 예배를 뜻하고, "가지각색의 산당들"은 여기서는 거짓에 속한 예배를 뜻합니다(796항 참조). "금이나 은으로 만든 장식품들"은 선에 속한, 진리에 속한 지식들을 뜻합니다. "그릇들"이 지식들을 뜻한다는 것은 3068 · 3079항을 참조하시고, "금"이 선을 뜻하고(113 · 1551 · 1552 · 5658 · 6914 · 6917항 참조), 그리고 "은"이 믿음에 속한 진리를 뜻합니다(1551 · 2048 · 2954 · 5658항 참조). "남자의 형상"은 진리에 속한 외현들이나 닮음들을 뜻하고(2046항 참조), "그들이 낳은 아들들이나 딸들"은 그들이 왜곡시키고, 타락시킨 진리들이나 선들을 뜻합니다. "아들들"이 진리들을 뜻한다는 것은 489 · 491 · 533 · 1147 · 2623 · 2803 · 2813 · 3373항을 참조하시고, "딸들"이 선들을 뜻한다는 것은 489 · 2362 · 3024항을 참조하시고, "이집트 사람들"(=아들들)이 그것을 통해서 왜곡된 기억지들을 뜻한다는 것은 1164 · 1165 · 1186 · 1462 · 2588 · 4749 · 4964 · 4966 · 5700 · 5702 · 6004 · 6015 · 6125 ·

6651 · 6679 · 6683 · 6692 · 6750 · 7296 · 7779 · 7926항을 참조하시고, “앗시리아”가 기억지들에 의하여 믿음에 속한 진리들을 왜곡시킨 추론을 뜻하고, 그리고 그것에 속한 더럽혀진 선들을 뜻한다는 것은 119 · 1186항을 참조하십시오. “갈대아(=바빌로니아) 남자들과 더 많이 한 음행”은 진리의 모독을 뜻하고, 그리고 또한 “갈대아”(=바빌로니아)가 진리의 모독을 뜻한다는 것은 1368항을 참조하십시오. 이렇게 볼 때 “여인이 간부”(姦婦)라고 불리운 이유나 “매춘부”라고 불리운 이유를 잘 알 수 있겠습니다.
[5] 우리는 묵시록서에서 바빌론에 관해서도 꼭 같이 읽습니다.

> 대접 일곱 개를 가진 그 일곱 천사 가운데 하나가 와서, 나에게 “이리 오너라. 큰 바다 물 위에 앉은 큰 창녀가 받을 심판을 보여 주겠다. 세상의 왕들이 그 여자와 더불어 음행을 하였고, 땅에 사는 사람들이 그 여자의 음행의 포도주에 취하였다” 하고 말하였습니다.……이마에는 ‘땅의 음녀들과 가증한 물건들의 어머니, 큰 바빌론’이라는 비밀의 이름이 적혀 있었습니다.
> (묵시록 17 : 1, 2, 5 ; 14 : 8 ; 18 : 3)

여기서 “바빌론”이 자기통치와 자기이득을 위하여 교회의 진리들이나 선들을 왜곡시키고, 악용한 자들을 뜻하고, 이것이 모독에까지 이르렀다는 것은 “바벨론”의 뜻에서 잘 알 수 있습니다(1182 · 1283 · 1295 · 1304 · 1306-1308 · 1321 · 1322 · 1326 · 1327항 참조). 이것으로 인하여 “바빌론”은 “창녀”라고 불리었고, “창녀들의 어미”라고 불리웠습니다. 성언의 속뜻에 관해서 전혀 알지 못하는 자들은 그녀와 음행을 저지른 땅 위의 왕들이 땅 위의 왕들이나, 또는 왕국들을 뜻한다고 믿을 것입니다. 그럼에도 불구하고 그들은 왕들이나, 왕국들을 뜻하지 않고, 오히려 교회에 속한 믿음의 진리들을 뜻하고, 그것과 “음행을 한다”라는 것은 그것들을 악용하고, 왜곡시키는 것을 뜻합니다. “왕들”이 믿음에 속한 진리들을 뜻한다는 것은 1672 · 2015 · 2069 · 3009 · 4575 · 4581 · 4966 · 5044 · 6148항을 참조하시고, "땅"이 교회를 뜻한다는 것은 566 · 662 · 1067 · 1262 · 1413 · 1607 · 1733 · 1850 · 2117 · 2118 · 2928 · 3355 · 4447 · 4535 · 5577 · 8021 · 8732항을 참조하십시오. "땅에 사는 사람들이 그 여자의 음행의 포도주에 취하였다"라는 말은 그 교회 안에 있는 자들이 악에 속한 거짓들을 통하여 잘못 믿게 되고, 미치게 되었다는 것을 뜻합니다. 왜냐하면 "술에 대취하였다"(酩酊)라는 것은, 거짓스러운 추론이나, 성경의 잘못된 해석을 통하여 온갖 오신(誤信)들에게 인도된 것을 뜻하기 때문입니다(1072항 참조). "포도주"(wine)는 악에서 비롯된 거짓을 뜻하고(6377항 참조), 결과적으로는 "음행의 포도주"는 진리의 곡해(曲解)에서 생긴 거짓을 뜻하기 때문입니다. "땅"이 교회를 뜻한다는 것은 바로 위에서 설명되었습니다. 그 여자가 "큰 바다 물 위에 앉아 있다"라고 언급되었는데, 그것은 온갖 거짓들 위에 앉아 있기 때문입니다. 왜냐하면 순수한 뜻으로 "물"(=큰 물)은 진리들을 뜻하고, 나쁜 뜻으로는 거짓들을 뜻하기 때문입니다(729 · 790 · 8137 · 8138 · 8568항 참조).

[6] "간음이나 음행을 하였다"라는 말이 교회에 속한 선들이나 진리들을 왜곡하고, 악용하였다는 것을 뜻한다는 것은 에스겔서의 또 다른 아래 장절에서 잘 알 수 있습니다.

> "사람아, 두 여인이 있었는데, 그들은 한 어머니의 딸들이다. 그들은 이집트에서 이미 음행을 하였다. 젊은 시절에 벌써 음행을 하였다.…… 그들의 이름은, 언니는 오홀라요, 동생은 오홀리바다.……그들을 좀 더 밝히자면, 오홀라는 사마리아고, 오홀리바는 예루살렘이다. 그런데 오홀라는 나에게 속한 여인이었으면서도, 이웃에 있는 앗시리아의 연인들에게 홀려서 음행하였다. 그들은 모두 자주색 옷을 입은 총독들과 지휘관들이요, 모두 말을 잘 타는 매력 있는 젊은이들과 기사들이었다. 그들은 모두가 앗시리아 사람들 가운데서도 빼어난 사람들이었는데,

> 오홀라가 그들과 음행을 하였으며, 또 누구에게 홀리든지 그들의 온갖 우상으로 자신을 더럽혔다. 오홀라는 이집트에서부터 음란한 행실을 버리지 않았다. 그는 젊은 시절에 이미 이집트 젊은이들과 잠자리를 같이 하여서, 그들이 그의 처녀 젖가슴을 만졌고, 그에게 정욕을 쏟아 부었다.……그의 동생 오홀리바는 이것을 보고서도, 자기 언니의 음란한 행실보다 더 음란하여, 자기 언니보다 더 많이 홀리고 타락하였다. 그는 앗시리아의 사람들에게 홀렸는데, 그들은 모두 화려한 옷을 입은 총독들과 지휘관들이며, 모두 말을 잘 타는 기사요, 매력 있는 젊은이들이었다. 내가 보니, 그도 자신을 더럽혔다. 그 두 자매가 똑 같은 길을 걸었다. 그런데 오홀리바가 더 음탕하였다. 그는 남자들의 모양을 벽에다가 새겨 놓고 쳐다 보았는데, 붉은 색으로 새겨진 바빌로니아(=갈대아) 사람들의 모양이었다.……오홀리바는 그런 모습을 보고, 그들에게 홀려서, 바빌로니아로 사람들을 보내어 그들을 불러왔다. 바빌로니아(=갈대아) 사람들이 그에게 와서, 연애하는 침실로 들어가, 음행을 하여 그를 더럽혔다. 그가 그들에게 더럽혀진 뒤에는 그의 마음이 그들에게서 멀어졌다.……그런데도 그는 음행을 더하여, 이집트 땅에서 음란하게 살던 자신의 젊은 시절을 늘 회상하였다. 그는, 정욕이 나귀와 같이 강하고 정액이 말과 같이 많은 이집트의 사내들과 연애를 하였다.
> (에스겔 23 : 2-20)

이 장절에서 어느 누가 "음행"이 영적인 음행을 뜻하는 것이라는 것을 알지 못하겠습니까? 다시 말하면 그것은, 그 교회에 속한 선의 타락들이고, 그리고 진리의 위화들이라는 것을 모르겠습니까? 그리고 또한 속뜻으로 여기에 담고 있는 것들은, 만약에 "이집트의 사람들" "앗시리아 사람들" 또는 "앗시리아의 젊은이들" "갈대아 사람들" "바빌로니아 사람들"이 뜻하는 것을 알지 못한다면, 그것들이 무슨 뜻인지 명확하지 않습니다. 왜냐하면 이들 민족들이 그 민족들을 뜻하지 않고, 오히려 거짓에 속한 그런 것들을 뜻하기 때문입니다. 그 이유는 사마리아나 예루살렘에 사는 사람들은 그들과 음행을 저지르지 않았기 때문입니다. 그러나 "이집트" "앗시리아" "갈대아" "바빌론"이 뜻하는 것이 무엇인지는 바로 위의 설명에서 명백하게 알 수 있습니다.

[7] 아래의 장절들에게서 "매춘들" "간통들"이 속뜻으로 선과 진리에 대한 위화들이나 악용들을 뜻한다는 것, 따라서 이런 것들의 간통(姦通)들을 뜻한다는 것은 아주 명확합니다. 호세아서의 말씀입니다.

"고발하여라. 너희 어머니를 고발하여라.
그는 이제 나의 아내가 아니며,
나는 그의 남편이 아니다.
그의 얼굴에서 색욕을 없애고,
그의 젖가슴에서
음행의 자취를 지우라고 하여라!……
그가 낳은 자식들은,
내가 불쌍히 여기지 않겠다.
그들도 음행하는 자식들이기 때문이다.
그는 자랑하기를
'나는 나의 정부들을 따라가겠다.
그들이 나에게 먹을 것과 마실 것을 대고,
내가 입을 털옷과 모시옷과,
내가 쓸 기름과
내가 마실 술을 댄다' 하는구나.……
정부들이 저에게 준 몸값이라고 자랑하던
포도나무와 무화과나무들을
내가 모조리 망쳐 놓을 것이다.
내가 그것들을 수풀로 만들어서,
들짐승들이 그 열매를 따먹도록 할 것이다."
(호세아 2 : 2, 4, 5, 12)

여기서 "어머니"는 속뜻으로 교회를 뜻하고(289 · 2691 · 2717 · 4257 · 5581 · 8897항 참조), 마찬가지로 "아내가 아니다"라고 언급된 "아내"도 교회를 뜻합니다(252 · 253 · 409 · 749 · 770항 참조). 그 이유는, 왜곡된 진리들 안에, 다시 말하면 거짓들 안에 빠져 있기 때문입니다. "사내들"(=아들들)은 본래는 교회에 속한 진리들을 뜻하지만, 여기서는 거짓들을 뜻합니다. 그 이유는 "그들이 음행하는 자식들"이라고 불리웠기 때문입니다(489 · 491 · 533 · 2623 · 2803 · 2813 · 3373 · 3704 · 4257항 참조). "먹을 것"(bread)이 무엇을 뜻하는지, "마실 것"(water)이나 "입을 털옷과 모시옷"이 뜻하는 것이 무엇인지, 그리고 "쓸 기름과 마실 술"이, 그리고 "포도나무와 무화과나무"가 뜻하는 것이 무엇인지는 그것들의 자리에서 잘 드러나고 있습니다. 다시 말하면 그들은 사랑에 속한 선들이나 인애에 속한 선들을 가리키고, 그리고 또한 내면적인 것들이나 외면적인 것들의 믿음에 속한 선들이나 진리들을 뜻합니다. 그러나 반대의 뜻으로는 온갖 악들이나 거짓들을 뜻합니다. 왜냐하면 그것들이 왜곡되었을 때에는 선들은 악들이 되고, 진리들은 거짓들이 되기 때문입니다. 여기서 "빵"(=먹을 것 · bread)이 뜻하는 것이 무엇인지는 276 · 680 · 2165 · 2177 · 3464 · 3478 · 3735 · 3813 · 4217 · 4735 · 4976 · 5915 · 6118 · 6409항을 참조하십시오. 그리고 "마실 것"(water)이 뜻하는 것은 739 · 790 · 8137 · 8138 · 8568항을 참조하시고, "모시옷"(flax)이 뜻하는 것은 7601항을 참조하십시오. "기름"이 뜻하는 것이 무엇인지는 886 · 3728 · 4582항을 참조하시고, "마실 술"이 무엇을 뜻하는지는 3069 · 3168 · 3772 · 8562항을 참조하시고, "포도나무"가 무엇을 뜻하는지는 1069 · 5113 · 6376항을 참조하시고, "무화과나무"가 무엇을 뜻하는지는 4231 · 5113항을 참조하십시오. 여기서 "정부들의 몸값"은 그들이 진리로서 자랑하는 교리에 속한 거짓을 뜻합니다.

[8] 같은 책의 말씀입니다.

(나의 백성은)
나무에게 묻고,
그 요술 막대기가 그들을 가르치니,
그들의 마음이
음심에 홀려서 곁길로 가고,
하나님의 품을 떠나서 빗나간다.
산꼭대기에서 희생제물을 잡아서 바친다.
언덕 위에서 분향한다.……
너희의 딸들이 음행을 하고,
너희의 며느리들이 간음을 한다.……
이스라엘아,
너는 비록 이방 신을 섬겨 음행을 하여도,
유다는 죄를 짓지 못하게 하여라.
너희는 길갈로 가지 말아라.
벳아웬(=악한 자의 집)으로 올라가지 말아라.
주의 살아 계심을 걸고 맹세하지 말아라.
(호세아 4 : 12-15)

"그들의 마음이 음심에 홀려서 곁길로 가고, 하나님의 품을 떠나서 빗나간다"(=이는 음행의 영이 그들로 잘못 행하게 하였으며, 그들은 그들의 하나님의 보호를 떠나 음행하러 갔다)라는 것은 진리를 악용, 곡해하는 것을 뜻합니다. 왜냐하면 "하나님"(=그들의 하나님 · their god)은 속뜻으로 진리를 뜻하고, 나쁜 뜻으로는 거짓을 뜻하기 때문입니다(2586 · 2769 · 2807 · 2822 · 4295 · 4402 · 4544 · 7010 · 7268 · 7873 · 8301 · 8867항 참조). "산들이나 언덕들"은 사랑들(=애욕들)을 뜻하고, 여기서는 자기사랑과 세상사랑을 뜻합니다(795 · 796 · 1691 · 2722 · 6435항 참조). "나무에게 묻는다"라는 말은 어떤 탐욕에서 비롯된 쾌락에 속한 선을 뜻하고(643항 참조), 그리고 대답하는 "막대기"는 어느 누구의 총명에서 비롯된 허상(虛想)의 능력(imaginary power)을 뜻합니다(4013 · 4015 · 4876 · 4936 · 7011 · 7026항 참조). 본연의 뜻으로 "하나님들"(gods)이 진리들을 뜻하기 때문에, 그리고 반대의 뜻으로는 거짓들을 뜻하기 때문에, 그러므로 "하나님들"(=신들 · gods)은 진리들을 위화하는 것을 뜻하고, 선을 모독하는 것을 뜻합니다. 에스겔서의 말씀입니다.

> 그들이 음란한 마음으로 내게서 떠나갔고, 음욕을 품은 눈으로 그들의 우상들을 따라 가서, 내 마음을 상하게 하였으므로, 그들은 자기들이 저지른 악행과 그 모든 혐오스러운 일을 기억하고, 스스로 몸서리를 칠 것이다.
> (에스겔 6 : 9)

레위기서의 말씀입니다.

> 내가 직접 그와 그의 가문에 진노를 부어서 그는 물론이고, 그를 따라 몰렉을 섬기며 음란한 짓을 한 자들을, 모조리 자기 백성에게서 끊어지게 하겠다.
> (레위기 20 : 5)

이상에서 볼 때, "간통들"이나 "음행들"이 뜻하는 것이 무엇인지 아래의 장절들에게서 잘 알 수 있겠습니다.

> 너희 점쟁이의 자식들아,
> 간통하는 자와 창녀의 씨들아,
> 이리 가까이 오너라.
> 너희가 누구를 조롱하는 거냐?
> 너희가 누구에게 입을 크게 벌리고
> 혀를 내미느냐?
> 너희는 거역하는 자의 자식,

거짓말쟁이의 종자가 아니냐?
너희는 상수리나무 사이에서,
모든 푸른 나무 아래에서
정욕에 불타 바람을 피우며,
골짜기 가운데서,
갈라진 바위 밑에서,
자식들을 죽여 제물로 바쳤다.
(이사야 57 : 3-5)
칠십 년이 지나가면,
주께서 두로를 돌보아 주셔서
옛날처럼
다시 해상무역을 하게 하실 것이다.
그 때에 두로는 다시 제 몸을 팔아서,
땅 위에 있는
세상의 모든 나라의 돈을 끌어들일 것이다.
(이사야 23 : 17)

"세상 사람들은 말하기를 '어떤 남자가 아내를 버릴 때에, 그 여자가 남편에게서 떠나서 다른 남자의 아내가 되면, 그 여자가 남편에게서 떠나서 다른 남자의 아내가 되면 그 여자가 남편에게로 다시 되돌아갈 수 있느냐? 그렇게 되면, 그 땅이 아주 더러워지지 않느냐?' 한다. 그런데 너는 수많은 남자들과 음행을 하고서도 나에게로 다시 돌아오려고 하느냐? 나 주의 말이다."

"두 눈을 뜨고,
저 벌거숭이 언덕을 바라보아라.
네가 음행을 하여서 더럽히지 않은 곳이
어디에 있느냐?
사막에 숨어서 사람을 기다리다가
물건을 터는 유목민처럼,
너는 길거리에 앉아서
남자들을 기다렸다.
너는 이렇게 네 음행과 악행으로

이 땅을 더럽혀 놓았다.……
“너는 저 배신한 이스라엘이 한 일을 보았느냐? 그가 높은 산마다 올라가서 음행을 하였고, 또 푸른 나무가 있는 곳마다 그 밑에서 음행을 하였다.……유다는, 이스라엘이 나를 배신하고 음행을 하다가, 바로 그것 때문에 나에게서 내쫓기는 것과, 이혼장을 쥐고 내쫓기는 것을 보았다. 그러나 이 신실하지 못한 아우 유다가 두려운 줄 모르고, 오히려 자기도 가서 음행하였다. 그것을 내가 직접 보았다. 그는 음행하는 것을 가벼운 일로 여겨, 그 땅을 더럽히고, 심지어 돌과 나무를 음란하게 섬겼다.”
(예레미야 3 : 1, 2, 6, 8, 9)
이것은 너의 몫이며,
내가 너에게 정하여 준 배당이다.
나 주의 말이다.
너는 나를 잊어버리고,
헛된 것을 믿었다.……
너는 음란하게 소리를 지르며 간음하고,
부끄러운 일들을 하였다.
나는 언덕과 들녘에서,
네가 저지른 역겨운 일들을 보았다.
부정한 예루살렘아,
너에게 화가 미칠 것이다.
언제까지 네가 그렇게 지내려느냐?
(예레미야 13 : 25, 27)
예언자들아, 들어라.
내 심장이 내 속에서 터지고,
내 모든 뼈가 떨리며,
내가 취한 사람처럼 되고,
포도주에 곯아떨어진 사람처럼 되었으니,
이것은 주님 때문이요,
그분의 거룩한 말씀 때문이다.
진실로 이 땅에는

음행하는 자들이 가득 차 있다.
진실로 이런 자들 때문에 땅이 슬퍼하며,
광야의 초장들은 메마른다.
그들이 하는 일이 악하며,
그들이 힘쓰는 일도 옳지 못하다.
"예언자도 썩었고, 제사장도 썩었다.
심지어, 나는 그들이 나의 성전 안에서도,
악행을 저지르는 것을 보았다.
나 주의 말이다.……
그런데 이제
내가 예루살렘의 예언자들에게서
끔찍한 일들을 보았다.
그들은 간음을 하고 거짓말을 한다.
악행을 저지르는 자들을 도와서,
어느 누구도 죄악에서 떠날 수 없게 한다.
내가 보기에 그들은
모두 소돔 사람들과 같이 되었고,
예루살렘의 주민은
고모라 백성과 같이 되었다.……
나 만군의 주가 이렇게 말한다.
너희는 스스로 예언자라고 하는 자들에게서
예언을 듣지 말아라.
그들은 헛된 말로 너희를 속이고 있다.
그들은 나 주의 입에서 나온 말을
전하는 것이 아니라,
자기들의 마음 속에서 나온 환상을
말할 뿐이다."
(예레미야 23 : 9-11, 14, 16)

이것은, 그들이 이스라엘 사람으로서 절대로 해서는 안 될 망측한 일을 하였기 때문이다. 그들은 자기 이웃의 아내들과 간음하였고, 나의 이름을 팔아, 내가 시키지도 않은 거짓말을 하였다.

(예레미야 29 : 23)

[10] 이와 같은 여러 장절들에게서부터 “간음을 범하는 것”이나 “난봉질을 하는 것”이 자기 자신의 마음에서, 다시 말하면 자기 자신의 고유속성에서 성언의 진리들을 설명하고, 왜곡하는 것을 뜻한다는 것은 아주 명백합니다. 그리고 어떤 의미로는 자기사랑이나 세상사랑이 어떤 사람으로 하여금 그런 일을 하도록 설득하는 것을 뜻하기 때문에 결과적으로는 거짓말을 하는 것, 다시 말하면 온갖 거짓들을 말하는 것입니다. 이러한 것은 공개적으로 이렇게 언급되고 있습니다. 예언서의 말씀들입니다.

이스라엘아, 너희는 기뻐하지 말아라.
이방 백성들처럼 좋아 날뛰지 말아라.
너희는 하나님에게서 떠나서
음행을 하였다.
너희는 모든 타작 마당에서
창녀의 몸값을 받으며 좋아하고 있다.
(호세아 9 : 1)
주께서 처음으로 호세아를 시켜 이스라엘 사람들에게 말씀하실 때에,
주께서는 호세아에게 다음과 같이 말씀하셨다.
“너는 가서 음란한 여인과 결혼하여,
음란한 자식을 낳아라!
이 나라가 주를 버리고 떠나서,
음란하게 살고 있기 때문이다.”
(호세아 1 : 2)
너는 망한다! 피의 도성!
거짓말과 강포가 가득하며
노략질을 그치지 않는 도성!……
이것은 네가,
창녀가 되어서 음행을 일삼고,

마술을 써서 사람을 홀린 탓이다.
음행으로 뭇 나라를 홀리고,
마술로 뭇 민족을 꾀었기 때문이다.
(나훔 3 : 1, 4)

너희 자식들은 사십 년 동안 광야에서 양을 치면서, 너희의 시체가 썩어 없어질 때까지, 너희가 저지른 죄를 대신 짊어질 것이다. 너희가 그 땅을 사십 일 동안 탐지하였으니, 그 날 수대로 하루를 일 년으로 쳐서, 너희는 사십 년 동안 너희의 죄짐을 져야 한다. 그제서야 너희는 내가 너희를 싫어하면 너희가 어떻게 되는지를 알게 될 것이다.
(민수기 14 : 33, 34)

[11] 진리의 온갖 위화들이나, 선의 모독들이 이 세상에 있는 온갖 매춘(賣春)에 대응하기 때문에, 그러므로 매춘에 대한 형벌은 죽음에 처하는 사형뿐입니다(레위기 20 : 10). 그리고 만약에 그녀가 스스로 창녀 짓을 하여 제 몸을 더럽힌 제사장의 딸은 불태워 죽여야 합니다(레위기 21 : 9). 그리고 또한 이스라엘의 딸은 어느 누구도 매춘에 노출(露出)되어서는 안 됩니다(레위기 19 : 19). 마찬가지로 사생아(私生兒)는 주의 총회 회원이 되지 못하고, 그 자손은 십 대에 이르기까지 주의 총회 회원이 되지 못합니다(신명기 23 : 2). 창녀가 번 돈이나 남창이 번 돈은, 주 너희 하나님의 성전에 서원을 갚는 헌금으로 드릴 수 없는데, 그것은 이 두 가지가 다 주 너희의 하나님이 미워하시기 때문입니다(신명기 23 : 18).

[12] 이상의 여러 장절들에게서 지금 우리는, "간음을 범한다"라는 말이 무엇을 뜻하는지, 다시 말하면 겉뜻으로는 그것이 온갖 간통들을 범하는 것을 뜻한다는 것은 넉넉하게 알 수 있게 되었습니다. 그리고 표징적인 속뜻으로 그것은 교회에 속한 온갖 그런 짓들에 의하여 우상들을 섬기는 것이고, 그리고 또한 잡신(雜神)들을 예배한다는 것입니다. 결과적으로는 내적이든 외적이든 우상숭배(偶像崇拜)를 가리킵니다. 그러나 영적인 뜻으로는 그것은 선에 속한

온갖 모독들이나 진리에 속한 온갖 악용이나 남용들을 뜻합니다. 이렇게 볼 때, 그것에서부터 간음들은 본질적으로 매우 사악(邪惡)하다는 것이고, 그리고 "역겨운 것들"이라고 하였습니다. 다시 말하면, 그런 사실로 인하여 그것들은 악과 거짓의 결합(婚姻)에 대응하는데, 그것이 바로 지옥적인 혼인입니다. 다른 한편, 본연의 순수한 혼인들은 거룩합니다. 다시 말하면 천계적인 혼인을 가리키는 선과 진리의 결합에 대응합니다. 아니, 본연의 혼인애(婚姻愛)는 선과 진리의 혼인에서, 따라서 천계에서 내려옵니다. 다시 말하면 선과 진리의 혼인애는 주님으로부터 천계를 통하여 내려온다는 것입니다. 이에 반하여 간음적인 사랑은 거짓과 악의 혼인에서 비롯되고, 따라서 지옥에서 옵니다. 다시 말하면 악마에게서 옵니다.

8905. 15절. **"도둑질하지 못한다."**
이 말씀은 어느 누구의 영적인 선들이 그에게서 제거(除去)될 수 없다는 것, 그리고 주님에게 속한 것들도 자기 자신의 공(功)으로 돌릴 수 없다는 것을 뜻합니다.

8906. "도둑질하지 못한다."
이 말씀이 어느 누구도 그의 영적인 선들을 빼앗기거나, 제거될 수 없다는 것, 그리고 주님에게 속한 것들이 자기 자신의 것으로 돌려질 수 없다는 것을 뜻한다는 것은, 어느 누구에게서 영적인 선들이 제거되고, 빼앗기는 것을 가리키는 "도둑질한다"라는 말의 뜻에서 잘 알 수 있습니다. "도둑질"이 이런 내용을 뜻한다는 것은, 영적인 뜻으로 부(富)나 재물이 선과 진리의 지식들을 뜻하기 때문이고, 일반적으로는 믿음과 인애에 속한 것들이기 때문입니다. 다시 말하면 사람 안에 있는 영적인 생명을 가리키기 때문입니다. 그러므로 어느 누구에게서 이런 것들을 제거하고, 빼앗는 것이 영적인 뜻으로 "도둑질하는 것"입니다. 모든 영적인 선들, 다시 말하면 믿음과 인애에 속한 모든 것들이 오직 주님에게서만 오기 때문에, 그리고 결코 절대적으로는 사람에게서 오는 것은 전무(全無)하기 때문에, 그러므로 "도둑질"은 주님에게 속한 것들을 어느 누구의 것으로 돌리는 것을 뜻합니다. 이런 짓거리를 행하는 자들을 요한복음서에서 "도둑들이고 강도들"이라고 하였습니다. 요한복음서의 말씀입니다.

> "내가 진정으로 진정으로 너희에게 말한다. 양 우리에 들어갈 때에, 문으로 들어가지 않고, 다른 곳으로 넘어 들어가는 사람은, 도둑이요, 강도다. 그러나 문으로 들어가는 사람은 양의 목자이다.……나는 문이다. 누구든지 이 문으로 들어오면 구원을 받고, 들어오고 나가면서 꼴을 얻을 것이다. 도둑은 다만 훔치고 죽이고 파괴하려고 오는 것뿐이다. 나는 양들이 생명을 얻고 더 얻어서 풍성함을 얻게 하려고 왔다. (요한 10 : 1, 2, 9, 10)

"문으로 양 우리에 들어간다"라는 말은 주님에 의하여 들어가는 것을 뜻합니다. 왜냐하면, 주님 자신이 말씀하신 것과 같이, 주님께서는 "문"(門 · door)이시기 때문입니다. 그리고 "양들"은 인애 안에 있는 자들을 뜻하고, 그리고 거기에서 비롯된 믿음 안에 있는 자들을 가리킵니다. 이들은, 그들이 믿음에 속한 것들이나, 인애에 속한 모든 것들이 주님 그분에게서 온다는 것을 시인할 때, 주님에 의하여 들어갑니다. 왜냐하면 그 때 이런 것들이 그분에게서 입류하기 때문입니다. 그러나 그런 것들을 다른 자의 것들로 돌리는 것은, 특히 자기 자신들에게 돌리는 것은, 그것들을 빼앗고 제거하는 것이고, 따라서 "죽이고, 파괴하는 것"입니다. 주님의 것을 자기 자신의 것들로 돌리는 자들은 업적(=행위)에서 공로주의에 두는 것이고, 또한 자기 자신을 정의(正義)의 사람으로 만드는 것입니다(1110 · 1877 · 2027 · 2273 · 2340 · 2373 · 2400 · 3816 · 4007 · 4174 · 4943 · 6388-6390 · 6392 · 6393 · 6478항 참조). 그 때 이런 행위가 영적인 뜻으로 "도둑질"입니다. 그리고 이러한 내용은 사람이 성경에서 "도둑질"에 관해서 읽을 때 천계에 있는 천사들에게 다가옵니다. 왜냐하면 천사들은 성언을 오직 영적으로 이해하기 때문입니다.

[2] 호세아서에서의 "도둑질" 역시 동일한 내용을 뜻합니다. 호세아서의 말씀입니다.

"내가 이스라엘을
치료하여 주고자 할 때마다,
에브라임이 지은 범죄가 드러나고
사마리아가 저지른 죄악이 드러난다.
서로 속이고,
안으로 들어가서 도둑질 하고,
밖으로 나와서 떼지어 약탈한다.
내가 그들의 죄악을
모두 기억하고 있다는 것은,
그들이 전혀 마음에 두지도 않는다.
이제는 그들이 저지른 모든 잘못이
그들을 에워싸고
바로 내 눈 앞에 있으니,
내가 안 볼 수 없다."
"왕을 갈아치울 자들이
악한 음모를 품고서도
겉으로는 왕을 기쁘게 하며,
온갖 기만으로 대신들을 속여 즐겁게 한다.
(호세아 7 : 1-3)

요엘서의 말씀입니다.

너희는 시온에서 뿔나팔을 불어라.
하나님의 거룩한 산에서
경보를 울려라.

유다 땅에 사는 백성아, 모두 떨어라.
주의 날이 오고 있다.
그 날이 다가오고 있다.
그 날은 캄캄하고 어두운 날,
먹구름과 어둠에 뒤덮이는 날이다.
셀 수 없이 많고 강한 메뚜기 군대가 온다.
마치 어둠이 산등성이를 넘어오듯이
새까맣게 다가온다.
까마득한 옛날까지 거슬러 올라가 보아도,
이런 일은 없었다.
앞으로 천만 대에 이르기까지도
다시는 이런 일이 없을 것이다.
그들이 불꽃처럼 초목을 삼키고 지나가면,
지나간 자리에는
불꽃이 활활 타오른다.
그들이 오기 전에는
이 땅이 에덴 동산 같으나,
한 번 지나가고 나면
황량한 사막이 되어 버린다.
그 앞에서는 살아 남은 것이 하나도 없다.
그들은 떼지어 몰려오는 말과 같고
달려오는 군마와 같다.
이 봉우리에서 저 봉우리로 달리는 소리는
병거의 굉음과도 같고,
불꽃이 검불을 태우는 소리와도 같다.
그들은
막강한 군대가
공격 명령을 기다리는 것 같이
전열을 갖춘다.
그들이 접근하면 모두들 자지러지고,
모두들 얼굴빛이 하얗게 질린다.

그들은 용사처럼 공격하고,
군인처럼 성벽을 기어오른다.
제각기 줄을 맞추어 똑바로 전진하고
아무도 진로를 벗어나지 않는다.
서로 밀치지도 않고,
제각기 줄을 맞추어 진군한다.
빗발치듯 쏟아지는 투창을 뚫고 전진한다.
그들의 행렬은 끊어지지 않는다.
드디어 성 안으로 들어간다.
성벽을 뛰어넘고, 건물을 기어오르고,
도둑처럼 창문을 넘어
집 안으로 쳐들어간다.
전진할 때에는 땅이 진동하고,
온 하늘이 흔들린다.
해와 달이 어두워지고,
별들이 빛을 잃는다.
(요엘 2 : 1-10)

여기서 다루어지고 있는 주제는 교회에 관한 황폐화입니다. 그 때에 거짓들이 난입(亂入)하고, 진리들을 파괴합니다. 이런 거짓들이 바로 "성벽을 뛰어넘고, 건물을 기어오르고, 도둑처럼 창문을 넘어 집 안으로 쳐들어간다"라고 기술되었습니다. 어느 누가 "여호와(=주님)의 날에 떼지어 몰려오는 말과 같고, 달려오는 군대와 같다"라고 언급된 것을 이상하게 생각하지 않겠습니까? 그리고 그 때 "그들은 떼지어 몰려오는 말과 같고, 달려오는 군마와 같다. 그리고 그들은 용사처럼 공격하고, 군인처럼 성벽을 기어오른다. 그들의 행렬은 끊어지지 않고, 드디어 성 안으로 들어간다. 성벽을 뛰어넘고, 건물을 기어오르고, 도둑처럼 창문을 넘어 집 안으로 쳐들어간다. 전진할 때에는 땅이 진동하고, 온 하늘이 흔들린다. 해와 달이 어두워지고, 별들이 빛을 잃는다"라는 것을 이상하게 생각하지 않겠습니까? 성언의 속뜻에 관하여 전혀 알지 못하는 사람, 그리고 그의 마음에 성언의 거룩함을 불러 의심 속에 두는 사람은, 아마도 그들은 이런 말들은 그것들 안에 저장된 신령한 것이 모두 결여(缺如)된 그저 단순한 말들이라고 주장할 것이고, 아마도 그들은 그것들을 가리켜 말할 가치가 전혀 없는 그런 천박(淺薄)한 것이라고 주장할 것입니다. 그러나 성언이 신령한 것이기 때문에 성언은 가장 거룩한 것이라고 믿는 사람은, 그리고 또한 더욱이 성언에는, 교회에 관해서, 천계에 관해서, 주님 당신에 관해서 다루고 있는 속뜻이 있다고 믿는 사람은, 거기에 있는 모든 낱말은 그것 자신 안에 내포하고 있는 중요한 사실을 가지고 있다고 고백할 것입니다. 그러므로 이 장절 안에 있는 낱말들이 뜻하는 것이 무엇인지, 그리고 언급된 주된 내용이 무엇인지 간략하게 언급되어야 하겠습니다.

[3] "여호와의 날"(=주님의 날)은 마지막 때, 즉 교회의 마지막 때(終末)를 뜻하는데, 그 때 거기에는 더 이상 그 어떤 진리도 존재하지 않고, 오히려 진리의 자리에 거짓만 존재합니다. "초목을 삼켜버리는 불꽃"은 악에 속한 열망을 뜻하고, "검불을 태우는 불꽃"은 결과적으로 거짓에 속한 열망을 뜻합니다. "군마들의 모습"은 마치 진리에서 비롯된 것처럼 보이는, 거짓에서 비롯된 총명적인 추론(intellectual reasoning)을 뜻하고, "달려오는 기병들"(=군마들)은 추론자들을 뜻하고, "병거들"은 거짓에 속한 교리적인 것들을 뜻하고, "성"(=성읍)은 교리 자체를 뜻하고, "그들이 뛰어넘는 성벽"은 근본적인 거짓을 뜻하고, "그들이 기어오르는 건물"은 사람의 의지를 뜻하고, "그들이 그것을 통해 들어오는 창문들"은 총명적인 것들을 뜻하고, "도둑"은 진리를 빼앗고, 제거하는 거짓을 뜻하고, "그분 앞에서 진동할 땅"은 교회를 뜻하고, "흔들릴 온 하늘"도 같은 것을 뜻하고, "해"는 주님에 대한 사랑(=주님사랑)을 뜻하고, "달"은 주님을 믿는 믿음을 뜻하고, 그리고 "어두워질 것"이

라고 언급되었는데, 그 때 그것들은 나타나지 않을 것이라는 것을 뜻합니다. 그리고 "별들"은 믿음이나 사랑에서 비롯된, 따라서 천계에서 비롯되는 빛을 더 이상 가지지 못하는 선과 진리의 지식들을 뜻합니다. 그리고 이런 일련의 내용이 바로 "그들이 빛을 잃는다"라는 말이 뜻합니다. 이상의 여러 내용들에게서 볼 때 이런 말들이 일반적으로 뜻하는 것이 무엇인지 잘 알 수 있겠습니다. 그리고 또한 "건물을 기어오르고, 창문을 넘어 집 안으로 들어오는 도둑"이라고 한 교회의 마지막 상태를 뜻하는 "그 날"이 무슨 뜻인지도 잘 알 수 있겠습니다. 다시 말하면 그것은 바로 거짓을 가리키는데, 그 때 그것이 사람의 의지와 이해의 모든 면에서 사로잡을 것이라는 것을 뜻하고, 그리고 따라서 그것이 모든 진리와 선을 빼앗을 것이라는 것을 가리킵니다. 오바댜서의 "도둑"도 꼭 같은 내용을 뜻합니다. 오바댜서의 말씀입니다.

> (주 하나님이 에돔을 두고 하신 말씀이다.)
> "너에게 도둑 떼가 들거나
> 밤중에 강도 떼가 들이닥쳐도,
> 자기들에게 필요한 만큼만 빼앗아 간다.
> 포도를 털어가는 사람들이 들이닥쳐도,
> 포도송이 얼마쯤은 남겨 놓는다.
> (오바댜 1 : 1, 5)

스가랴서 5장 1-4절이나 시편 50편 18-20절, 그리고 마태 6장 19, 20절의 "도둑"도 동일한 내용을 뜻합니다.

[4] 주님께서 이스라엘 자손에게 명령한 모든 계율들은 천계에 있는 질서의 법칙들 위에 기초한 것이기 때문에, 다시 말하면 영계에서 그것들의 실재(實在)나 본질(本質)을 취한 것이기 때문에, 동일한 이유에서 도둑에 관한 계율들이 제정되었습니다. 예를 들면 "어떤 사람이 소나 양을 도둑질하여 그것을 잡거나 팔면, 그는 소 한

마리에는 소 다섯 마리로, 양 한 마리에는 양 네 마리로 갚아야 한다"(출애굽기 22 : 1)라는 것이나, 그리고 "밤에 도둑이 몰래 들어온 것을 알고서, 그를 때려서 죽였을 경우에는 죽인 사람에게 살인죄가 없다. 그러나 해가 뜬 다음에 이런 일이 생기면, 그에게 살인죄가 있다. 그리고 훔친 것은 반드시 물어내야 한다. 그가 도둑질한 것이 아직 산 채로 그의 손에 있으면, 그는 그것을 두 갑절로 물어주어야 한다"(출애굽 22 : 2-4)라는 것이 되겠습니다. 모세의 글입니다.

> 사람을 유괴한 자는, 그 사람을 팔았든지 자기가 데리고 있든지, 반드시 사형에 처하여야 한다.
> (출애굽기 21 : 16)
> 어떤 사람이 같은 겨레인 이스라엘 사람을 유괴하여 노예로 부리거나 판 것이 드러나거든, 그 유괴한 사람을 죽여야 한다. 너희는 너희 가운데서 그러한 악의 뿌리를 뽑아야 한다.
> (신명기 24 : 7)

"같은 겨레인 이스라엘 사람"(=자손)은 진리들 안에, 그리고 믿음에 속한 선들 안에 있는 자들을 뜻하고, 따라서 추상적인 뜻으로는 그들은 진리들이나 믿음에 속한 선들을 뜻합니다(5414·5879·5951항 참조). 그러므로 "같은 겨레인 이스라엘 사람을 유괴한다"라는 말은 이런 것들을 빼앗는 것을 뜻합니다. 그리고 "그 사람을 판다"라는 말은 그것들을 배척(排斥)하고, 버리는 것을 뜻하고, 또한 그것들을 잘 사용하는 것을 뜻합니다. 왜냐하면 진리들이나 믿음에 속한 선들은, 모두가 주님에게서 오는 것이기 때문에, 자유스러운 상태에 있고, 그리고 오직 주님만을 섬기기 때문입니다. 그러나 그것들이 배척되고, 버려지게 되면, 그 때 그것들은 굴욕적인 노예의 상태에 빠지게 됩니다. 왜냐하면 그런 것들은 자기사랑이나 세상사랑에 속한 그 어떤 악을 섬기기 때문이고, 따라서 그 어떤 육체적인 탐욕을 섬기기 때문입니다. 그리고 거기에서부터 앞서의 율법에 속한 파생이나 대응이 나오기 때문입니다. 그 때 자유스럽기 때문에 교회에 속한 진리나 선은 노예적인 것이 되고, 따라서 살아 있는 것에서 죽은 것이 되기 때문에, 그러므로 그 결과를 가리키는 형벌은 곧 "죽음"(death)입니다.

8907. 16절. **"너희는 너희 이웃에게 불리한 거짓 증언을 하지 못한다."**
이 말씀은 선이 악이라고 불리우지 않는다는 것을, 그리고 또한 진리가 거짓이라고 불리우지 않는다는 것을 뜻합니다. 따라서 역(逆)으로 말하면 악이 선이라고, 또한 거짓이 진리라고 불리우지 않는다는 것을 뜻합니다.

8908. "너희는 너희 이웃에게 불리한 거짓 증언을 하지 못한다."
이 말씀이 선이 악이라고 불리우지 않는다는 것, 그리고 또한 진리가 거짓이라고 불리우지 않는 다는 것을 뜻한다는 것, 따라서 그와 반대로 악이 선이라고 불리우지 않고, 거짓이 진리라고 불리우지 않는다는 것을 뜻한다는 것은 거짓에 속한 확증(確證)을 가리키는 "거짓말의 증언"의 뜻에서 잘 알 수 있습니다. "증언"(=증거·witness)이 확증을 뜻한다는 것은 4197항을 참조하십시오. "거짓"(=거짓말)이 믿음에 속한 거짓을 뜻한다는 것은 아래의 설명에서 명확한 것입니다. "이웃에게 불리하게 대답한다"(=증언한다)라는 말은 마찬가지로 어느 누구에게 거슬러 말하는 것을 뜻합니다. 왜냐하면 "이웃"은 모든 사람을 뜻하고, 특히 선 안에 있는 모두를 뜻하기 때문이고, 추상적인 뜻으로는 선 자체를 뜻하기 때문입니다(3419·5025·6704·6706-6711·6818·8123항 참조). 결과적으로 "너희는 너희 이웃에게 불리한 것을 증언하지 못한다"는 우리의 본문은, 속뜻으로 어느 누구에게 거짓된 것을 말하지 말라는 것을, 다시 말하면 선한 것을 악한 것이라고 말하지 말라는 것을 뜻합니다. 그리고 참된 것을 거짓이라고, 그리고 그 반대의 것을 말하는 것을 뜻합니다.

[2] 여기의 경우가 어떠한 것인지 간략하게 설명하겠습니다. 자기사랑(自我愛)과 세상사랑(世間愛)이 모든 것들을 지배하는 사람에게서, 다시 말하면 자신들의 목적으로서 고귀함(eminence)・명예들・부유함이나 재물을 가지고 있는 사람은 정의(正義)를 불의(不義)라고, 그리고 불의를 옳은 것이라고, 따라서 거짓에 속한 증언의 임무를 담당하는 것을 다른 사람에게 말하고 설득하는 그런 일을 절대로 주저하지 않습니다. 그들이 이런 성품이나 인격을 지닌 사람인 이유는 그들의 의지가 이런 사랑들(=애욕들・loves)에, 또한 그들의 탐욕들에게 전적으로 예속(隷屬)되어 있기 때문이고, 또한 그런 애욕들이나 탐욕에게 전적으로 점유(占有)되었고, 지배되고 있기 때문입니다. 그리고 그 때 마음의 또 다른 영역인 이해는 사실 무엇이 바른 것이고, 무엇이 그릇된 것인지를 능히 식별할 수 있지만, 그러나 결코 식별하기를 원하지 않습니다. 그 이유는 의지가 이해를 지배하고 있기 때문이고, 그리고 입류에 의하여 그것을 설득하고 있기 때문이고, 그리고 종국에는 이해가 아무것도 보지 못하는 장님으로 만들기 때문입니다. 이와 동일한 인물들은 양심(良心)을 가지고 있지 않음은 물론이고, 올바른 것을 올바른 것이라고 하는 것이 양심에 속한 것이라는 것도 알지 못합니다. 왜냐하면 그것이 올바른 것이라는 것, 다시 말하면 올바른 것에 속한 사랑에서 올바른 것이 오기 때문이라는 것 이외의 다른 이유를 알지 못하기 때문입니다. 이 세상에 살 때 이런 인격이나 인품에 속한 자들은 역시 저 세상에서도 동일한 인격이나 성품에 속한 사람입니다. 그러나 올바른 것을 올바르지 않다고 말하지 않고, 그러나 그리고 믿음에 속한 선을 악이라고, 그리고 진리를 거짓이라고 부르는 사람은, 이와는 전적으로 다릅니다. 왜냐하면 시민들 사회에서 올바른 것은 영계에 있는 선한 것이나 참된 것에 대응하기 때

문입니다. 그들은 이런 일을 양심이 없이도, 그리고 부끄러움 없이도 행합니다. 그 이유는 그들은 육신을 입은 삶에서 그것에 대하여 익숙하게 숙련(熟練)되었고, 그리고 몸에 배었기 때문입니다.

[3] 성경에는 "거짓말"(a lie)에 관해서 자주 언급되고 있습니다. 그리고 이 낱말은 속뜻으로 어디에서나 믿음에 속한 거짓이나 악을 뜻합니다. 그리고 "거짓 증거"라는 말도 자주 언급되는데, 이 낱말은 이른바 "난폭적인 증거"(the witness of violence)라고 하는 것으로 거짓의 확증을 뜻합니다. 그것이 재판에 앞서든, 어느 누구에 관한 것이든, 자기 종지(宗旨)에 의한 생각 안에 있는 자아에 관한 것이든, 그런 것입니다. 예를 들면 출애굽기 23장 1절부터 그 아래 장절들에서, 그리고 레위기 19장 11, 12절이나 신명기 19장 16-20절의 내용이 되겠습니다. 영적인 뜻으로 "거짓말"이 악이나 믿음에 속한 거짓을 뜻한다는 것은 아래의 장절들에게서 잘 드러나고 있습니다. 요한복음서의 말씀입니다.

> 너희는 너희의 아버지인 악마에게서 났고, 또 그 아버지의 욕망대로 하려고 한다. 그는 처음부터 살인자였다. 또 그는 진리 편에 서 있지 않다. 그것은 그 속에 진리가 없기 때문이다. 그가 거짓말을 할 때에는 본성에서 그렇게 하는 것이다. 그는 거짓말쟁이요, 거짓의 아버지이기 때문이다.
> (요한 8 : 44)

여기서 "거짓말"(a lie)은 믿음에 속한 거짓을 뜻합니다. 왜냐하면 여기서 다루고 있는 주제는 유대 사람에 관한 것이기 때문입니다. 즉 그들은 주님을 시인하기를 원하지 않기 때문입니다. 영적인 뜻으로 "악마"(the devil)는, 여기서는, 거짓을 뜻하고, 그리고 "악마의 아버지"는 악을 뜻합니다. 왜냐하면 거짓은, 마치 아들이 그의 아버지로 말미암아 존재하는 것과 같이, 악에서 오기 때문입니다. 악마라고 불리우는 거짓은 믿음에 속한 거짓(the falsity of faith)

을 가리키고, 그리고 악은 자기사랑이나 세상사랑에 속한 악을 가리킵니다.

[4] 이사야서의 말씀입니다.

유다 백성이 대답한다.
"우리는 모압이 교만하다는 소문을 들었다.
그들이 매우 교만하고 오만하고 거만하여
화를 잘 내지만,
사실 그들은 허풍뿐이라는 것도
들어서 알고 있다."
(이사야 16 : 6)

여기서 "거짓말들"(=허풍)은 믿음에 속한 거짓들을 뜻합니다. 그 이유는 "모압"이 자기사랑에 속한 악 안에 빠진 자들을 뜻하기 때문이고, 그러므로 진리들을 위화하기 때문입니다(2468·8315항 참조). 그리고 이런 장절들도 있습니다.

너희는 자랑하기를
"우리는 죽음과 언약을 맺었고
스올과 협약을 맺었다.
거짓말을 하여 위기를 모면할 수도 있고,
속임수를 써서 몸을 감출 수도 있으니,
재난이 닥쳐와도
우리에게는 절대로 미치지 않는다."
(이사야 28 : 15)
이 백성은 반역하는 백성이요,
거짓말을 하는 자손으로서,
주의 율법은
전혀 들으려 하지 않는 자손이다.
(이사야 30 : 9)

누구나 이렇게 자기 이웃을 속이며,
서로 진실을 말하지 않고 있다.
그들의 혀는 거짓말을 하는 데
길들여져 있다.
죄 짓는 일을 그치려 하지 않는다.
(예레미야 9 : 5)

허황된 꿈들을 예언이라고 떠들어대는 자들은 내가 대적하겠다. 나 주의 말이다. 그들은 거짓말과 허풍으로 내 백성을 그릇된 길로 빠지게 하는 자들이다. 나는 절대로 그들을 보내지도 않았으며, 그들에게 예언을 하라고 명하지도 않았다. 그러므로 그들은 이 백성에게 아무런 유익도 끼칠 수 없는 자들이다. 나 주의 말이다.
(예레미야 23 : 32)

칼이 점쟁이들을 치니,
그들이 어리석은 자들이 된다.
칼이 그 땅의 용사들을 치니,
그들이 공포에 떤다.
(예레미야 50 : 36)

그들은 헛된 환상을 보고, 속이는 점괘를 보며, 내가 그들을 보내지도 않았는데, 내가 일러준 말이라고 하면서 예언을 하고 또 그 말이 이루어지기를 기다리고 있다! 나는 너희에게 전혀 말한 일이 없는데, 너희는 나에게 받은 말씀이라고 하면서, 헛된 환상과 속이는 점괘를 말한 것이 아니냐? 그러므로 나 주 하나님이 말한다. 헛된 환상을 보고 속이는 점괘를 말하는 그 예언자들을 내가 직접 치겠다. 그들은 내 백성의 공회에 들어올 수도 없고, 이스라엘 족속의 호적에 등록될 수도 없고, 이스라엘 땅으로 들어갈 수도 없을 것이다. 그 때에야 비로소 너희는, 내가 주 하나님인 줄을 알게 될 것이다.
(에스겔 13 : 6-9)

너는 망한다! 피의 도성!
거짓말과 강포가 가득하며
노략질을 그치지 않는 도성!
(나훔 3 : 1)

이스라엘에 살아 남은 자는
나쁜 일을 하지 않고,
거짓말도 하지 않고,
간사한 혀로 입을 놀리지도 않을 것이다.
그들이 잘 먹고 편히 쉴 것이니,
아무도 그들을 위협하지 못할 것이다.
(스바냐 3 : 13)

개들과 마술쟁이들과 음행하는 자들과 살인자들과 우상숭배자들과 거짓을 사랑하고 행하는 자는 다 바깥에 남아 있게 될 것이다.
(묵시록 22 : 15)

이 밖의 다른 수많은 장절에서와 같이, 위의 인용 장절에서 "거짓말"(a lie)은 믿음에 속한 거짓이나, 믿음에 속한 악을 뜻합니다.

8909. 17절. **"너희 이웃의 집을 탐내지 못한다. 너희 이웃의 아내나 남종이나 여종이나 소나 나귀나 할 것 없이, 너희 이웃의 소유는 어떤 것도 탐내지 못한다."**
이 말씀이 어느 누구나 반드시 자기사랑(自我愛)이나 세상사랑(世間愛)을 알아야 한다는 것과, 그리고 따라서 앞에 언급된 계명들 안에 담겨 있는 온갖 악들은 의지에 속한 것이 될 수 없고, 그러므로 공표될 수 없다는 것을 뜻합니다.

8910. 너희 이웃의 집을 탐내지 못한다. 너희 이웃의 아내나 남종이나 여종이나 소나 나귀나 할 것 없이, 너희 이웃의 소유는 어떤 것도 탐내지 못한다.
이 말씀이 어느 누구도 반드시 자기사랑(自我愛)이나 세상사랑(世間愛)을 알아야 한다는 것과 그리고 따라서 앞에 언급된 계명들 안에 담겨 있는 온갖 악들은 의지에 속한 것이 될 수 없고, 그러므로 공표될 수 없다는 것을 뜻한다는 것은 하나의 악한 사랑(=애욕)으로 인하여 원하는 것을 가리키는 "탐낸다"(coveting)라는 말의 뜻에서 잘 알 수 있습니다. "탐낸다"라는 말이 이런 뜻을 가지고 있다는 것은 온갖 욕망이 그런 애욕에 속한 것이기 때문입니다. 왜냐하면 그것을 사랑하지 않는다면 탐내는 것은 전무(全無)하기 때문입니다. 그러므로 온갖 욕망은, 또는 "탐내는 것"은 자기사랑과 세상사랑의 경우 그 사랑의 연속입니다. 다시 말하면 그것은 그것의 숨결에 속한 진짜입니다. 왜냐하면 그와 같은 악한 애욕이 내뿜는 것은 "욕망"이라고 부르는 것이기 때문입니다. 그러나 선한 사랑이 내뿜는 것을 "바람"(desire)이라고 부르는 것이기 때문입니다. 사랑 자체는 의지(意志 · will)라고 하는 마음의 다른 영역에 속해 있습니다. 왜냐하면 사람이 애지중지하는 것은 그가 원하는 것이기 때문입니다. 그러나 욕망은, 비록 그것이 이해 안에 자리 잡고 있는 의지에 속한 것이 맞는다고 하지만, 의지와 이해 두 영역에 속한 것이기 때문입니다. 이상에서 볼 때 명확한 것은, 우리의 본문인 "너희는 너희의 이웃의 것들을 탐내지 못한다"라는 말이 어느 누구나, 그것들이 의지에 속한 것이 되어서는 안 된다는 것을 알아야 한다는 것을 뜻한다는 것입니다. 왜냐하면 의지에 속한 것이 된다는 것들은 그 사람에게 전유(專有)된 것이기 때문입니다. 그 이유는 그의 의지가 바로 그 사람 자신이기 때문입니다.

[2] 이 세상에서 믿는 것은 생각(思想 · thought)이 그 사람이라는 것입니다. 그러나 사람의 생명(=삶)을 구성하는 것은 둘이 있는데, 하나는 이해이고, 다른 하나는 의지입니다. 생각(思想)은 이해에 속한 것이고, 사랑에 속한 것인 정동이 결여된 생각(思想)은 사람에게 있는 생명의 그 어떤 것도 이루지 못합니다. 그러나 생각은 사람에 속한 정동에서 비롯되고, 따라서 이해도 의지에서 옵니다. 이 둘이 서로 분별된다는 것은, 그리고 그것의 분별은 사람이 그 가 원하는 것이 악하다는 것이나, 그리고 그가 원하든, 원하지 않든, 관계없이 선한 것이라는 것을 사람이 이해할 수 있고, 그리고 지각할 수 있다는 사실에서 어느 누구나 깊이 생각하는 사람에게는 명확합니다. 그리고 이런 사실에서, 이런 것들이 의지에서 비롯된 어

떤 것들을 통과하는 것에 비례하는 것을 제외하면, 생각은 아니지만, 의지는 그 사람 자신이라는 것은 아주 명확합니다. 여기에서 얻는 것은, 생각을 통과할 뿐 의지에 들어오지 않은 사람의 생각에 들어온 것들은 그 사람을 더럽히지 않지만, 생각을 통해서 의지에 들어온 것들은 그 사람을 더럽힌다는 것입니다. 이런 것들이 그 사람을 더럽히고, 모독하는 것은 그 때 그것들이 그 사람에게 전유되었기 때문이고, 그리고 그런 것이 되었기 때문입니다. 왜냐하면 이미 앞에서 언급한 것과 같이, 의지는 그 사람 자신이기 때문입니다. 의지에 속한 것이 된 것들은 그의 마음에 들어온 것이고, 그리고 거기에서 온 것이라는 것은 이미 앞에서 언급되었습니다. 이에 반하여 생각에 속한 것들은 입술에 들어온 것이고, 그리고 배를 통해서 찌꺼기로 내보내는 것에 불과합니다. 이런 내용은 마태복음서에서의 주님말씀에 일치합니다.

> "입으로 들어가는 것이 사람을 더럽히는 것이 아니라, 입에서 나오는 것, 그것이 사람을 더럽힌다."……"입으로 들어가는 것은 무엇이든지, 뱃속으로 들어가서 뒤로 나가는 줄 모르느냐? 그러나 입에서 나오는 것들은 마음에서 나오는데, 그것들이 사람을 더럽힌다. 마음에서 악한 생각들이 나오는데, 곧 살인과 간음과 음행과 도둑질과 거짓증언과 비방이다."
> (마태 15 : 11, 17-19)

[3] 주님의 다른 말씀에서와 같이, 이런 장절들에게서 밝히 알 수 있는 것은 주님의 말씀의 본성이 무엇인지, 다시 말하면 주님의 말씀이 내적인 것이나 영적인 것을 뜻한다는 것입니다. 그러나 그것들은 외적인 것들이나 자연적인 것들에 의하여 표현되었고, 그리고 이것은 온갖 대응들에 일치한다는 것입니다. 왜냐하면 "입"은, 입에 속한 것들이 그러한 것과 같이, 예를 들면 입술·혀·목구멍이 그러하듯이, 생각에 대응하기 때문입니다. 그리고 마음(=심장)은 사

랑에 속한 정동에 대응하고, 따라서 의지에 대응합니다. 이런 것들과 마음(=심장)의 대응이 있다는 것은 2930·3313·3883-3896·7542항을 참조하십시오. 결과적으로 "입에 들어간다"라는 것은 생각에 들어가는 것을 뜻하고, "마음에서 나온다"라는 것은 의지에서 나오는 것을 뜻합니다. "뱃속으로 들어가서 뒤로 나온다"라는 것은 즉 옥외변소(=비밀스러운 곳·privy)는 지옥에 던져지는 것을 가리킵니다. 왜냐하면 "뱃속"은 지옥으로 향하는 길에 대응하기 때문이고, "뒤로 나가는 것"(=변소)은 지옥에 대응하고, 역시 성경에서는 지옥이라고 불리웠기 때문입니다. 이상에서 밝히 알 수 있는 사실은, "입으로 들어가는 것은 무엇이나 뱃속으로 들어가서 뒤로 나간다"라는 말이 뜻하는 것이 무엇인지, 다시 말하면, 악과 거짓은 지옥으로부터, 사람의 생각에 들어오는 것이 배척된다는 것이고, 그리고 다시 그 곳으로 보내진다는 것을 뜻한다는 것입니다. 이런 것들은 그 사람을 더럽힐 수 없습니다. 그 이유는 그것들은 뒤로 보내지기 때문입니다. 왜냐하면 사람은 악을 생각하는 것에서 서 있을 수 없지만, 그러나 그것을 행하는 것에서는 떨어져 서 있을 수 있기 때문입니다. 그러나 그는 생각에서부터 의지에 악을 영접, 수용하는 순간, 그 때 그것은 그 사람에게서 나오지 못하지만, 그러나 그것은 그 사람 속에 들어가며 그리고 이것은 "마음에서 나온다"라고 일러집니다. 거기에서 나온 것들은 그 사람을 더럽힙니다. 그 이유는 한 사람이 원하는 것은 언어와 행위로 나아가기 때문입니다. 그리고 외적인 구속들이 있는 한, 예를 들면 법에 속한 두려움이나, 명성이나 영예의 상실, 또는 재물이나 생명의 상실과 같은 것이 있는 한 허락되지 않기 때문입니다. 이렇게 볼 때 명확한 것은 "너희는 탐하지 말아라"라는 말이 누구나 반드시 온갖 악들이 의지에 속하는 것이 되면 안 된다는 것을, 그리고 그래서 밖으로 나오지 않게 하여야 한다는 것을 알아야 한다는 것입니다.

[4] 탐욕(=또는 타락)이 의지에 속한 것이고, 따라서 마음에 속한

것이라는 사실은 마태복음서의 주님의 말씀에서 잘 알 수 있습니다. 마태복음서의 말씀입니다.

> "'간음하지 말아라' 하고 이른 것을, 너희가 들었다. 그러나 나는 너희에게 말한다. 여자를 보고 음욕을 품는 사람은, 누구나 이미 마음으로 그 여자와 간음한 것이다."
> (마태 5 : 27, 28)

여기서 "여자를 보고 음욕을 품는다"라는 것은 원하는 것을 뜻하고, 그리고 외적인 구속들인 온갖 두려움이 제지하지 않는다면, 행하는 것을 뜻합니다. 그러므로 "여자를 보고 음욕을 품는 사람은, 누구나 이미 마음으로 그 여자와 간음한 것이다"라고 언급되었습니다.

[5] 마태복음서의 주님말씀에서 악에 속한 탐욕은 "너로 죄를 짓게 한 오른쪽 눈"이 뜻하고, 그리고 거짓에 속한 탐욕은 "너로 죄를 짓게 한 오른손"이 뜻합니다. 마태복음서의 말씀입니다.

> 네 오른 눈이 너로 죄를 짓게 하거든, 그것을 빼어서 내버려라. 신체의 한 부분을 잃는 것이, 온몸이 지옥에 던져지는 것보다 더 낫다. 또 네 오른손이 너로 죄를 짓게 하거든, 그것을 찍어서 내버려라. 신체의 한 부분을 잃는 것이 온몸이 지옥에 던져지는 것보다 더 낫다.
> (마태 5 : 29, 30)

이상의 여러 장절들에게서 또한 명확한 것은 주님께서는 이런 식으로 말씀하셨다는 것입니다. 다시 말하면 성경 어디에서든지 신령존재로 말미암아 말씀하셨다는 것입니다. 따라서 주님께서는 내적인 것들이나 천계적인 것들을 대응에 일치하는 외적인 것들이나 자연적인 것들에 의하여 피력(披瀝)하셨습니다. 여기서 악에 속한 정동, 즉 그것의 탐욕은 "죄를 짓게 한 오른 눈"이 뜻하고, 그리고 거짓에 속한 정동, 즉 그것의 탐욕은 "죄를 짓게 한 오른손"이 뜻합니다. 왜냐하면 눈은 믿음에 대응하고, 그리고 왼쪽 눈은 믿음에 속한 진리에 대응하고, 그리고 오른쪽 눈은 믿음에 속한 선에 대응하기 때문입니다. 그리고 반대의 뜻으로는 믿음에 속한 것은 악에 대응하기 때문입니다. 따라서 "죄를 짓게 한 오른쪽 눈"은 그것의 탐욕에 대응합니다(4403-4421 · 4523-4534항 참조). 그러나 손(hand)은 진리에 속한 능력(=힘 · power)에 대응하고, 반대의 뜻으로는 악에서 비롯된 거짓에 속한 능력에 대응합니다. 따라서 "죄를 짓게 한 오른손"은 그것에 속한 탐욕에 대응합니다(3091 · 3563 · 4931-4937 · 8281항 참조). "게헨나"(=지옥)는 탐욕에 속한 지옥을 뜻합니다. 모두 이 장절에서 "오른쪽 눈"은 인체의 오른쪽 눈을 뜻하지 않고, 그리고 또한 뽑아 버려야 할 눈을 뜻하지 않는다는 것을 알아야 하겠습니다. 또한 "오른쪽 손"이 인체의 오른쪽 손을 뜻하지 않고, 그리고 찍어 버려야 할 그것을 뜻하지 않는다는 것입니다. 그럼에도 불구하고 여기에는 뜻하는 바가 있습니다. 그것은 "눈"이 뜻하는 것이 무엇인지를 알지 못하면, 특히 "오른 눈"이 뜻하는 것을 알지 못한다면, 알 수 없는 그런 것을 뜻한다는 것입니다. 그리고 또한 "손"이 뜻하는 것, 특히 "오른 손"이 뜻하는 것을 알지 못한다면 그것이 무엇을 뜻하는지 알 수 없다는 것입니다. "죄를 짓게 한다"라는 것이 무엇을 뜻하는지도 그와 꼭 같습니다. 이런 것들의 표현들이 뜻하는 것을 역시 알 수 없습니다.

[6] 탐욕들이 악한 의지에서 온 것들을, 따라서 악한 마음에서 비롯된 것들을 가리키기 때문에, 그리고 마음이나 의지에서 살인들 · 간음들 · 간통들 · 도둑질들 · 거짓증거 따위가 나온다는 것은 마태복음서의 주님말씀에 일치합니다(마태 15 : 19). 따라서 이런 것들이 십성언의 앞서 계명에 포함되어 있기 때문에, 그러므로 "네 이웃의 이런 것들을 탐내지 못한다"라고 언급된 것은 어느 누구나 반드시, 앞서의 계명에 담겨진 악들이 의지에 속하지 않도록, 그리

고 그와 같은 것이 밖으로 나오지 않게 하여야 한다는 것을 알아야 한다는 것을 뜻한다는 것입니다. "이웃의 이런 것들을 탐내지 말아라"라는 말이 어느 누구나 자기사랑이나 세상사랑에 속한 것을 반드시 알아야 한다는 것을 뜻한다는 것은 탐욕에 속한 모든 악들은 그것들의 샘(泉)으로서 나오는 것과 같이, 이런 애욕(=사랑들)에게서 솟아 나오기 때문입니다(2045 · 7178 · 7255 · 7366-7377 · 7488 · 8318 · 8678항 참조).

8911. 이와 같이 더 자세하게 언급된 것에서 우리는 그 사람의 경우나 그의 생명(=삶)이 어떠한지 잘 알 수 있겠습니다. 다시 말하면 사람의 됨됨이는 그의 의지와 같다는 것, 그리고 그 사람은 사망 뒤에도 이와 같은 것을 가지고 있다는 것입니다. 그 이유는 죽음이 생애(生涯)의 마지막이 아니고, 계속해서 이어지기 때문입니다. 그러므로 사람은 곧 그의 의지와 같은 그런 것이기 때문에, 왜냐하면 앞에서 이미 언급한 것과 같이, 의지가 곧 그 사람 자신이기 때문입니다. 그러므로 "그의 행위에 따라서 심판받는다"라는 말은 곧 그의 의지에 따라서 심판받는다는 것을 뜻합니다. 왜냐하면 의지나 행위는 서로 간에 모순(矛盾)되지 않기 때문입니다. 행위는 의지 안에 있고, 의지는 행위 안에 있기 때문에, 만약에 외적인 구속들이 제재(制裁)하지 않는다면, 예컨대 법률의 두려움, 명예 · 재물 · 명성이나 생명 따위의 상실에 대한 두려움이 제재되지 않는다면, 행위는 의지 안에, 의지는 행위 안에, 그대로 드러날 것입니다. 이러한 사실은 애씀과 움직임과 같은 경우라고 하겠습니다. 움직임(運動 · motion)은 계속적인 애씀(continuous endeavor) 이외의 아무것도 아닙니다. 왜냐하면 애씀이 멈출 때 움직임이 멈추고, 그리고 따라서 거기에는 애씀을 제외하면 움직임 안에 본질적인 것은 아무것도 없기 때문입니다. 유식한 자는 이 사실을 잘 알고 있습니다. 왜냐하면 그것은 시인된 것이고, 그리고 그것으로부터 확증된 것이기 때문입니다. 사람 안에 있는 애씀은 의지를 가리키

고, 그 사람 안에 있는 움직임이 바로 그의 행위입니다. 그것들은 사람 안에서 그와 같이 불리워집니다. 그 이유는 그 사람 안에 있는 애씀과 움직임은 살아 있기 때문입니다. 의지, 따라서 심판된다는 것은 사랑에 따라서 심판 받는다는 것과 꼭 같습니다. 그리고 심판 받는다는 것은 생명의 목적들에 일치한다는 것과 꼭 같습니다. 다른 말로 하면 생명(=삶)에 따라서 심판 받는다는 것과 동일합니다. 왜냐하면 사람의 의지는 그의 사랑이고, 그리고 그의 삶의 목적이고, 그리고 그의 생명 그 자체이기 때문입니다. 이 경우가 사실이라는 것은 위에 인용된 주님의 말씀에게서 명확합니다. 다시 말하면 "여자를 보고 음욕을 품는 사람은, 누구나 이미 마음으로 그 여자와 간음한 것이다"(마태 5 : 28)라는 말씀이나, "살인한다"라는 것은 사람이 그와 같이 행동으로 하는 것뿐만 아니라, 그것을 행하기를 원하는 것인데, 이러한 내용은 "그에게 성낸다"라는 말이나(마태 5 : 22), 모욕적인 것으로 그 사람을 다룬다는 말이 뜻하는 것입니다.

더욱이 사람은 그의 행위들에 따라서 심판을 받습니다. 그러나 그와 같은 심판은, 그의 의지에서 나온 그의 온갖 행위들에 비하여 그런 것 이상도 아닙니다.

8912. 여기서 언급된 그런 것들, 다시 말하면 탐내지 말아야 할 "집"·"아내"·"남종"·"여종"·"소"·"나귀"가 속뜻으로 뜻하는 것이 무엇인지 간략하게 설명되어야 하겠습니다. 하나의 복합체로 말하면 그것들은 믿음에 속한 모든 선들이나 진리들을 가리킵니다. 그리고 그것들은 어느 누구에게 빼앗겨도 안 된다는 것, 그리고 그것들에게 위해(危害)가 가해져도 안 된다는 것입니다. 그리고 그것들은, 속뜻으로 "안식일을 거룩하게 지킨다" "아버지와 어머니를 공경한다" "살인하지 않는다" "간음하지 못한다" "도둑질하지 못한다" "거짓증거하지 못한다"라는 말이 뜻하는 것과 동일합니다. 속뜻으로 위에서 언급된 것들은 사랑과 믿음에 속한 것들입니다.

여기서 "집"은 일반적으로 모든 선을 뜻하고, "아내"는 일반적으로 모든 진리를 뜻하고, "남종"은 영적인 진리에 속한 정동을 뜻하고, "여종"은 영적인 선에 속한 정동을 뜻합니다. 그리고 "소"는 자연적인 선에 속한 정동을, 그리고 "나귀"는 자연적인 진리에 속한 정동을 뜻합니다. 이런 것들은 "탐내지 말아야 할 것들"입니다. 다시 말하면 그것들은 어느 누구에게서 빼앗을 것들이 아닌, 그리고 그것들에게 위해를 행해서도 안 되는 것들입니다. 이런 것들이 속뜻으로 뜻하는 것이라는 것은, 속뜻으로 성언은 천계에 있는 자들을 위한 것이기 때문입니다. 왜냐하면 거기에 있는 자들은 자연적인 것으로 성언을 지각하지 않고, 오히려 영적으로 지각하기 때문이고, 따라서 집·아내·남종·여종·소·나귀 등등은 자연적으로 깨닫지 못하고, 오히려 그것들에 대응하는 사랑에 속한 선들이나, 믿음에 속한 진리들을 가리키는 영적인 것들을 가리킵니다. 한마디로 겉뜻이나, 문자적인 뜻은 이 세상에 있는 자들을 위한 것이고, 그리고 속뜻은 천계에 있는 자들을 위한 것입니다. 그리고 또한 이 세상에 있는 자들을 위한 것이라고 해도, 그럼에도 불구하고 그들이 동시에 천계에 있는 한 다시 말하면 그들이 인애나 믿음에 있는 한 동일한 것입니다.

8913. 18-20절. **온 백성이 천둥소리와 번개와 나팔 소리를 듣고 산의 연기를 보았다. 백성은 그것을 보고 두려워 떨며, 멀찍이 물러섰다. 그들은 모세에게 말하였다. "어른께서 우리에게 말씀하십시오. 우리가 듣겠습니다. 하나님이 직접 우리에게 말씀하시면, 우리는 죽습니다." 모세가 백성에게 말하였다. "두려워하지 말아라. 하나님이 너희를 시험하시려고 나타나신 것이며, 너희가 주를 두려워하여 죄를 짓지 않게 하시려고 나타나신 것이다."**

"온 백성이 천둥소리와 번개를 보았다"(=들었다)라는 말씀은 선에게서 비롯된 신령진리의 지각을 뜻하고, "나팔 소리를 들었다"라는 말씀은 천계를 통해서 온 동일한 것들을 뜻하고, "산의 연기를 보왔다"라는 말씀은 외적인 모양 안에 있는 것을 제외하면 지각할 수 없는 진리에 속한 선 자체를 뜻합니다. "백성은 그것을 보고 두려워 떨었다"라는 말씀은 그것들이 수용되었을 때 거기에 있는 공포(恐怖)나 전율(戰慄)을 뜻합니다. "그들은 멀찍이 물러섰다"라는 말씀은 내적인 것들로부터 멀리 떨어짐을 뜻합니다. "그들이 모세에게 말하였다"라는 말씀은 불평불만을 뜻합니다. "어른께서 우리에게 말씀하십시오"라는 말씀은 조절된 형체 안에 있는 진리의 수용(受容)을 뜻하고, 따라서 그들이 복종할 것을 뜻합니다. "하나님이 직접 우리에게 말씀하신다"라는 말씀은 조절되지 않은 형체 안에 있는 진리를 뜻합니다. "우리는 죽습니다"라는 말씀은 따라서 그들에게 있는 천계적인 삶(=생명)은 소멸한다는 것을 뜻합니다. "모세가 백성에게 말하였다"라는 말씀은, 알림(情報 · information)을 뜻합니다. "두려워하지 말아라. 하나님이 너희를 시험하시려는 것이다"라는 말씀은 천계에 속한 삶(=생명)은 소멸하지 않는다는 것을 뜻하고, 그리고 이와 같은 일은 그저 단순하게 그것이 존재한다는 것을 알게 하기 위한 것이라는 것과, 그리고 그것의 성질(=본성)이 무엇인지 알게 하기 위한 것이라는 것을 뜻합니다. "너희가 주를 두려워하여 죄를 짓지 않게 하시려고 나타나신 것이다"(=그들 두려워함이 너희의 얼굴 앞에 있게 하여 너희로 죄를 짓지 않게 하려는 것이다)라는 말씀은 신령존재에게서 비롯된 거룩한 경외(敬畏)를 뜻하고, 그리고 결과적으로는 영적인 생명에 속한 보존(保存)을 뜻합니다.

8914. 온 백성이 천둥소리와 번개를 보았다.

이 말씀이 선에서 비롯된 신령진리들에 속한 지각(知覺)을 뜻한다는 것은 이해하고, 지각하는 것을 가리키는 "본다"(seeing)라는 말의 뜻에서(2150 · 2325 · 2807 · 3764 · 3863 · 3869 · 4403-4421 · 4567 · 4723 · 5400항 참조), 그리고 신령진리들을 가리키는 "천둥소리"의 뜻에서(7573 · 8813항 참조), 그리고 사랑에 속한 선에서,

그리고 지워버리고 침투하는 진리가 가리고 있는 밝음을 가리키는 "번개"의 뜻에서 잘 알 수 있습니다(8813항 참조).
[2] 선에서 비롯된 진리들이 여기서는, 천둥들과 번개들 가운데서 나온 시내 산에서 선언된 십성언(十聖言)의 계명들을 뜻합니다. 그 때 이런 것들이 드러나 보여졌습니다. 그 이유는 번개들이 신령진리들을 뜻하기 때문입니다. 이런 이유 때문에 그것들은 역시 "천둥소리"라고 하였습니다. 그리고 번개는, 진리들이 선에서 취한 밝음을 뜻합니다. 그것은 이런 이유 때문에 "횃불"(torches), 즉 불꽃들이라고 하였습니다. "불꽃"이 주님의 신령선에서 발출하는 신령진리들을 뜻한다는 것은 6832항을 참조하십시오.

8915. 온 백성이 나팔 소리를 들었다.

이 말씀이 천계를 통해서 온 동일한 것들, 즉 신령진리들의 지각을 뜻한다는 것은 신령존재를 에워싸고 있는 천사적인 천계의 상태를 가리키는, 그리고 거기에서 비롯된 신령진리를 가리키는 "나팔 소리"의 뜻에서(8815・8823항 참조), 잘 알 수 있습니다. 이렇게 볼 때 여기서 시대의 종말(the consummation of the age), 즉 교회의 마지막 때에 관해서 주님께서 예언하신 주님의 말씀이 뜻하는 것이 무엇인지 잘 알 수 있겠습니다. 그 때 주님께서는, 자기 천사들을 큰 나팔 소리와 함께 보낼 것인데, 그들은 사방에서 선택된 사람들을 모을 것이라고 말씀하셨습니다(마태 24 : 31). 주님의 모든 말씀들은 그것 안에 천계적인 것들이나 신령한 것들을 저장하고 있다는 것, 다시 말하면 그것들 안에는 속뜻이 담겨 있다는 것을 알지 못하는 사람은, 최후심판이 임박하였을 때 천사들이 모습을 드러낼 것이고, 그것을 선언할 것이라는 것, 그리고 나팔 소리로 선택된 자들 모두를 불러 모을 것이라고 믿을 것입니다. 그러나 여기서의 "나팔 소리"는 악기 나팔의 소리를 뜻하지 않고, 오히려 천계를 통해서 내적인 형체로 오는 신령진리를 뜻하고, 그리고 그것의 복음전파(the evangelization)를 뜻합니다(4060・8815・8823항 참조).

8916. 산의 연기를 보았다(=연기나는 산을 보았다).

이 말씀이 외적인 형체 안에 있는 것을 제외하면 지각할 수 없는 진리에 속한 선 자체를 뜻한다는 것은, 천계에서 신령진리에 결합된 신령선을 가리키는, 여기서는 시내 산을 가리키는 "산"의 뜻에서(8805항 참조), 그리고 외적인 형체 안에 있는 것을 가리키는 "연기"의 뜻에서 잘 알 수 있습니다. "연기"가 이런 내용을 뜻한다는 것은 신령진리, 즉 내적인 형체 안에 있는 성언은 마치 빛과 같고, 그리고 불꽃과 같기 때문이지만, 그러나 외적인 형체 안에 있는 그것은 마치 구름과 같고, 연기와 같기 때문입니다. 그 이유는 신령진리, 즉 내적인 형체 안에 있는 성언은 천계에 있는 그런 것, 따라서 거기에 있는 빛 안에 있는 그런 것이지만, 그러나 외적인 형체 안에 있는 그것은 이 세상에 있는 그런 것과 같고, 따라서 이 세상의 빛 안에 있는 그런 것과 같기 때문입니다. 천계의 빛에 대하여 상대적으로 말하면, 이 세상의 빛은 마치 구름과 같고, 또한 불꽃에 비하면 구름과 같습니다. 신령진리, 즉 내적인 형체 안에 있는 성언은 성언의 속뜻을 가리키고, 그리고 외적인 형체 안에 있는 그것은 성언의 겉뜻, 또는 문자적인 뜻과 같습니다. 그리고 이 문자적인 뜻이 "구름"이라고 한다는 것은 창세기 18장 해설 서문을 참조하시고, 그리고 또한 4060 · 4391 · 5922 · 6343 · 6752 · 8106 · 8781항을 참조하십시오. 그리고 그것이 "연기"라고 불리운 것은, 연기(smoke)가 진리에 속한 불영명(不英明)한 것을 뜻하기 때문입니다(8819항 참조). 산이 이스라엘 자손 앞에 연기를 내뿜고 있다는 것은 거기의 신령존재가 그런 성질의 것이 아니고, 다만 신령존재가 그것을 보고 있는 자의 성품에 따라서 어느 누구에게 나타나기 때문입니다. 그 때 그것을 보고 있는 자들의 성품은, 내적인 것들 안에는 아무것도 존재하지 않고, 다만 외적인 것들 안에 존재하는 예배에 속한 모든 것을 이루고 행합니다. 그리고 결과적으로는 그들은 성언의 문자적인 뜻에 따라서 오직 성언을 이해했습니다. 그러므로 그것이 공표될 때의 진리에 관해서 보면 신령존재는 사실 그들에게는 마치 연기와 같이 나타날 수밖에 없었습니다. 다시 말하면 불영명한 것으로 보일 수밖에 없었습니다. 그것으로 말미암아 "그들이 멀찍이 물러서 있었다"라고 언급되었는데, "물러서 있다"라는 말은, 그들이 내적인 것들에게서 멀리 이동해 있었다는 것을 뜻합니다. 그러나 이것에 관해서는 아래에서 상론하겠습니다.

8917. 백성은 그것을 보고 두려워 떨었다.

이 말씀이, 신령진리가 지각되었을 때 거기에 있었던 경외(敬畏·두려움·공포·tremor)를 뜻한다는 것은, 여기서는 신령진리들이 지각되었을 때에 거기에 있는 경외(敬畏)를 가리키는 "떨었다"(=흔들림·동요)라는 말의 뜻에서 잘 알 수 있습니다. 이것에 관한 경외(=동요)는 5459·8816항을 참조하십시오.

8918. 그들은 멀찍이 물러섰다.

이 말씀이 내적인 것들로부터의 멀리 떨어짐(remoteness)을 뜻한다는 것은 멀리 떨어진 것을 가리키는, 여기서는 내적인 것들에게서 멀리 떨어진 것을 가리키는 "멀찍이 물러섰다"라는 말의 뜻에서 잘 알 수 있습니다. 그 이유는 시내 산에서 멀리 떨어져 있기 때문인데, 그 산은 곧 천계와 거기에 있는 신령존재를 뜻하기 때문입니다(8805항 참조). 여러분께서 "신령존재에게서 멀리 떨어져 있다" "천계로부터 떨어져 있다" "내적인 것들에게서 떨어져 있다"라고 말하든, 그것은 꼭 같은 뜻인데, 그 이유는 천계가 내적인 것들 안에 존재하기 때문입니다. 왜냐하면 사람에 속한 내적인 것은 천계의 빛 안에 있고, 그리고 그의 외적인 것은 이 세상의 빛 안에 있기 때문입니다. 또한 동일한 것인데, 사람의 영혼(靈魂·soul)이나 사람의 영(靈)은 천계에 있지만, 그러나 그의 육체는 이 세상에 있습니다. 천계는 이 세상에 비하여 신령존재 가까이에 있습니다.

그 이유는 천계에서는 주님의 신성(神性)이 다스리시기 때문이고, 그리고 신성은 모든 것 안에 있는 전부이시기 때문입니다. "멀리 떨어져 있다"라는 말을 보다 깊이 관찰한다면, 영적인 뜻으로 "멀찍이 물러섰다"라는 말은 공간(空間 · space)에는 결코 관계를 가지고 있지 않지만, 그러나 신령존재와 관계를 가지고 있고, 따라서 선이나 진리와 관계를 가지고 있다는 것을 주지하여야 하겠습니다. 신령존재에게서 발출하는 선 자체로부터의 거리는 천계에서의 거리의 외현(外現)을 야기시킵니다. 거기의 천사적인 사회들은 구별되어 나타나고, 심지어 서로 아주 멀리 떨어져 있는 것 같이 보입니다. 그러나 이미 언급한 것과 같이 이와 같은 공간의 개념은, 주님의 신성에게서 비롯된 선과 진리에 생긴 거리로 인하여 생긴 것입니다. 이런 것은 하나의 모순(矛盾 · paradox)일 뿐입니다. 아니, 이 세상의 수많은 자들에게 일어나는 불합리한 것(absurd)입니다. 그 이유는 사람들에게 있는 생각(思想)이나 그것들의 개념들은 공간(空間)이나 시간(時間) 위에 기초하고 있기 때문입니다. 그러므로 사람이 그것들이 없이는 아무것도 생각할 수 없기 때문입니다. 결과적으로 만약에 여러분들이 한 사람의 생각에서 시간이나 공간을 추상화한다면, 그는 거의 아무것도 지각할 수 없습니다. 그럼에도 불구하고 천계에 있는 천사들은 전적으로 시간이나 공간의 개념 없이도 생각하고, 총명이나 지혜 안에 있는 그런 충분한 것으로 생각하고, 그리고 그들의 생각들을 수천의 사람의 생각을 훨씬 뛰어넘습니다. 아니, 수만의 시간과 공간에서 파생된 하나의 개념이 그들에게 생겨난다면, 그것은 그들의 마음에 그늘이나 짙은 흑암으로 즉시 바뀔 것입니다. 그 이유는 그 때 그것들은 마치 천계의 빛에서부터 자연계의 빛으로 떨어졌기 때문입니다. 그들에게 자연계의 빛은 짙은 암흑이기 때문입니다.

[2] 저 세상에는 공간이나 시간이 결코 존재하지도 않고, 오히려 상태(狀態)가 있다는 것, 그리고 또한 공간이나 시간의 외현(外現)

들은 선과 진리들에 대한 상태들의 변화들에게서 생겨난다는 것 등은 2625·2837·3356·3387·3404·4321·4882·5605·7381항을 참조하십시오. 이상에서 볼 때 그 때 "백성이 멀찍이 물러섰다"라는 말이 영적인 뜻으로 뜻하는 것이 무엇인지, 다시 말하면 신령존재께서 존재하는 천계로부터의 떨어짐이 무엇인지 잘 알 수 있겠습니다. 우리의 본문에서는 내적인 것들로부터 떨어짐을 뜻합니다. 그 이유는, 위에서 언급한 것과 같이, 시내 산에서부터 멀리 떨어져 서 있는 그 민족은 내적인 것들에게서 아주 멀리 떨어져 있었기 때문입니다. 왜냐하면 그 민족은 오직 외적인 것들 안에 빠져 있었기 때문입니다. 그리고 그 민족은 신령예배에 속한 모든 것을 외적인 것 안에 두었기 때문입니다. 더욱이 그렇게 하는 일이 그 민족에게 용납되었습니다. 그 이유는, 그렇게 하는 그것이 천계적인 것들이나 신령한 것들을 표징할 수 있었기 때문입니다. 왜냐하면 표징적인 것이 되기 위해서 외적인 것은 요구되었기 때문이고, 또한 표징적인 것은 내적인 것 없이도 가능하기 때문입니다(3147·3670·4208·4281·4288·4307·8588항 참조).

[3] "멀찍이 물러섰다"라는 말이, 신령존재에게서 온 선과 진리로부터의 떨어짐을 뜻한다는 것, 따라서 내적인 것들로부터의 떨어짐(=멀어짐)을 뜻한다는 것 등은 아래의 장절들에게서 명확합니다. 누가복음서의 말씀입니다.

> 부자가 지옥에서 고통을 당하다가 눈을 들어서 보니, 멀리 아브라함이 보이고, 그의 품에 나사로가 있었다.……그러나 아브라함이 그에게 말하였다.……그뿐만 아니라, 우리와 너희 사이에는 큰 구렁텅이가 가로 놓여 있어서, 여기에서 너희에게로 건너가고자 해도 갈 수 없고, 거기에서 우리에게로 건너오지도 못한다.
> (누가 16 : 23, 26)

여기서 "아브라함"은 사람 아브라함을 뜻하지 않습니다. 왜냐하면 천계에서 그가 누구인지 모르기 때문입니다. 그러나 최고의 뜻으로는 주님을 뜻하고, 상대적인 뜻으로는 사랑에 속한 선이나 주님을 믿는 믿음 안에 있는 천계에 있는 자들을 뜻합니다(1834 · 1876 · 1965 · 1989 · 2011 · 3245 · 3305 · 6098 · 6185 · 6276 · 6894항 참조). 지옥에 있는 자들이 "멀리 떨어져 있는 천계에 있는 자들을 보았다"라고 언급되었습니다. 그 이유는, 그들이 선과 진리에서부터 가장 멀리 떨어진 상태에 있었기 때문입니다. 그들 사이에 있는 "큰 구렁텅"은 선으로부터 생겨난 떨어짐 자체를 뜻합니다. 그리고 그것은 그들 사이에 있는 구렁텅이의 외현을 제공합니다.

[4] 이 세상에 있는 모든 사람들이 하는 것과 같이, 공간(空間)의 개념으로 생각하는 사람들은, 지옥이 사람에게서 멀리 떨어져 있다는 것 이외에 다른 것을 지각하지 못하고, 그리고 천계 역시 그러하다는 것만 생각합니다. 그러나 경우는 이와 전혀 다릅니다. 지옥이나 천계는 사람에게 아주 가까이 있습니다. 맞습니다. 사람 안에 있습니다. 지옥은 악한 사람 안에 있고, 그리고 천계는 선한 사람 안에 있습니다. 더욱이 모든 사람은 사후(死後), 그가 이 세상에서 살 때 그가 가지고 있었던 그 지옥이나, 또는 그 천계에 갑니다. 그럼에도 불구하고 그 때 그것으로 바뀌고, 그리고 역시 이 세상에서 깨닫지 못하였던, 천계도 지각되는 것으로 바뀝니다. 천계는 모든 행복으로 충만하고, 지옥은 모든 불행으로 가득합니다. 천계는 모든 행복으로 충만하고, 지옥은 모든 불행으로 가득합니다. 천계가 우리 안에 있다는 것을 주님께서는 누가복음서에서 가르치셨습니다.

> "보아라, 하나님의 나라는 너희 가운데(=너희 안에) 있다."
> (누가 17 : 21)

역시 아래 장절에 있는 "멀리 떨어져 있다"라는 말의 뜻을 참조하십시오.

주의 군대가 먼 나라에서 온다.
하늘 끝 저 너머에서 온다.
그들이 주와 함께
그 진노의 무기로 온 땅을 멸하려 온다.
(이사야 13 : 5 ; 예레미야 5 : 15)
너희 먼 곳에 있는 자들아,
내가 무슨 일을 하였는지 들어 보아라!
너희 가까운 곳에 있는 자들아,
나의 권능을 깨달아라!
(이사야 33 : 13)
북쪽에다가 이르기를
'그들을 놓아 보내어라' 하고,
남쪽에다가도
'그들을 붙들어 두지 말아라.
나의 아들들을 먼 곳에서부터 오게 하고,
나의 딸들을 땅 끝에서부터 오게 하여라.……
백성을 법정으로 데리고 나오너라.
눈이 있어도 눈이 먼 자요,
귀가 있어도 귀가 먹은 자다!
(이사야 43 : 6, 8 ; 49 : 12)
"뭇 민족들아, 너희는 나 주의 말을 듣고,
먼 해안지역 사람들에게 이 말을 전하여라.
'이스라엘을 흩으신 분께서
그들을 다시 모으시고,
목자가 자기 양 떼를 지키듯이
그들을 지켜 주신다.'
(예레미야 31 : 10)
저 소리,
가련한 나의 백성,

나의 딸이 울부짖는 저 소리가,
먼 이국 땅에서 들려 온다.
(백성이 울부짖는다.)
"이제는 주께서는 시온을 떠나셨단 말인가?
시온에는 왕도 없단 말인가?
(그러나 주께서 말씀하신다.)
"어찌자고 조각한 신상과 헛된 우상을
남의 나라에서 들여다가,
나를 노하게 하였느냐?"
(예레미야 8 : 19)
주께서 그들을,
나무를 심듯이 심으셨으므로,
뿌리를 내리고 자라며, 열매도 맺으나,
말로만 주님과 가까울 뿐,
속으로는 주님과 멀리 떨어져 있습니다.
(예레미야 12 :2)
"내가 가까운 곳의 하나님이며,
먼 곳의 하나님은 아닌 줄 아느냐?
나 주의 말이다."
(예레미야 23 : 23)

이상의 모든 장절에서 "멀리 떨어져 있다"라는 말은 선으로부터 떨어짐을 뜻합니다.

8919. 그들은 모세에게 말하였다.

이 말씀이 불평불만을 뜻한다는 것은 우리의 본문절에 이어지는 것에서 잘 알 수 있습니다. 왜냐하면 그들이 말한 내용은 곧 불평이고, 불만이었기 때문입니다.

8920. "어른께서 우리에게 말씀하십시오. 우리가 듣겠습니다" (=당신이 우리에게 말씀하소서. 우리가 듣겠습니다).

이 말씀이, 그래서 그들이 복종하기 위하여 조절된 형체 안에 있는 진리의 영접을 뜻한다는 것은 입류(入流)와 교류(交流)를 가리키는 "말한다"(speaking)라는 낱말의 뜻에서 잘 알 수 있습니다(2951·3060·4131·5481·5797·6228·7270·8128항 참조). 그러므로 역시 영접과 수용을 뜻합니다. 왜냐하면 입류하고 교류된 것은 영접되고, 수용되기 때문입니다. 그리고 천계에 있는 신령진리와 결합된 천계 아래에 있는 신령존재에게서 비롯된 신령진리를 가리키는, 따라서 주님과 사람(=백성) 사이에서 중재하고, 말하려고 하는 모세의 표징에서도 잘 알 수 있습니다. 여기서 "모세"는 조절된 형체 안에 있는 진리를 뜻합니다.

[2] 조절된 형체 안에 있는 진리에 관해서 주지하여야 할 것은 신령진리가 천계를 통하여 사람에게 내려올 때, 그것은 마치 성언이 내려오는 것과 같은데, 그것은 모두에게, 다시 말하면 천계에 있는 자들이나, 땅 위에 있는 자들 모두에게 조절된 길 위에 있습니다. 그러나 신령진리는, 이 세상에 있는 것에서 비롯되는 경우 천계에서는 전혀 다른 형체 안에 있습니다. 천계에서 그것은 마치 성언의 속뜻 안에 있는 것과 같지만, 그러나 이 세상에서는 마치 문자 안에 있는 문자적인 뜻과 같은 그런 것과 같습니다. 아니, 천계에 있는 그것들 자체는 다양한 형체들 안에 있습니다. 어떤 것은 극내적인 것 안에 있는, 다시 말하면 삼층천(三層天)에 있는 형체 안에 있고, 어떤 것은 중간적인 것 안에, 다시 말하면 이층천에 있고, 움직이지 않는 것 안에 있는, 다시 말하면 일층천, 즉 극외적인 형체 안에 있습니다. 신령진리의 형체, 다시 말하면, 그것에 속한 지각(知覺)·생각(思想)·발설(發說)은 극내적인 천계, 즉 삼층에 있고, 그래서 중간천계, 즉 이층천에 내려올 수 있습니다. 그래서 이 천계에서 그것은 이해될 수 없는데, 그것은 매우 신령하고, 그리고 매우 높이 있습니다. 왜냐하면 그것은 이층천에서는 공표(公表)될 수 없는 헤아릴 수 없는 수많은 것들을 내포하고 있기 때문입니다. 그리고 그것은 사랑에 속한 정동에 대해서는 상태의 단순한 변화

들로 구성되었습니다. 그러나 중간천계, 즉 이층천에 있는 신령진리의 형체는 마찬가지로 일층천, 즉 궁극적 천계로 내려오고, 그리고 더욱이 이 세상에 있는 신령진리의 형체에게로 내려옵니다. 그러므로 그것은, 이들 천계에서 공표되는 것들은 인간의 마음이 지각되지 않는 그런 것이고, 그리고 사람의 귀가 들을 수 없는 그런 것들입니다. 이러한 사실은 이 천계에 오는 자들의 경험에서 잘 알 수 있습니다.

[3] 이런 사실을 알지 못하는 자들은, 천계에 있는 자들이 이 땅에서 하는 것 이외의 다른 것들을 생각하지 않고, 또한 그 밖의 것을 말하지 않는다는 것을 믿습니다. 그 이유는 그들이, 사람의 내면적인 것들이 그의 외면적인 것들에 비하여 매우 높은 상태에 있다는 것을 알지 못하기 때문이고, 그리고 천계에 있는 자들의 생각이나 언어는 천적인 것이고, 영적인 것이라는 것을 알지 못하기 때문이고, 그리고 이 땅에 있는 자들의 생각이나 언어는 자연적인 것이라는 것을 알지 못하기 때문입니다. 그리고 이것들의 차이는 너무 크기 때문에 몇 마디 말로 기술될 수 없습니다. 언어의 종류에 관해서는 1634-1650 · 1757-1759 · 1876 · 2157 · 2472 · 2476 · 3342-3345 · 4104 · 4609 · 5225 · 5287 · 6040 · 6982 · 7002 · 7089 · 7131 · 7191 · 7381 · 8343 · 8733 · 8734항을 참조하십시오.

[4] 이렇게 볼 때, 만약에 신령진리나 성언이 조절된 형체 안에 드러나지 않는다면, 그것은 이해될 수 없다는 것은 아주 명확합니다. 왜냐하면 그것이 지각의 상태(the state of perception)에 비하여 보다 더 높은 형체 안에 있다면, 그것은 이해 안에 들어오지 못하고, 따라서 믿음에 들어오지 못하기 때문입니다. 그러므로 여기서 얻는 결론은 신령진리는, 마치 성언이 문자 안에 있는 것과 같이 사람에게 주어진다는 것입니다. 만약에 신령진리가 천계에 있는 그런 것처럼 나타난다면 사람은 어느 누구도 그것을 파악하지 못

할 것이고, 그리고 첫 번째 견해(見解)나 고지(告知)에서 그것은 배척될 것입니다. 그 이유는 그것은 자연적인 빛에 속한 것들 안에는 들어오지 못할 것이기 때문입니다. 더욱이 그것은, 사람의 그 어떤 개념들에게도 결코 들어오지 못하는 그런 비의(秘義)적인 것들로 채워져 있기 때문입니다. 그 이유는 그것들이 외적인 감관들을 통해서 이 세상에서 생겨난 외현(外現)들이나 오류(誤謬)들에게는 전적으로 모순되기 때문입니다. 이런 비의들 안에 몇 겹으로 숨겨져 있는 심오한 비의에 관해서는 아무것도 말할 수 없다는 것, 그리고 천계적인 빛이나 별에 속한 상태의 변화들이나 변형들에 의한 것을 제외하면 그것의 표현은 불가능합니다. 그것에 의하여 천사적인 언어나 사상은 계속 진행됩니다.

8921. "하나님께서 우리에게 말씀하시지 않게 하여 (우리로 죽지 않게 하소서)**"**(=하나님이 직접 우리에게 말씀하시면 우리는 죽습니다).

이 말씀이 조절되지 않은 형체 안에 있는 진리를 뜻한다는 것은 앞서 언급된 내용에서 잘 알 수 있습니다. 왜냐하면 "모세"는 천계에 있는 신령진리와 결합된 천계 아래에 있는 신령진리를, 따라서 주님과 백성 사이에서 중재하는, 결과적으로는 조절된 형체 안에 있는 신령진리를 뜻하기 때문입니다(8920항 참조). 따라서 우리의 본문, "하나님께서 우리에게 말씀하시지 않게 하소서"라는 말은 조절되지 않은 형체 안에 있는 신령진리를 뜻하기 때문입니다. 왜냐하면 여기서 "하나님"은 천계에 있는 신령진리의 측면에서 주님을 뜻하기 때문입니다(8805항 참조). 결과적으로 신령진리 자체를 뜻하기 때문입니다. 그것은 또한 "하나님"이라고 언급하였지만. "여호와"라고 언급되지 않은 이유이기도 합니다. 왜냐하면 성경에서 "하나님"이 명명(命名)된 곳에서는 신령진리의 측면에서 주님을 뜻하기 때문입니다. 그러나 "여호와"가 명명된 곳에서는 신령선의 측면에서 주님을 뜻합니다(2586 · 2769 · 2807 · 2822 · 3921 · 4295 · 4402 · 7091 · 7268 · 7873 · 8301 · 8867항 참조).

8922. (만약에 말씀하신다면) **우리는 죽습니다**(=우리로 죽지 않게 하소서).
이 말씀이, 따라서 그들에게 있는 천계에 속한 생명(=삶)이 소멸할 것이라는 것을 뜻한다는 것은 영적으로 죽는 것을 가리키는 "죽는다"라는 낱말의 뜻에서(6119항 참조), 그러므로 천계에 속한 생명(=삶)에 대하여 소멸하는 것의 뜻에서 잘 알 수 있습니다. 조절되지 않은 형체 안에 있는 신령진리가 이런 결과를 취한다는 것은 바로 위에서 언급된 것에서 잘 알 수 있습니다(8920항 참조). 왜냐하면 조절되지 않은 형체 안에 있는 진리, 이런 진리는 천계에 있는데, 이해력(理解力 · apprehension)을 초월(超越)해 있고, 그리고 이해력을 초월해 있는 것은 영접, 수용되지 않으며, 그리고 영접, 수용되지 않은 것은 그 어떤 믿음에도 유입되지 않습니다. 그러므로 천계의 생명을 가리키는, 믿음에 속한 삶(=생명)에도 유입되지 않기 때문입니다. 왜냐하면 사람은 중생하였기 때문입니다. 다시 말하면 사람은, 믿음에 속한 것인 신령진리에 의하여 천계의 생명을 영접, 수용하기 때문입니다(2046 · 2063 · 2189 · 2979 · 3155 · 3876 · 3877 · 5893 · 5921 · 6247 · 8635-8640 · 8772항 참조).

8923. 모세가 백성에게 말하였다.
이 말씀이 정보(情報)를 뜻한다는 것은 정보를 가리키는, 여기서 백성에게 말한 모세가 말하였다는 "말한다"라는 낱말의 뜻에서 잘 알 수 있습니다. 왜냐하면 그가 말한 것들은 그들이 불평한 것들에 관한 정보(=교시 · 教示)에 속한 사안들이기 때문입니다. 마찬가지로 다른 곳에서도 "말한다"라는 말은 정보나 교시를 뜻하는데, 그 때 정보는 조회(=질문)된 주제에 관해서 주어집니다(7769 · 7793 · 7825 · 8041항 참조).

8924. "두려워하지 말아라. 하나님이 너희를 시험하시려고 나타난 것이다"(=내려오신 것이다).
이 말씀이 천계의 생명이 소멸하지 않을 것이라는 것을 뜻한다는 것을 뜻합니다. 이와 같은 일은 그것이 존재한다는 것을 알게 하려는 단순한 것입니다. 그리고 그것의 내용이나 성질이 무엇인지 알게 하려는 것입니다. 이러한 내용은 "두려워하지 말아라" 다시 말하면 천계의 생명의 측면에서 그들이 소멸할 것이라는 것을 가리키는 그들이 죽을 것이라는 말의 뜻에서 잘 알 수 있습니다(8922항 참조). 그리고 천계의 생명이 있다는 것과 그것의 성질이 어떤 것인지를 가르치는 것을 가리키는 "너희를 시험한다"라는 말의 뜻에서 잘 알 수 있습니다. "시험한다"(tempting)라는 말이 이런 내용을 뜻한다는 것은 모든 영적인 시험이 사람에게 있는 이런 것들을 가르치고, 확증하기 때문입니다. 왜냐하면 온갖 시험들은, 진리에 속한 믿음과 진리에 속한 정동, 그리고 그 뒤에는 선에 속한 정동이 뿌리를 내리고 활착(活着)하기 위한 것을 열망하기 때문이고, 그리고 따라서 사람이 천계의 생명을 가리키는, 새로운 생명(=삶·new life)을 영접, 수용하기를 열망하기 때문입니다.

[2] 왜냐하면 온갖 시험들은 온갖 악들이나 거짓들과의 싸움이기 때문입니다. 그리고 사람이 이 싸움들을 승리하였을 때 그는 확증되기 때문입니다. 왜냐하면 그는 거짓과 악에 대항하여 진리들로 말미암아서, 그리고 진리들을 위하여 싸우기 때문입니다. 그가 진리들로 인하여, 그리고 진리들을 위하여 싸운다는 것을 그 사람은 그 때 인지(認知)하지 못하는데, 그 이유는 진리들이 내면적인 것들 안에 있기 때문이고, 그러므로 그것들은, 외면적인 것에 속한, 감관에 명확하게 다가오지 않기 때문입니다. 그러나 그것이 진리들로 인하여, 그리고 진리들을 위한 것이라는 것은, 서로 상반되는 것들의 충돌(衝突)에 의한 것을 제외하면 불가능한 것을 가리키는 거기에 싸움이 있고, 그리고 그 뒤에 승리가 있다는 사실에서 명확합니다. 다시 말하면 상반되는 것들은 악과 선이고, 거짓과 진리입니다.

[3] 그러나 주지하여야 할 것은, 사람은 그것들에 대항하여 싸우

지 않고, 오히려 주님께서 사람을 위하여 싸우신다는 것이고, 사실은 지옥들을 대항하여 싸우신다는 것입니다. 그 때 지옥들은 사람을 공격하고, 정복하려고 시도(試圖)합니다(840 · 1661 · 1692 · 8159 · 8168 · 8172 · 8175 · 8176항 참조). 이상에서 볼 때 우리의 본문, "두려워하지 말아라. 하나님이 너희를 시험하시려고 나타나신 것이다"라는 말이 천계의 생명이 소멸할 것이라는 것을 그들이 두려워하지 말아야 한다는 것을 뜻한다는 것입니다. 왜냐하면 이러한 일은, 그들이 천계의 생명이 있다는 것과 그리고 그것의 성징이 무엇인지를 가르침을 받고, 알게 하기 위하여 일어난 것이기 때문입니다. 시험들에 관해서는 이미 설명된 것들인 2272 · 2768 · 3318 · 3927 · 3928 · 4249 · 4299 · 4341 · 4572 · 5036 · 5246 · 5356 · 6144 · 6574 · 6611 · 6657 · 6663 · 6666 · 6829 · 8131 · 8273 · 8351 · 8367 · 8370 · 8403 · 8567항을 참조하십시오.

8925. "너희가 주를 두려워하여 죄를 짓지 않게 하시려고 나타난 것이다"(=그를 두려워함이 너희 얼굴 앞에 있게 하여 너희로 죄를 짓지 않게 하기 위한 것이다).

이 말씀이 신령존재에게서 온 거룩한 경외(敬畏 · holy fear)를 뜻한다는 것, 결과적으로 영적인 생명의 보존(保存)을 뜻한다는 것은, 이것에 관해서는 아래에서 언급하겠지만, 신령존재에게 속한 거룩한 경외를 가리키는 "하나님의 두려움"(=하나님에 속한 경외)의 뜻에서, 그리고 내면적인 것들을 가리키는 "얼굴"의 뜻에서(1999 · 2434 · 3527 · 4066 · 4796 · 4797 · 5102 · 5585 · 5592항 참조) 잘 알 수 있습니다. 결과적으로 그들의 얼굴 앞에 있는 "하나님의 두려움"(敬畏)은 그들의 내면적인 것들 안에 있는 신령존재에 속한 거룩한 경외(=두려움)를 뜻합니다. 그리고 영적인 생명의 보존을 가리키는 "너희가 죄를 짓지 못하게 한다"라는 말의 뜻에서 잘 알 수 있습니다. 왜냐하면 영적인 생명(=삶)은 죄를 짓지 않는 것에 의하여 보존되기 때문입니다. 죄를 짓는다는 것은 의도적으로 그리고 의지로 말미암아 악과 거짓을 행하고, 생각하는 것입니다. 왜냐하면 의도적으로 행한 것들이나, 의지로 말미암아 행한 것들은 마음에서 나온 것이고, 그 사람을 더럽히는 그런 것들이기 때문입니다(마태 15 : 11, 17-19). 결과적으로 그것은 사람에게서 영적인 생명을 파괴하기 때문입니다(8910항 참조). 우리의 본문, "하나님의 두려움"이 뜻하는 성경의 거룩한 경외(敬畏 · the holy fear)에 관해서 주지하여야 할 것은 이 두려움(敬畏)이 사랑이라는 것입니다. 그러나 이런 부류의 사랑은 자신들이 부모에 대한 어린 것들의 사랑이고, 또한 자신들의 자녀들에 대한 부모의 사랑이요, 또한 서로간의 배우자의 사랑이라는 것입니다. 그들은 불쾌하게 하는 어떤 것을 행하는 것을 두려워합니다. 그러므로 어떤 식으로든 사랑하는 것이 해를 입는 것을 두려워합니다. 이런 두려움은 사람의 중생과정에서 사랑 안에 삽입됩니다. 이 두려움이 사랑과 일치하기 때문에, 그리고 그것 안에 있을 수 있고, 실제적으로 그것 안에 있고, 또한 그 사람과 결합하기 때문에, 이런 이유 때문에 그것은 거룩한 경외라고 하였고, 그리고 십성언의 계명들에게서 정반대로 죄를 짓는 두려움이나 행하는 두려움이라고 하였습니다. 그러므로 주님에게 정반대로 죄를 짓는 것이고, 범죄를 행하는 것입니다. 그러나 이와 같은 두려움은 그 사람의 성질이나 양(量)에 따라서 모두에게는 서로 다릅니다(2826 · 3718 · 3719 · 5459 · 7280 · 7788항 참조).

8926. 21-23절. **백성은 멀리 떨어져 서 있고, 모세는 하나님이 계시는 먹구름이 있는 곳으로 가까이 갔다. 주께서 모세에게 말씀하셨다. "너는 이스라엘 자손에게 이렇게 말하여라. '내가 하늘에서부터 너희에게 말하는 것을 너희는 다 보았다. 너희는, 나 밖에 다른 신들을 섬기려고, 은이나 금으로 신들의 상을 만들지 못한다.'"** "백성이 멀리 떨어져 서 있다"라는 말씀은 내적인 진리들로부터의 떨어짐을 뜻합니다. "모세는 하나님이 계시는 먹구름이 있는 곳으

로 가까이 갔다"라는 말씀은 신령진리와 영적인 선에 속한 진리의 변함없는 결합을 뜻합니다. "주께서 모세에게 말씀하셨다"라는 말씀은 더 상세한 교육(=가르침)을 뜻합니다. "너는 이스라엘 자손에게 이렇게 말하여라"라는 말씀은 영적인 교회에 속한 자들을 뜻합니다. "내가 하늘에서부터 너희에게 말하는 것을 너희는 다 보았다"라는 말씀은 천계를 통한 신령존재에게서 비롯된 입류에 의한 성언의 모든 것을 뜻합니다. "너희는, 은이나 금으로 신들의 상을 만들지 못한다"라는 말씀은, 그들이 외적인 형체에서 참된 것이나 선한 것처럼 보이는 그런 것들을 전적으로 삼가야 하지만, 그러나 내적인 형체에서는 거짓되고 악한 것을 전적으로 삼가야 한다는 것을 뜻합니다. "너희는 너희에게 신상들을 만들지 말라"라는 말씀은 그들이 반드시 조심스럽게 알아야 한다는 것을 뜻합니다.

8927. 백성은 멀리 떨어져 서 있었다.
이 말씀이 내적인 진리로부터의 떨어짐을 뜻한다는 것은, 내적인 것들로부터의 떨어짐(隔離)을 가리키는 "멀리 떨어져 서 있다"라는 말의 뜻에서 잘 알 수 있습니다.

8928. 모세는 하나님이 계시는 먹구름이 있는 곳으로(=짙은 흑암으로) **가까이 갔다.**
이 말씀이 변함없는 영적인 선에 속한 진리와 신령진리의 결합을 뜻한다는 것은 천계에 있는 신령진리와 결합된 천계 아래에 있는 신령진리를 가리키는 모세의 표징에서, 결과적으로는 중재하는 것을 가리키는(8760·8787·8805항 참조), 따라서 영적인 선에 속한 진리를 가리키는 모세의 표징에서 잘 알 수 있습니다. 왜냐하면 이 진리는 천계 아래에 있는 신령진리이고, 그리고 그 진리 안에 있는 영적인 교회는 이스라엘 자손이 표징하기 때문입니다. 다시 말하면 이 진리는 그 교회의 우두머리인 모세가 표징합니다(7041항 참조). 그리고 결합(結合)을 가리키는 "가까이 갔다"라는 말의 뜻에서도 잘 알 수 있습니다. 왜냐하면 신령존재에게 가까이 간다는 것은 그것과 결합하기 위한 것이기 때문입니다. 그리고 영적인 교회에 속한 자들에게는 상대적인 신령진리를 가리키는, 그리고 또한 그들의 지도자로서 모세가 책임을 맡고 있는 그 백성에게 상대적인 신령진리를 가리키는 "짙은 흑암"(=먹구름이 있는 곳)의 뜻에서도 잘 알 수 있습니다. 신령진리가 그 교회와 그 백성에게 짙은 흑암이라는 것은, 그들이 신령진리들에 대해서 그 어떤 빛 안에 있지 않기 때문입니다.

[2] 영적인 교회에 속한 자들은 처음 자리에서는 빛 안에 있다고 믿었지만, 그러나 그들은 불영명한 상태에 있었습니다. 아니, 신령진리에 대해서 그들이 짙은 흑암에 있었다는 것은, 교회가 가르치는 것이 참된 것이라는 어떤 내적인 지각(知覺)에서는 그들이 알지 못한다는 사실에서, 그럼에도 불구하고 교회가 그와 같다고 하는 단순한 사실에서 잘 알 수 있습니다. 그리고 이것은 그들이 자신들 스스로 그것이 거짓인지 참된 것인지를 확증하기 때문입니다. 그리고 신령진리에 관하여 내적인 지각 안에 있지 않는 자는 짙은 흑암 안에 있고, 그리고 꼭 같은 일이지만, 그에게는 신령진리가 짙은 흑암(=먹구름)이기 때문입니다. 예를 들어 보겠습니다. 영적인 교회에 속한 자들은, 성언의 영적인 뜻이 있다는 것을 알지도 못하고, 또한 그것을 알려고도 하지 않습니다. 그리고 만약에 그들이 그것을 믿으려고 한다면, 그것은 그것이 사실이라는 어떤 내적인 지각에서 떠나게 될 것이고, 그러나 그들은 어떤 다른 근원에서 비롯된 종지(宗旨)에서 비롯된 어떤 지각에 가까이 있을 것입니다.

[3] 또 다른 예를 들어 보겠습니다. 영적인 교회에 속한 자들은 믿음이 구원의 유일무이(唯一無二)한 수단이고, 심지어 인애나 그것의 선행들은 아무것도 아니라고 주장합니다. 이것은 그들이 그 교회가 그것이 사실이라고 주장하기 때문이라고 믿기 때문입니다. 그리고 또한 그들은, 인애가 존재하는 곳을 제외하면 믿음이 결코 있을 수 없다는 지각에 대한 지각의 빛 안에 들어가지 않았기 때문

이고, 그리고 하나가, 마치 배우자와 배우자의 관계처럼, 다른 자에게 속해 있기 때문입니다. 결과적으로는, 그것이 선에 속해 있기 때문에 인애가 교회의 본질적인 것이라는 것을 제외하면 거기에 전혀 믿음이 존재하지 않는다는 것을 지각하지 못하기 때문입니다. 이렇게 볼 때 불영명의 상태에 있는 것이 무엇인지 잘 알 수 있겠습니다. 그리고 또한 영적인 교회가 있는 상태가 짙은 흑암이라는 것이 무엇인지도 알 수 있겠습니다. 그리고 그들이 이와 같은 짙은 흑암에 있기 때문에, 그들은 믿음에 속한 진리들에 관하여 거기에 각양각색의 교리들이 있는 수많은 교회들로 그 교회를 쪼갰습니다. 그리고 그들은, 만약에 그들이 빛 안에 있다면, 그와 같이 하지 않았을 것입니다. 왜냐하면 빛 안에 있는 사람은 결코 의심하지 않았을 것이고, 하물며 어떻게 배척하고 부인하겠습니까? 다시 말하면 그는, 주님사랑과 이웃사랑이 교회에 속한 본질적인 것이라는 것과 그리고 그것들 위에 성언에 속한 모든 진리들이 기초하여 세워져 있다는 것, 결과적으로 믿음에 속한 모든 진리들이 그것들 위에 기초한다는 것을 어떻게 의심하고 배척, 부인하겠습니까! 이와 같은 경우는 이것에 의존(依存)해 있는 다른 진리들도 꼭 같고, 그리고 믿음에 속한 진리들이라고 하는 것도 동일합니다. 이런 내용들에 관해서는 위에 더 상세하게 설명되었습니다(2708 · 2715 · 2831 · 2849 · 2935 · 2937 · 3241 · 3246 · 6289 · 6427 · 6865 · 6945 · 7233항 참조). 영적인 교회에 속한 자들은 지혜에 속한 첫 번째 문지방에도 이르지 못한다는 것, 또한 천적인 교회에 속한 자들이 있는 빛에 속한 첫 번째 생각에도 들어가지 못한다는 것은 2718 · 3833 · 6500항을 참조하십시오.

[4] 모세가 하나님에게 가까이 갔을 때, 짙은 흑암에 들어갔다고 모세에 관해서 언급된 또 다른 이유는 모세는 하나의 인도자로서 이스라엘 사람이나 유대 사람을 표징하기 때문인데, 그것이 내적인 진리들에 대한 전적인 무지(無知)를 가리키는 내적인 진리들에 관

한 그런 짙은 흑암에 있었기 때문입니다. 왜냐하면 그들은 예배에 속한 모든 것이나 모든 신령한 것을 외적인 것들 안에 두었기 때문입니다. 이것은 그들에게 신령한 것이 짙은 흑암에 있게 하는 이유입니다. 왜냐하면 그것은, 신령존재가 결코 흑암 안에 있지 않고, 오히려 빛 안에 존재하는 것으로 모두에게 알려졌기 때문입니다. 왜냐하면 신령존재는 빛 자체이기 때문입니다. 그러므로 그것이 "짙은 흑암"(=먹구름)으로 불리워졌을 때 그것은 결코 빛 안에 있지 않는 자들에게는 상대적인 것입니다. 왜냐하면 신령진리들은 그들에게서는 전혀 다르지 않게 나타나는 천계에 있는 빛을 만들기 때문입니다. 그 이유는 그것들이 믿어지지 않기 때문이고, 심지어 부인되기 때문입니다. 그리고 신령존재는 그 사람의 생명이나 믿음의 성질에 일치하여 모두에게 나타납니다. 결과적으로 빛 안에 있는 자들에게는 빛처럼 나타나고, 짙은 흑암에 있는 자들에게는 짙은 흑암으로 나타나기 때문입니다. 이스라엘 사람이나 유대 사람이 이런 부류의 성품이었다는 것은 3479·3769·4281·4293·4307·4314·4316·4433·4680·4825·4832·4844·4847·4865·4903·6304항을 참조하시고, 주님께서 시내 산에 있는 그들에게 그들의 성품에 일치하여 연기나 구름 가운데, 그리고 짙은 흑암 가운데 나타나셨다는 것은 1891·6832·8814·8819항을 참조하십시오.

8929. 주께서 모세에게 말씀하셨다.

이 말씀이 더 상세한 가르침(教育)을 뜻한다는 것은 가르침(instruction)을 가리키는 "말한다"라는 말의 뜻에서 잘 알 수 있습니다. 왜냐하면 "말한다"(saying)라는 말은 아래의 것을, 여기서는 교육을 뜻하기 때문입니다(6879·6881·6883·6891·7186·7267·7304·7380·8127항 참조).

8930. "너는 이스라엘 자손에게 이렇게 말하여라."

이 말씀이 영적인 교회에 속한 자들을 뜻한다는 것은 영적인 교회에 속한 자들을 가리키는 이스라엘 자손의 표징에서 잘 알 수 있습니다(6426 · 6862 · 6868 · 7035 · 7062 · 7198 · 7201 · 7215 · 7223 · 7957 · 8234 · 8805항 참조).

8931. "내가 하늘에서부터 너희에게 말하는 것을 너희는 다 보았다."

이 말씀이 천계를 통하여 온 신령존재에게서 비롯된 입류에 의한 성언에 속한 모든 것들을 뜻한다는 것은, 여호와(=주님)께서 이스라엘 자손이 표징하는 교회에 속한 자들에게 말씀하실 때 신령진리, 또는 천계를 통하여 신령존재에게서 비롯된 성언을 가리키는, "하늘로부터 말한다"라는 말의 뜻에서 잘 알 수 있습니다. 왜냐하면 주님(=여호와)께서 말씀하신 것은 신령진리이기 때문이고, 따라서 교회 안에 있는 성언이기 때문입니다. 그리고 그분께서 말씀하신 것은 천계를 통과하기 때문입니다.

[2] 우리가 주지하여야 할 사실은 천계(=하늘)가 어떤 장소나 또는 명확한 장소에 있지 않다는 것, 따라서 일반적인 소견에 따라서 높은 곳이 아니라는 것을 뜻한다는 것, 그러나 천계(=하늘)는 인애와 믿음 안에 있는 모두와 함께 있고, 그리고 모두 안에 있는, 신령존재께서 계시는 곳입니다. 왜냐하면 인애와 믿음이 천계이기 때문입니다. 그 이유는 그것들은 천계로부터 왔고, 거기에서 천사들이 살기 때문입니다. 천계가 신령존재가 계시는 곳이라는 것, 다시 말하면 주님께서 계시는 곳이라는 것은 주님께서 시내 산에서 말씀하실 때 여기서 시내 산을 "하늘"(=천계)이라고 언급된 사실에서 명확하기 때문입니다. 그리고 이 말씀은, 시내 산이 천계를 뜻하는 이유이고, 거기에서 신령진리가 왔다는 이유입니다(8805항 참조).

[3] 우리의 본문이 성언에 속한 모든 것을 뜻한다는 것은, 여호와, 즉 주님께서 그 때 인류를 구원하시기 위한 교리와 생명을 돕는 성언을 계시하시기 시작하였습니다. 그러므로 성언이 천계를 통하여 신령존재에게서 왔다는 것을 그들이 알게 하기 위하여 주님 자

신은 아래로 내려오시기를 원하셨고, 그리고 살아 있는 음성으로 십성언(十聖言 · 십계명들)을 선포하셨습니다. 따라서 율법에 속한 뒤이어지는 것, 다시 말하면 성언에 속한 것들이, 꼭 같이 천계를 통하여 신령존재에게서 비롯된 입류에 의하여 밝히 드러났습니다.

8932. "너희는, 나 밖에 다른 신들을 섬기려고, (나를 가지고) **은이나 금으로 신들의 상을 만들지 못한다."**

이 말씀은 그들이 외적인 형체로는 참되고 선한 것처럼 보이지만, 그러나 내적인 형체로는 거짓되고 악한 것들로 보이는 것들로부터 전적으로 멈추어야 한다는 것을 뜻한다는 것은 예배하는 것을 가리키는 "신들의 상을 만든다"라는 말의 뜻에서 잘 알 수 있습니다. 왜냐하면 자기 자신에게 신들(gods)을 만드는 사람은 예배를 목적해서 그것을 만들기 때문입니다. 그리고 진리를 가리키는, 결과적으로 반대의 뜻으로는 거짓을 가리키는, "은"(銀)의 뜻에서, 그리고 선을 가리키는, 결과적으로는 반대의 뜻으로 악을 가리키는, "금"(金)의 뜻에서 잘 알 수 있습니다(113 · 1551 · 1552 · 2954 · 5658 · 6914 · 6917 · 7999항 참조). 이런 것들이 겉보기에는 참되고 선한 것으로 보이지만, 속보기에는 거짓되고 악한 것이라는 것은, 바로 우리의 본문, "너희는 나를 가지고 신들을 만들지 말라"라는 말이 언급되었기 때문입니다. 다시 말하면 여호와 하나님을 가지고 그것들(=신들)을 만들지 말라고 언급되었기 때문입니다. 왜냐하면 신령진리 자체나 신령선 자체는 내적인 것들 안에 존재하고, 그리고 마찬가지로 외적인 것들 안에 존재하기 때문입니다. 그러나 외적인 것들 안에 있는 신령진리나 신령선을 표징적인 모양들 안에 있습니다. 왜냐하면 하나의 표징 안에 있는 외적인 것들은 내적인 것들과 관계를 가지고 있고, 그리고 그것들을 표징하기 때문입니다. 내적인 것들에게서 분리되었을 때 외적인 것들은 언제나 거짓되고 악하지만, 그러나 그것들은 거룩하게 생각되고, 또한 예배됩니다. 그럼에도 불구하고 그것들은 여전히 참되고, 선한 것으로 보입니다. 그 이유는 그것들이 참된 것이나 선한 것을 표징하기 때문입니다. 이런 내용들이 우리의 본문 "여호와 하나님을 가지고 은으로 신들을 만들고, 금으로 신들을 만든다"라는 말의 뜻입니다.

[2] 이 계명은 십계명들 위에 즉시 이어지고 있습니다. 그 이유는 이스라엘 사람이나 유대 백성이 그것을 거룩하게 생각하였기 때문이고, 그리고 내적인 것들에게서 분리된 외적인 것들을 신령한 것으로 예배하였기 때문입니다(3479 · 3769 · 4281 · 4293 · 4307 · 4314 · 4316 · 4433 · 4680 · 4825 · 4832 · 4844 · 4847 · 4865 · 4903 · 6304 · 6832 · 8814 · 8819항 참조). 예를 들면 희생제물 · 분향(焚香) · 세척(洗滌)이나 그 밖의 많은 것들이 있습니다. 외적인 형체에서 이런 것들은, 본질적으로는 아니지만, 참되고, 선합니다. 그러나 하나의 모형에서 그것들은 내적인 진리들이나 선들과의 관계를 가지고 있고, 또한 그것들을 표징하고 있기 때문에 그것들은 사랑에 속한 것이고, 주님을 믿는 믿음에 속한 것입니다. 이런 것들이 외적인 형체에서 거룩한 것들로 여겨질 때, 그리고 특히 그것들이 예배될 때, 예를 들면 유대 사람이나 이스라엘 백성이 예배하였던 것과 같이 예배될 때, 그 때 그들이 우상숭배자들이기 때문에, 그들은 그것들을 이방 신들의 예배에 적용하였습니다. 그 때 그것들은, 하나의 어떤 형태에서 외현을 제외하면, 그것들이 관계를 가지고 있고, 표징하는 진리들이나 선들에 속한 것은 아무것도 담고 있지 않았습니다. 그 이유는 내적인 형체에 있는 그것들은 거짓들이었고, 악들이었기 때문입니다.

[3] 이런 경우는, 그 백성이 천계적인 것이나 신령한 것들에 속한 표징적인 모형들이었다는 것에서 다른 것들과의 관계에서도 동일하였습니다. 왜냐하면 내적인 것들을 표징하는 외적인 것들이 여러 잡신(雜神)들 예배에 적용하자 그 즉시 그것들은 그들이 예배하는 대상인 우상들이 되었기 때문이고, 또한 그들이 여호와 하나님으로 만든 은이나 금으로 만든 신들이 되었기 때문입니다. 왜냐하면 그

때 외적인 형체에서 그것들은 참된 것이나 선한 것으로 나타났지만, 그러나 내적으로 그것들은 거짓들이고, 악이었기 때문입니다.

[4] 일반적으로 "은이나 금으로 만든 신들"은 모든 거짓들을 뜻하고, 그리고 그것에서 비롯된 예배에 속한 파생적인 악들을 뜻합니다. 그것들은, 성언에 속한 그릇된 적용들이나 해석들에 의하여 진리나 선과 같은 것으로 표현되고, 묘사(描寫)되었습니다. 그리고 동시에 자기총명에서 비롯된 추론들에 의하여 진리나 선으로 묘사되었습니다. 이러한 사실들은 아래의 장절에서와 같이 "은으로 만든 신들이나, 금으로 만든 신들"이 뜻하는 것입니다. 이사야서의 말씀입니다.

그 날이 오면, 사람들은,
자기들이 경배하려고 만든
은 우상과 금 우상을
두더지와 박쥐에게 던져 버릴 것이다.
땅을 뒤흔들며 일어나시는 주님의
그 두렵고 찬란한 영광 앞에서 피하여,
바위 구멍과 바위 틈으로 들어갈 것이다.
(이사야 2 : 20, 21)

여기서 "두더쥐와 박쥐"는 암흑의 상태에 있는, 다시 말하면 거짓들이나 그것에서 파생된 악들 안에 빠져 있는 자들을 뜻합니다.

[5] 또 이사야서의 말씀입니다.

너희 각 사람이 너희의 손으로 직접
은 우상과 금 우상을 만들어 죄를 지었다.
그 날이 오면,
그 우상을 다 내던져야 할 것이다.
(이사야 31 : 7)

여기서 "손으로 만든 것"은 자기총명에서 비롯된 그런 것들을 뜻합니다. 또 같은 책의 말씀입니다.

우상이란 대장장이가 부어 만들고,
도금장이가 금으로 입히고,
은사슬을 만들어 걸친 것이다.
(이사야 40 : 19)

"우상"(偶像)은 자기 자신의 고유속성(固有屬性 · 自我)에서 비롯된 것들을 뜻합니다(8869항 참조). "금으로 도금한다"는 것은 겉모양으로 선한 것처럼 보이기 위하여 그것들을 만드는 것을 뜻하고, 그리고 "은사슬을 걸친다"는 것은, 마치 진리들과 연결하고 있는 것과 같이 그것들을 전적으로 일치시키고, 결합시키는 것을 뜻합니다. "금"(金)이 선을 뜻하고, "은"(銀)이 진리들을 뜻한다는 것은 위에 인용된 장절들 안에서 잘 볼 수 있습니다.
[6] 예레미야서에서도 마찬가지입니다.

이방 사람이 우상을 숭배하는 풍속은
허황된 것이다.
그들의 우상은 숲 속에서 베어 온 나무요,
조각가가 연장으로 다듬어서 만든
공예품이다.
그들은 은과 금으로 그것을
아름답게 꾸미고,
망치로 못을 박아 고정시켜서,
쓰러지지 않게 하였다.
(예레미야 10 : 3, 4)

호세아서의 말씀입니다.

그런데도 그들(=에브라임)은 거듭 죄를 짓고 있다.
은을 녹여 거푸집에 부어서
우상들을 만든다.
재주껏 만든 은 신상들,
그것들은 모두
세공업자들이 만든 것인데도,
그들은,
이 신상 앞에 제물을 바치라고 하면서,
송아지 신상들에게 입을 맞춘다.
(호세아 13 : 2)

여기서 "에브라임"은 교회에 속한 총명을 뜻합니다(5354·6222·6234·6238·6267항 참조). "은을 녹여 거푸집에 부어서 만든 우상"은 진리처럼 보이는 거짓을 뜻하고, 따라서 "그들이 재주껏 만들었다"라고 언급되었습니다. "세공업자들이 만든 모든 것"은 자기 고유속성에서 비롯된 추론들을 통한 모든 것들을 뜻합니다.
[7] 하박국서의 말씀입니다.

나무더러 '깨어나라! 하며,
말 못하는 돌더러
'일어나라!' 하는 자야,
너는 망한다!
그것이 너를 가르치느냐?
기껏 금과 은으로 입힌 것일 뿐,
그 안에 생기라고는
전혀 없는 것이 아니냐?
(하박국 2 : 19)

여기서 "나무"는 악을 뜻하고, "은"은 거짓을 뜻합니다. 그리고

"금과 은으로 입힌 것"은 적용들에 의한 선과 진리의 외현(外現)을 뜻합니다. 다니엘서의 말씀입니다.

> 벨사살 왕은 술을 마시면서 명령을 내려서, 그의 아버지 느부갓네살 왕이 예루살렘 성전에서 가져 온 금그릇과 은그릇들을 가져 오게 하였다. 왕과 귀한 손님과 왕비들과 후궁들이 모두 그것으로 술을 마시게 할 참이었다. 그래서 예루살렘에 있는 하나님의 집 성전에서 가져온 금그릇들을 꺼내서, 왕과 귀한 손님과 왕비들과 후궁들이 그것으로 술을 마셨다. 그들은 술을 마시고서, 금과 은과 동과 철과 나무와 돌로 만든 신들을 찬양하였다.……하늘의 임금님이시오 주님이신 분을 거역하시고, 스스로를 높이시며, 하나님의 성전에 있던 그릇들을 가져 오게 하셔서, 임금님과 귀한 손님과 왕비들과 후궁들이 그것으로 술을 마시게 하셨습니다.
> (다니엘 5 : 2-4, 23)

"예루살렘의 성전에서 가져온 금과 은으로 만든 그릇들"은 교회에 속한 선들과 진리들을 표징하고, 그리고 주님나라의 그것들을 표징합니다. 그리고 "그들이 술을 마신다"라는 것은, "금과 은으로 만든 신들"이 가리키는 온갖 악이나 거짓들에 의하여 모독하는 것을 뜻합니다.
[8] 시편서의 말씀입니다.

> 이방 나라의 우상은
> 금과 은으로 된 것이며,
> 사람이 손으로 만든 것이다.
> 입이 있어도 말하지 못하고,
> 눈이 있어도 볼 수 없다.
> (시편 115 : 4, 5 ; 135 : 15, 16)

여기서 "금과 은으로 만든 우상들"은 거짓들과 악들을 뜻하고, "사람이 손으로 만들었다"라는 것은 그것들이 자기총명에서 비롯되었다는 것을 뜻합니다. 모세의 글입니다.

> 너희는 그들의 신상을 불살라 버리고, 그 위에 입힌 금이나 은을 탐내지 말며 빼앗지도 말아라. 그것 때문에 너희가 올가미에 걸릴까 두렵다. 그런 행위는 주 너희의 하나님이 미워하시는 것이다. 너희는 주께서 미워하시는 것을 너희의 집에 끌어들이지 말아라. 그러다가는 너희도 그것과 함께 망할 것이다. 너희는 그것을 철저히 미워하고 꺼려야 한다. 그것은 모두 없애야 할 것이기 때문이다.
> (신명기 7 : 25, 26)

여기서 "우상 위에 입힌 금이나 은"은 그들에게 신봉된 외현에 속한 추론에 의한 진리들이나 선들처럼 예배되는 온갖 거짓들이나 악들을 뜻합니다.

8933. "너희는, 은이나 금으로 신들의 상을 만들지 못한다."
이 말씀은 그들이 반드시 주의하여 알아야 한다는 것을 뜻한다는 것은 그런 일을 하지 말아야 한다는 것이 재차 언급되었다는 사실에서 잘 알 수 있겠습니다. 되풀이나 반복 행위는, 전적으로 하지 말아야 할 것을 뜻하고, 그리고 그들이 반드시 주의 깊게 알아야 한다는 것을 뜻합니다.

8934. 24-26절. **"'나에게 제물을 바치려거든, 너희는 흙으로 제단을 쌓고, 그 위에다 번제물과 화목제물로 너희의 양과 소를 바쳐라. 너희가 나의 이름을 기억하고 예배하도록, 내가 정하여 준 곳이면 어디든지, 내가 가서 너희에게 복을 주겠다. 너희가 나에게 제물 바칠 제단을 돌로 쌓고자 할 때에는 다듬은 돌을 써서는 안 된다. 너희가 돌에 정을 대면, 그 돌이 부정을 타게 된다. 너희는 제단에 층계를 놓아서는 안 된다. 그것을 밟고 올라설 때에, 너희의 알몸이 드러나서는 안 되기 때문이다' 하여라."**
"너희가 나에게 제물을 바치려거든, 너희는 흙으로 제단을 쌓아야 한다"라는 말씀은 일반적으로 선에서 비롯된 예배의 표징을 뜻합니다. "그 위에다 번제물과 화목제물을 바친다"라는 말씀은 특히 각자의 영적인 삶(=생명)의 상태에 일치하는 예배를 뜻합니다. "너희의 양과 소"는 내적인 것과 외적인 것의 선들을 뜻합니다. "너희가 나의 이름을 기억하고 예배하도록, 내가 정하여 준 곳"은 모두에게 있는 주님을 믿는 믿음의 상태를 뜻합니다. "어디든지 내가 가서 너희에게 복을 주겠다"라는 말씀은 그 때의 신령존재의 현존(現存 · 임재)과 그리고 입류를 뜻합니다. "너희가 나에게 제물을 바칠 제단을 돌로 쌓고자 한다면"이라는 말씀은 일반적으로 진리들에게서 비롯된 표징적인 예배를 뜻합니다. "너희는 다듬은 돌로 제단을 쌓지 말아라"라는 말씀은 그것은 반드시 자기 총명이나 자만에게서 와서는 안 된다는 것을 뜻합니다. "너희가 돌에 정을 댄다면"이라는 말씀은 만약에 그것이 어느 누구의 고유속성(=자아)에서 온 것이라는 것을 뜻합니다. "그 돌이 부정을 타게 된다"라는 말씀은 그 때 거기에는 결코 예배가 존재하지 않는다는 것을 뜻합니다. "너희는 제단에 층계를 놓아서는 안 된다"라는 말씀은 천적인 내면적인 것들 위의 제고(提高 · 고양)는 결코 없다는 것을 뜻합니다. "그것을 밟고 올라 설 때에, 너희가 알몸이 드러나서는 안 되기 때문이다"라는 말씀은 온갖 거짓들로 가득 찬 그것들에 관한 생각에 속한 개념을 뜻하는데, 그 개념은 그 때 명확하게 드러날 것이라는 것을 뜻합니다.

8935. "너는 땅의 제단을 나에게 만들어서……"(=나에게 제물을 바치려거든, 너희는 흙으로 제단을 쌓아라)**.**
이 말씀이 일반적으로 선에서 비롯된 표징적 예배를 뜻한다는 것은 주님에 속한 으뜸되는 표징을 가리키는, 결과적으로 주님의 예배에 속한 중요한 표징을 가리키는, 제단의 뜻에서(921 · 2777 · 2811 · 4489 · 4541항 참조), 그리고 선을 가리키는 "땅"(=흙 · ground)의 뜻에서 잘 알 수 있습니다. "땅"(=흙)이 선을 뜻한다는 것은 "땅"(ground)이 선 안에 있는 교회를 뜻하기 때문입니다(566항 참조). 그러므로 아담에게 "땅의 흙으로 사람을 지으셨다"(창세기 2 : 7 ; 3 : 19)라고 언급되었습니다. 왜냐하면 그는, 천적인 교회에 속한 사람을, 또는 선 안에 있는 교회를 뜻하기 때문입니다(478·479항 참조). 주님예배에서 비롯된 것에는 둘이 있는데, 하나는 선이고, 다른 하나는 진리입니다. 선에서 비롯된 예배는 흙으로 만든 제단이고, 그리고 진리에서 비롯된 예배는 돌로 만든 제단이 표징합니다. 여기서는 제단의 두 종류가 다루어지겠습니다. 그 예배에서 이루어진 두 가지 것들을 믿음과 인애라고 합니다. 진리에서 비롯된 예배는 믿음에 관계를 가지고 있고, 선에서 비롯된 예배는 인애와 관계를 가지고 있습니다. 믿음에서 비롯된 예배와 인애에서 비롯된 예배에 관해서 살펴보면, 그 경우는 이러합니다. 사람이 중생하기 전 사람은 진리에서 비롯된 예배 안에 있지만, 그러나 사람이 중생한 뒤에는, 그는 선에서 비롯된 예배 안에 있습니다. 왜냐하면 사람이 중생하기 전에는 그는 진리에 의하여 선으로 인도되기 때문입니다. 다시 말하면 믿음에 의하여 인애에 인도되기 때문입니다. 그러나 사람이 중생되었을 때에는, 그는 선 안에 있고, 그리고 그것으로 인하여 진리 안에 있습니다. 즉 그는 인애 안에 있고, 그리고 그것으로 인하여 믿음 안에 있습니다(8516·8539·8643·8648·8658항 참조). 예배에 속한 이들 둘은 흙과 돌(ground and stone)의 제단이 뜻합니다. "제단"이 주님예배에 속한 으뜸적인 표징이라는 것은 그것 위에 번제물과 희생제물이 올려지기 때문이고, 그리고 이 제물들 안에 히브리 민족의 신령예배가 있기 때문입니다. 따라서 이스라엘 사람이나 유대 민족의 신령예배가 그것들 안에 주로 존재한다는 것은 923·1343·2180·2805·2807·2830·3519·6905항을 참조하십시오.

8936. "너희는 그 위에다 번제물과 희생제물을 바쳐라."
이 말씀이 특히 각자의 영적인 삶(=생명)에 일치하는 예배를 뜻한다는 것은, 천적인 것들이나 영적인 것들 온갖 종류에 일치하는 다종다양한 일반적인 모든 내적인 예배를 가리키는, 다시 말하면 주님사랑에 속한 선과 주님을 믿는 믿음에 속한 진리로 이루어진 모든 내적인 예배를 가리키는, 번제물과 희생제물의 뜻에서 잘 알 수 있습니다(922 · 923 · 2165 · 2180 · 2805 · 2807 · 2830 · 3519 · 6905항 참조). 따라서 특히 영적인 삶의 모든 상태에 일치하는 내적인 예배를 가리키는 "번제물과 희생제물"의 뜻에서 잘 알 수 있습니다. 여기에서 얻는 것은 희생제물은 아주 다종다양한 종류로 구성되었다는 것입니다. 예를 들면 매일 매일의 희생제물 뿐만 아니라, 안식일의 희생제물들, 축제일의 그것들, 새로운 달의 그것들, 그리고 취임이나 성화(聖化)나 정화(淨化)의 희생제물들이 되겠습니다. 그리고 또한 모든 범죄와 모든 죄악이나 정결이나 치료와 출생을 위한 희생제물이 있습니다. 이렇게 볼 때 그것은 거기에 쓰여진 온갖 종류의 동물이 표징하는 상태에 일치한다고 하겠습니다. 예를 들면, 황소들 · 불깐 소들 · 어린 양들 · 숫양들 · 암염소들 · 숫염소들인데, 그것들은 영적인 삶이나 생명에 속한 다종다양한 선들을 뜻합니다.

8937. "(번제물과 희생제물로) **너희의 양과 소를 바쳐라."**
이 말씀이 내적인 선들이나 외적인 선들을 뜻한다는 것은 내적인 선들을 가리키는 "양 떼"의 뜻과 외적인 것들을 가리키는 "소들"의 뜻에서(2566 · 5913항 참조) 잘 알 수 있습니다. 여기서 "양 떼"가 내적인 선들을 뜻한다는 것은 어린 양들 · 양들 · 새끼 염소들 · 암염소들 · 숫양들 · 숫염소들이 양 떼에 속해 있고, 그것이 이노센스(=순진무구)에 속한 것들을 뜻하고, 그리고 속사람 안에 있는 천적인 사랑이나 영적인 사랑에 속한 것들을 뜻하기 때문입니다. 그리고 "소떼"가 외적인 선들을 뜻한다는 것은, 황소 · 불깐 소 · 송아지들이 소 떼에 속하고, 그리고 그것이 겉사람 안에 있는 선이나 진리에 속한 그런 부류의 것들을 뜻하기 때문입니다. "황소들"이 뜻하는 것이 무엇인지는 2180·2566·2781항을 참조하시고, 그리고 "붉깐 소나 송아지들"이 뜻하는 것이 무엇인지는 1824·2830항을 참조하시고, "어린 양들"이 뜻하는 것은 3519·3994·7840항을 참조하시고, "양들"이 뜻하는 것은 4169항을 참조하시고, "염소새끼들"이나 "암양들"이 뜻하는 것은 3519·4005·4006·4871항을 참조하시고, "숫양들"이 뜻하는 것은 2830·4170항을 참조하시고, "숫염소들"이 뜻하는 것은 4169·4769항을 참조하십시오.

8938. "너희가 나의 이름을 기억하고 예배하도록 내가 정하여 준 곳이면 어디든지……"(=내가 나의 이름을 기억하는 모든 곳에서……).
이 말씀이 모두에게 있는 주님을 믿는 믿음의 상태를 뜻한다는 것은 상태를 가리키는 "곳"(=장소·place)의 뜻에서(2625·2837·3356·3387·3404·4321·4882·5605·7381항 참조), 따라서 "모든 곳"은 모두의 상태, 즉 모두에게 있는 상태를 뜻합니다. 믿음에 속한 상태를 뜻한다는 것은 "나의 이름"(=여호와의 이름)이 그것에 의하여 주님을 예배하는 하나의 복합체 안에 있는 모든 것을 뜻하기 때문에, 따라서 믿음과 인애에 속한 모든 것을 뜻하기 때문입니다(2724·3006·6674항 참조). 따라서 "여호와 하나님의 이름의 기억을 둔다"라는 것은 그와 함께 하는 것을 뜻하고, 또는 그의 마음 안에 있는 인애나 주님에게서 비롯된 믿음을 뜻하기 때문입니다. 이것은 그들이 번제물이나 감사제물을, 바치려고 하는 문자적인 뜻에 일치하는 것이고, 따라서 주님 자신의 예배를 목적해서 주님에 의하여 선정된 곳인 그들의 양 떼나 소 떼가 있는 예루살렘에는 주님께서 그분의 이름의 기억을 두었습니다. 그러나 속뜻에 따라서는 장소는 장소를 뜻하지 않고, 모든 사람 안에 있는 믿음과 인애를 가리킵니다. 왜냐하면 속뜻으로 "장소"는 어떤 장소를 뜻하지 않고, 오히려 상태를 뜻하기 때문입니다. 뿐만 아니라 거기의

"이름"은 이름을 뜻하지 않고, 오히려 믿음과 예배를 뜻하기 때문입니다. 따라서 이름은 주님에게서 비롯된 믿음을 영접, 수용의 상태 안에 있는 그 사람을 뜻합니다. 더욱이 번제물이나 희생제물에 의하여 주님을 예배하였던 장소인 예루살렘 안에 있는 것들은 그 교회에 속한 모든 것들을 표징합니다. 결과적으로 성경에서의 "예루살렘"은, 그리고 묵시록서의 "새 예루살렘"은 주님에 속한 교회를 뜻합니다. 그리고 주님의 교회는 주님에게서 비롯된 인애와 믿음의 수용상태 안에 있는 모두를 가리킵니다. 왜냐하면 사람 자신이 바로 하나의 교회이기 때문이고, 그리고 그 사람 안에 있는 하나의 숫자는 일반적으로 교회를 이루는 교회이기 때문입니다. 그러므로 여기서 얻는 결론은, 우리의 본문, "내가 너의 이름의 기억을 두는 모든 곳"은 모두에게 있는 믿음의 상태를 뜻합니다.

8939. "어디든지, 내가 가서 너희에게 복을 주겠다."

이 말씀이 그 때의 신령존재의 현존(=임재)이나, 그리고 입류를 뜻한다는 것은, 그것이 여호와에 의하여 언급되었을 때에는 현존(=임재)을 가리키는 어느 누구에게 "온다"(=간다)라는 말의 뜻에서 (5934 · 6063 · 6089항 참조), 그리고 여호와에 의하여 언급되었을 때에는, 믿음과 인애가 주어졌다는 것을 가리키는 "복을 주겠다"라는 말의 뜻에서(2846 · 3406 · 4981 · 6091 · 6099 · 8674항 참조), 따라서 그것들의 유입을 가리키는 뜻에서 잘 알 수 있습니다. 왜냐하면 믿음이나 인애는 주님에게서 사람에게 입류하기 때문입니다. 이런 것들이 "복을 준다"(=복을 빈다)는 속뜻의 내용들입니다. 왜냐하면 그것들이 복 받고, 영원한 행복을 받은 사람에게 보답하는 것들이기 때문입니다. 이 세상에서의 사람의 일생 동안 그가 축복들이라고 하는 그런 것들은, 바로 그 때 복 받고 영원한 행복을 누리는 자에게 보답하는 것들입니다. 그리고 또한 재물들이나 명예 따위도 있습니다. 그러나 성언의 속뜻으로 뜻하는 것들은 일시적인 것들이 아니고, 오히려 영원한 것들입니다. 그리고 일시적인 것들은 영원한 것에 비교한다면 무가치(無價値)한 것입니다. 왜냐하면 영원한 것과 일시적인 것 사이에는 전혀 비교가치가 없기 때문입니다. 만약에 시간적인 여러 천 년들이나, 수 만년 확대된다고 해도 별 가치가 없습니다. 왜냐하면 끝이 없는 것은 영원한 것이기 때문입니다. 그 이유는 그것이 무한한 것인 신령존재에게서 비롯된 존재(being)이기 때문이고, 그리고 시간의 측면에서 무한(無限)은 영원한 것이기 때문입니다. 상대적으로 일시적인 것은 영원한 것이 아닙니다. 그 이유는 그것이 끝에 이르게 되면, 그것은 더 이상 아무것도 아니기 때문입니다. 여기에서 얻는 명확한 사실은 영적인 뜻으로 "축복"(blessing)은 신령존재에게서 비롯된 존재(being) 안에 있는 것이나, 따라서 영생(永生)에 속한 것들이고, 결과적으로는 그것들은 인애에 속한 것들이고, 믿음에 속한 것들이라는 것입니다.

[2] 이 세상적인 축복은, 영원한 것들을 가리키는 천계적인 축복에 비교하면 무가치한 것입니다. 따라서 주님께서는 마태복음서에서 이렇게 가르치셨습니다. 마태복음서의 말씀입니다.

> 사람이 온 세상을 얻고도 제 목숨을 잃으면, 무슨 이득이 있겠느냐? 또, 사람이 제 목숨을 되찾는 대가로 무엇을 내놓겠느냐?
> (마태 16 : 26)

그러나 이 세상적인 것들이나 이 땅의 것들에 빠져 있는 사람은 이런 말씀을 이해하지 못합니다. 왜냐하면 세상적인 것들이나 현세적인 것들은 그것을 질식(窒息)시키고, 그 사람으로 하여금 영생이 있다는 것을 믿지 못하게 합니다. 그럼에도 불구하고 내가 주장할 수 있는 사실은 사람이 죽자 곧 그는 저 세상에 존재한다는 것이고, 그리고 여러 영들 가운데 하나의 영(靈)으로 산다는 것입니다. 그리고 그 때 그 사람은 자기 자신에게, 그리고 저 세상에 있는 다른 자들에게, 이 세상에 있는 한 사람처럼 나타난다는 것은 모든 내적인 감관이나 외적인 감관에게 주어졌다는 것입니다(1881항 참조). 결과적으로 육신의 죽음(death of the body)은 이 세상에서 쓸씀이(use)나 봉사(service)를 위해서 종사하던 그것들을 벗는 것 뿐입니다. 더욱이 죽음 자체는 하나의 삶의 연속이지만, 그러나 그것은 다른 세상의 일로, 그것은 이 세상적인 육신에 속한 눈에는 보이지 않는 그런 것입니다. 그럼에도 불구하고 거기에서 그것은 이 세상의 한낮의 빛에 비하여 수천 배 이상 더 밝은 빛 가운데서 보입니다.

[3] 나는 이런 사실을 아주 많은 여러 해 동안의 산 경험에서 알고 있기 때문에, 그리고 여전히 계속되고 있기 때문에 나는 그것을 아주 진지하게 선포하고자 합니다. 내가 지금까지 이 세상에서 잘 알고 있었고, 죽은 사람들과 말하고 있고, 그리고 서로 이야기를 나누었고, 그들이 죽은 지 2, 3년 된 자들과 이야기를 하였습니다. 그들 중에 대부분은, 그들이 죽음 뒤에 계속되는 삶에서 전혀 믿지 못했던 매우 심한 분노에 사로잡혀 있었습니다. 나는 그들과 그저 며칠이 아니라 여러 달 또는 여러 해 동안 이야기를 하였습니다. 그리고 내게 허락된 것은 계속적으로 이어지는 그들의 삶의 상태를 본다는 것이고, 그리고 또한 지옥이나 천계에로 이어지는 진전 가운데서 보았다는 것입니다. 그러므로 영원하게 행복하기를 열망하는 사람으로 하여금 죽음 뒤에 그것을 알게 하고 믿게 하였습니다. 그는 이 사실을 생각하였고, 마음에 그것을 간직하였습니다. 왜냐하면 그것이 진리들이기 때문입니다. 그는, 성경이 그가 이 세상에서 영원히 행복하기 위해서 반드시 어떻게 살아야 하는 지를 가르치는 유일무이(唯一無二)한 교리라는 것을 알고 믿게 되었습니다.

8940. "너희가 나에게 제물 바칠 제단을 돌로 쌓고자 할 때에는……."

이 말씀이 진리들에게서 비롯된 일반적인 예배의 표징을 뜻한다는 것은 일반적으로 신령예배의 표징을 가리키는 "제단"의 뜻에서 (921·2777·2811·4489항 참조), 그리고 진리들을 가리키는 "돌"(石)의 뜻에서(643·1298·3720·3769·3771·3773·3789·3798·6426·8609항 참조), 잘 알 수 있습니다. 주님예배에는 선에서 비롯된 것과 진리에서 비롯된 것이 있습니다. 선에서 비롯된 주님예배는 흙의 제단(=땅 위의 제단)에 의하여 표징되었고, 진리에서 비롯된 주님예배는 돌의 제단에 의하여 표징되었습니다. 이 두 종류의 예배에 관해서는 8935항을 참조하십시오. "돌의 제단"(an alter of stone)은 진리에서 비롯된 예배를 뜻하기 때문에, 따라서 요단 강을 건너서, 가나안 땅에 들어갔을 때 그 즉시 제정, 실시할 것이 명령되었고, 그리고 그 위에 율법의 계명들이 기술될 것이 명령되었습니다. 다시 말하면 천계에서 비롯된 신령진리들이 각인(刻印)되었습니다. 왜냐하면 "십계명들"은 총체적인 모든 신령진리들을 뜻하기 때문입니다. 이 제단에 관해서 모세의 글에는 이렇게 기술되었습니다.

> 모세는 이스라엘 장로들과 함께, 백성에게 명령하였다. "오늘 내가 너희에게 하는 모든 명령을, 너희는 지켜야 한다. 너희가 요단 강을 건너가서, 주 너희의 하나님이 너희에게 주시는 땅에 들어가는 날이 오거든, 큰 돌을 세우고 석회를 발라라. 주 너희 조상의 하나님이 말씀하신 대로, 주 너희의 하나님이 너희에게 주시는 땅, 곧 젖과 꿀이 흐르는 땅에 들어가면, 이 모든 율법의 말씀을 그 돌 위에 기록하여라. 너희가 요단 강을 건너거든, 내가 오늘 너희에게 명한 대로, 이 돌들을 에발 산에 세우고, 그 위에 석회를 발라라. 또 거기에서 주 너희의 하나님께 드리는 제단을 만들되, 쇠 연장으로 다듬지 않은 자연적으로 제단을 만들어라. 너희는 다듬지 않은 자연적으로 제단을 만들어라. 너희는 다듬지 않은 자연석으로 주 너희 하나님의 제단을 만들고, 그 위에 번제물을 올려 주 너희의 하나님께 드려야 한다. 또 화목제를 드리고 거기에서 먹으며, 주 너희의 하나님 앞에서 즐거워하여라. 너희는

이 돌들 위에 이 모든 율법의 말씀을 분명하게 기록하여라."
(신명기 27 : 1-8 ; 여호수아 8 : 30-32)

[2] 율법의 말씀들이 제단의 돌들 위에 기술되어야 하는 이유는 "돌들"이 진리들을 뜻하기 때문이고, 그리고 "돌들로 쌓은 제단"이 진리들에게서 비롯된 예배를 뜻하기 때문입니다. 이 이유는 또한 복합적인 신령진리를 가리키는 십계명들(=십성언)이 돌판 위에 기술된 이유이기도 합니다. 이런 일이 그들이 요단 강을 건넜을 때에 즉시 행하였다는 것은, 광야의 양쪽에 있는 가나안 땅의 첫 경계와 마지막 경계인 요단 강이 교회나 천계에 들어가는 입문(入門·introduction)을 뜻하기 때문입니다. 그리고 거기에 들어가는 일은 진리와 선에 속한 지식들에 의하여, 따라서 성언에서 비롯된 진리들에 의하여 이루어지기 때문입니다(4255항 참조). 왜냐하면 그 땅의 모든 경계들인 강들은 주님나라에 속한 처음 것들과 마지막 것들을 뜻하기 때문입니다(4116·4240항 참조). "제단의 돌들"이, 이사야서에서 역시 믿음에 속한 진리들을 뜻합니다. 이사야서의 말씀입니다.

그렇게 해서 야곱의 죄악이 사함을 얻으며,
이렇게 함으로써 죄를 용서받게 될 것이니,
곧 야곱이 이교 제단의 모든 돌을 헐어
흰 가루로 만들고,
아세라 여신상과 분향단을
다시는 세우지 않을 것이다.
(이사야 27 : 9)

이 구절은 교회의 황폐에 관해서 언급하고 있습니다. "제단의 모든 돌을 헐어 흰 가루로 만들었다"라는 말은 그래서 그것이 예배에 속한 믿음의 진리들에게 그렇게 될 것이라는 것을 뜻합니다. 일반적으로 제단들에 관해서 보면, 그것들은 흙·돌·구리·나무·금 등으로 만들어졌습니다. 구리나 나무·금 등으로 만든 것은 이것들이 선을 뜻하기 때문입니다. 구리로 만든 제단에 관해서는 에스겔 9장 2절을 참조하시고, 나무로 만든 제단에 관해서는 에스겔 41장 22절을 참조하시고, 분향단을 가리키는 금으로 만든 제단은 열왕기 상 6장 22절과 7장 48절과 묵시록 8장 3절을 각각 참조하십시오. "구리"(銅)가 선을 뜻한다는 것은 425·1551항을 참조하시고, "나무"가 역시 선을 뜻한다는 것은 643·2784·2812·3720·8354항을 참조하십시오. 마찬가지로 "금"이 선을 뜻한다는 것은 113·1551·1552·5658항을 참조하십시오.

8941. "다듬은 돌을 써서는 안 된다."

이 말씀이 그것은 반드시 자기총명(자기 자만·self-intelligence)에서 비롯되어서는 안 된다는 것을 뜻한다는 것은, 자기총명에서 비롯된 것들을 가리키는 "다듬은 돌들"(hewn stones)의 뜻에서 잘 알 수 있습니다. 왜냐하면 "돌들"은 진리들을 뜻하기 때문입니다(8940항 참조). 그리고 "다듬는다" 또는 적합하게 만든 것들은 진리들을 꾀하고, 또는 궁리하는 것을 뜻하고, 또한 자기 고유속성에서, 또는 자기총명으로부터 유사(類似)한 진리들과 같은 것들을 날조(捏造)하는 것을 뜻합니다. 왜냐하면 자기 고유속성이나 자기총명에서 창안되고, 날조된 것들은 사람에게서 온 그들의 생명을 가지고 있는데, 그 생명은 결코 생명을 가지고 있지 않기 때문입니다. 그 이유는 사람의 고유속성(固有屬性·自我)은 악 이외에는 아무것도 아니기 때문입니다(210·215·694·874-876·987·1047·5660·5786·8480항 참조). 이에 반하여 사람의 고유속성에서 온 것이 아니고, 오히려 신령존재에게서 온 것은 본질적으로 생명을 가지고 있습니다. 그 이유는 모든 생명은 신령존재에게서 오기 때문입니다. 여기서는 진리에게서 온 주님예배가 다루어지고 있습니다. 왜냐하면 이 예배는 "돌로 만든 제단"이 뜻하기 때문입니다

(8940항 참조).

[2] 진리들로 말미암아 주님께서 예배 받으시는 그것들은 오직 성언에서 취해지는 것인데, 왜냐하면 성언에 속한 모든 구체적인 것들 안에는 신령존재에게서 온 생명이 있기 때문입니다. 진리들이 어느 누구의 고유속성에서 취해졌을 때 그것들은 존경받고, 그리고 그것들의 목적으로서 이 세상에 있는 모든 것에 비하여 높은 위엄이나 존엄을 가질 것이고, 그리고 마찬가지로 모든 사람들에 비하여 월등한 이 세상적인 소유들이나 재물을 가질 것입니다. 그러므로 그들은 그것들 안에서 자기사랑과 세상사랑을 가지고, 따라서 복합체로서 모든 악들을 취할 것입니다(7488 · 8318항 참조). 그러나 성언에서 비롯된 진리들은 존경받고, 그리고 그것들의 목적으로서 영생(永生)을 취할 것이고, 그리고 그것들 안에 있는 주님사랑과 이웃사랑을 취할 것이고, 따라서 복합체적으로 모든 선들을 차지할 것입니다. 진리들이 어느 누구의 자기 자아에서 꾸며지게 되면, 또는 자기 총명에서 생겨나게 되면, 그들은 신령존재에게서 비롯된 진리들도 다스리게 됩니다. 그 이유는 이런 것들은 그것들을 확증하기 위하여 적용되기 때문입니다. 그럼에도 불구하고 그 반대의 경우가 있게 되면, 다시 말하면 신령존재에게서 비롯된 진리들이 다스리게 되고, 그리고 자기 총명에서 온 것들은 그것들을 섬길 것입니다. 자기의 고유속성이나 또는 자기 총명에서 비롯된 그런 진리들은 진리들이라고 불리우지만, 그러나 그것들은 진정한 진리들이 아닙니다. 그것들은 외적인 형체 안에서 다만 진리들처럼 보일 뿐입니다. 왜냐하면 그것들은 성언의 문자적인 뜻에서 비롯된 적용들에 의하여, 그리고 추론들에 의하여 마치 진리들처럼 표현되었기 때문입니다. 반면에 내적인 형체에서는 그것들은 거짓들입니다. 그것들이 무엇이고, 성품이 어떤 것인지는 8923항을 참조하십시오.

[3] 이 세상에는 자기총명에서 비롯된 두 가지 광신(狂信)적인 것

들이 있는데, 하나는, 그것 안에 자기사랑이나 세상사랑이 전부 들어 있는 것이고, 그리고 그 종교성은 성경에서 "바벨"이라고 불리우는 것입니다. 그것은 내적으로는 자기사랑이나 세상사랑으로 말미암아 모독되었고, 그리고 외적으로는 그것을 확증하기 위하여 적용된 성언으로 말미암아 거룩합니다. 또 다른 광신적인 것은 그것 안에 자연에 속한 빛이 전부인 것입니다. 이런 것 안에 있는 자들은, 그들이 이해되지 않는 것은 진리로서 전혀 시인하지 않았습니다. 이 종교성으로 인하여 몇몇은 성언을 시인하지만, 그러나 그들은 성언을 확증을 목적해서 적용하고, 따라서 써먹기 위하여 적용합니다. 그러나 몇몇은 성언을 시인하지 않습니다. 그러나 이런 자들은 신령존재가 자연 안에 있다고 합니다. 왜냐하면 자연의 존재인 그것들의 빛이 자연에 들어왔기 때문이고, 그리고 천계의 빛에 의해서는 전혀 빛을 받을 수 없기 때문입니다. 그 이유는 그들은 모든 조요(照耀)가 비롯된 성언을 거부, 배척하기 때문입니다. 이런 두 종류의 종교성에서 온 자들은 지옥에 있는데, 그 이유는 그들은 천계적인 생명이 결여되었기 때문인데, 그래서 그들은 그들이 성언을 부인, 배척하기 때문에 천계적인 성언을 적용하는 자들 중에 몇몇은 성언을 자신들의 마음에서는 아무런 느낌도 가지지 않습니다. 그러나 보통 사람들에게 있는 그것의 권위 때문에 그들은, 그들의 총명에 속한 고안(考案)이나 방책(方策)에 무게를 두기 위하여 이런 씀씀이를 위하여 그것을 사용합니다. 이상의 모든 것에서, 다듬은 돌을 써서 쌓으면 안 된다는 제단이 영적인 뜻으로 무엇을 뜻하는지 잘 알 수 있겠습니다.

[4] "다듬은 돌"은 아래 장절에서 알 수 있듯이 자기 총명에서 비롯된 것을 뜻합니다. 구약 예언서의 말씀입니다.

모든 백성,
곧 에브라임과 사마리아 주민은,

하나님께서 그들을 심판하실 것을
마침내는 알게 될 터인 데도,
교만하고 오만한 마음으로
서슴치 않고 말하기를
"벽돌집이 무너지면,
다듬은 돌로 다시 쌓고,
뽕나무가 찍히면,
백향목을 대신 심겠다" 한다.
(이사야 9 : 9, 10)
살려 달라고 소리를 높여 부르짖어도
내 기도를 듣지 않으시며,
다듬은 돌로 담을 쌓아서
내 앞길을 가로막아,
길을 가는 나를 괴롭히신다.
(애가 3 : 8, 9)
너희가 가난한 사람을 짓밟고
그들에게서 곡물세를 착취하니,
거기에서 살지는 못한다.
너희가 아름다운 포도원을 가꾸어도
그 포도주를 마시지 못한다.
(아모스 5 : 11)

이 장절들에서 "다듬은 돌"은 자기총명에서 비롯된 믿음의 사안들 안에 있는 그런 것들을 뜻합니다.

[5] "다듬은 돌"의 뜻이 이러하기 때문에, 그러므로 이스라엘 자손들이 요단 강을 건넌 뒤 가나안 땅에서 제일 먼저 축성(築城)하여야 할 제단은 다듬지 않은 돌로 쌓아야 했습니다. 왜냐하면 요단 강의 도강(渡江)은 주님나라의 입성(入城)을 뜻하기 때문입니다. 그리고 그러한 일은 믿음에 속한 진리들에 의하여 이루어지기 때문입니다. 따라서 이 제단에 관해서는 이렇게 기술되었습니다. 여호

수아서의 말씀입니다.

> 그 뒤에, 여호수아는 에발 산 위에 주 이스라엘의 하나님을 섬기려고 제단을 쌓았다. 그것은 주의 종 모세가 이스라엘 자손에게 명령한 대로, 또 모세의 율법책에 기록된 대로, 쇠 연장으로 다듬지 아니한 자연적으로 쌓은 제단이었다. 그들은 그 위에서 번제와 화목제를 주께 드렸다.
> (여호수아 8 : 30, 31 ; 신명기 27 : 1-8)

[6] 이와 마찬가지로 예루살렘의 성전도 다듬지 않은 돌로 건축되었습니다. 그것에 관해서 열왕기 상서에는 이렇게 기술되었습니다.

> 돌은 채석장에서 잘 다듬어낸 것을 썼으므로, 막상 성전을 지을 때에는, 망치나 정 등, 쇠로 만든 어떠한 연장 소리도, 성전에서는 전혀 들리지 않았다.
> (열왕기 상 6 : 7)

왜냐하면 주님의 성전은 신령진리의 측면에서 주님을 뜻하기 때문입니다. 성전이 주님을 표징한다는 것은 주님 당신께서 친히 요한복음서 2장 19, 21, 22절에서 가르치셨습니다. 그리고 주님께서 신령진리의 측면에서 성전에 표징된다는 것은 이 진리가 거기에서 가르치신 진리이기 때문입니다. 이런 이유 때문에 성전은 돌로 건축되었습니다. 그 이유는 "돌"이 신령진리를 뜻하기 때문입니다(8940항 참조). 따라서 역시 주님께서는 "이스라엘의 반석"이라고 불리셨습니다(6426항 참조).

[7] 이렇게 볼 때 제단의 돌이 뜻하는 것이 무엇인지, 그리고 성전의 돌이 뜻하는 것이 무엇인지 잘 알 수 있겠습니다. 마찬가지로 돌이 전체적으로나 다듬지 않은 돌이 뜻하는 것이 무엇인지도 잘 알 수 있겠습니다. 다시 말하면 종교가 주님에게서 비롯된 진리들

에 의하여, 따라서 성언으로 말미암아 세워졌지만, 자기총명에 의해서 세워지지 않았다는 것도 잘 알 수 있겠습니다. 자기총명에서 비롯된 진리들은 이사야서에서 이와 같이 기술되었습니다. 이사야서의 말씀입니다.

> 우상이란 대장장이가 부어 만들고,
> 도금장이가 금으로 입히고,
> 은사슬을 만들어 걸친 것이다.
> 금이나 은을 구할 형편이 못되는 사람은
> 썩지 않는 나무를 골라서 구하여 놓고,
> 넘어지지 않을 우상을 만들려고
> 숙련된 기술자를 찾는다.
> (이사야 40 : 19, 20)

"우상"(偶像 · a graven image)은 어느 누구의 고유속성(=自我)에서 비롯된 종교성을 뜻하는데, 그것은 신령존재로 예배하기 위하여 세워졌습니다(8869항 참조). "대장장이"는 자신의 고유속성에서 고안하고, 날조하는 자들을 뜻합니다. 그들이 진리들처럼 보이기 위한다는 것이 "금으로 도금하였다"라는 말에 의하여 기술되었습니다. 그리고 "은사슬을 만들었다" "숙련된 기술자를 찾는다"라는 것에 의하여 기술되었습니다.

[8] 다시 이사야서의 말씀입니다.

> 우상을 만드는 자들은 모두
> 허망한 자들이다.
> 그들이 좋아하는 우상은
> 아무 쓸모가 없는 자들이다.
> 이런 우상을 신이라고 증언하는 자들은
> 눈이 먼 자들이요, 무지한 자들이니,
> 마침내 수치만 당할 뿐이다.……

그런 무리는 모두 수치를 당할 것이다.
대장장이들은 사람일뿐이다.
그들을 모두 불러모아 법정에 세워라.
그들은 두려워 떨며, 수치만 당할 것이다.
철공은 그의 힘센 팔로 연장을 벼르고,
숯불에 달구어 메로 쳐서,
모양을 만든다.
이렇게 일을 하고 나면,
별 수 없이 시장하여 힘이 빠진다.
물을 마시지 않으면, 갈증으로 지친다.
목공은 줄을 늘여 나무를 재고,
석필로 줄을 긋고,
대패질을 하고,
걸음쇠로 줄을 긋는다,
그렇게 해서 사람의 아름다운 모습을 따라,
우상을 만들어 신전에 놓는다.
(이사야 44 : 9, 11-13)

이 구절에서도 역시 자기총명에서 비롯된 종교성이 기술되었습니다. 예레미야서의 말씀도 마찬가지입니다.

이방 사람이 우상을 숭배하는 풍속은
허황된 것이다.
그들의 우상은 숲 속에서 베어 온 나무요,
조각가가 연장으로 다듬어서 만든
공예품이다.
그들은 은과 금으로 그것을
아름답게 꾸미고,
망치로 못을 박아 고정시켜서,
쓰러지지 않게 하였다.
(예레미야 10 : 3, 4)

호세아서의 말씀입니다.

그런데도 그들은 거듭 죄를 짓고 있다.
은을 녹여 거푸집에 부어서
우상들을 만든다.
재주껏 만든 은 신상들,
그것들은 모두
세공업자들이 만든 것인데도,
그들은,
이 신상 앞에 제물을 바치라고 하면서,
송아지 신상들에게 입을 맞춘다.
(호세아 13 : 2)

성언에서 비롯된 것이 아니고, 자기총명에서 만든 종교성의 속뜻으로 "우상들" "이방 신들"이 뜻하고, "거푸집에서 만든 우상들"이나 "우상들"이 뜻합니다. 왜냐하면 저기총명에서 비롯된 것들은 아무것도 아니기 때문입니다. 그 이유는 본질적으로 그것들은 죽은 것이고, 그럼에도 불구하고 살아 있는 것으로 경배되었기 때문입니다.

8942. "너희가 만약에 돌에 정을 대면……."

이 말씀이 만약에 그것이 어느 누구의 고유속성(=자아)에서 온 것이라면을 뜻한다는 것은 날조된 진리를 가리키는, 따라서 어느 누구의 고유속성에서 비롯된 진리를 가리키는 "정"(=도구 · tool)의 뜻에서 잘 알 수 있습니다. 왜냐하면 "정"은 쇠로 만들어졌는데, 그것에 의하여 돌을 깨고, 어떤 형체를 만들기 때문입니다. 그러므로 여기서 그것은 사람의 고유속성(=자아 · 自我)을 가리킵니다. 왜냐하면 이런 모양들(fashions)은, 그들이 진리의 형체에서 드러내 보이기 위한 종교에 속한 그런 것들이기 때문입니다. "도구" 대신에 낱말 "쇠"(鐵)가 가끔씩 사용되기도 하고, 때로는 "도끼"(axe)가 사용되기도 합니다(신명기 27 : 5 ; 여호수아 8 : 30, 31 ; 열왕기 상 6 : 7 ; 이사야 44 : 11, 12 ; 예레미야 10 : 3). 그리고 이런 도구들이나 연장들은 총명에 속한 것들이나 날조된 것들을 뜻합니다.

8943. "그 돌이 부정을 타게 된다"(=그것을 부정하게 하는 것이다).

이 말씀이 그 때 거기에 결코 예배가 없을 것이라는 것을 뜻한다는 것은 거기에 그 어떤 예배도 있지 않게 하는 것을 일으키는 것을 가리키는 "부정을 타게 한다"라는 말의 뜻에서 잘 알 수 있습니다. 왜냐하면 자기총명에서 비롯된 예배는 본질적으로 생명이 결여(缺如)되었기 때문입니다. 아니, 그것은 영적으로 죽은 것이기 때문입니다. 왜냐하면 사람의 고유속성은 악 이외에 아무것도 아니기 때문입니다. 그러므로 만약에 신령예배가 그것으로 말미암아 행해진다면 이 예배는 우상숭배, 또는 조각된 것이나, 주조(鑄造)된 것의 예배 이외의 그 어떤 것도 아니기 때문입니다. 그리고 그 안에는 전혀 영(靈)이 없습니다. 다시 말하면 생명이 전혀 없습니다. 그러나 그 예배가 성언에게서 비롯된 것이면 홀로 신령예배를 위하여 쓸모 있는 값진 것입니다. 그 이유는 그 예배는 본질적으로 살아 있기 때문입니다. 왜냐하면 성언의 모든 것 안에는 영적인 뜻이 있고, 그리고 그것은 주님의 나라를 다루고 있기 때문입니다. 그리고 영적인 뜻 안에는 신령존재가 계시는데, 그 이유는 성언의 극내적인 뜻으로 성언은 오직 주님만을 다루고 있기 때문입니다. 이것으로 말미암아 성언은 신성(神性)하고, 그리고 성언의 생명이 존재합니다. 그리고 다른 근원에서 온 것은 그렇지가 않습니다. 성언은 하나의 신령한 사람과 같습니다. 그리고 성언의 문자적인 뜻은 이른바 그의 몸과 같지만, 그러나 영적인 뜻은 말하자면 그의 영혼과 같습니다. 이러한 사실은 문자적인 뜻은 속뜻을 통하여 생명을 가지고 있다는 것을 입증합니다. 그것은 마치 문자적인 뜻이 속뜻을 통하여 사라지고, 죽는 것 같이 보입니다. 그러나 그와는 정반대로 그것은 소멸(消滅)되지도 않고, 더욱이 죽는 것은 아닙니다. 그러나 속뜻을 통하여 그것은 살아 있습니다. 이렇게 볼 때, 진정한 신령 예배는 그것의 존재 자체를 성언에 속한 모든 것들로부터 취한다는 것을 잘 알 수 있겠습니다. 그리고 자기총명에 속한 것들에게서는 그 경우가 전혀 아닙니다. 그러므로 우리의 본문 "너희가 제단의 돌에 정(=도구)을 대면, 그 돌이 부정을 타게 된다"라는 말씀이 뜻하는 것은 만약에 성언에서 착안(着眼)한 것이 아니고, 자기총명에서 신령예배에 있어야 하는 것이 비롯된 것이라면 거기에 진정한 예배가 없다는 것을 뜻한다는 것입니다.

8944. 이 세상에서 믿고 있는 것은 사람은, 종교에 속해 있는 수많은 것들을 자연에 속한 빛으로 말미암아, 따라서 계시(啓示)가 없이도, 알 수 있다는 것입니다. 예를 들면, 하나님이 계신다는 것, 그리고 그분은 예배 받아야 한다는 것, 그리고 또한 그분은 사랑받아야 한다는 것, 그리고 마찬가지로 사람은 사후(死後)에도 살아 있다는 것, 그리고 이런 것에 의존(依存)된 수많은 다른 것들이 되겠습니다. 그럼에도 불구하고 이런 것들은 자기총명에서 비롯된 그런 것들입니다. 그러나 나는 나 자신에 속한 수많은 경험에 의하여 가르침을 받았습니다. 그리고 계시가 없다면 사람은 신령한 것들에 관하여 그 어떤 것도 알지 못한다는 것이고, 그리고 천계적인 삶이나 영적인 삶에 속한 것에 관해서도 아무것도 알지 못한다는 것입니다. 왜냐하면 사람은 자기사랑이나 세상사랑에 속한 악들 가운데 태어났기 때문입니다. 그것들이 바로 천계에서 오는 입류를 받아들이지 않고, 내쫓는 그런 성질이기 때문입니다. 그리고 그 성질은 지옥으로부터의 유입을 개방하고 있습니다. 따라서 이런 것들은 사람을 장님으로 만들고, 그리고 사람으로 하여금 신령한 것이 있다는 것을 부인하게 하고, 그리고 또한 천계와 지옥이 있다는 것이나, 사후 삶이 있다는 것을 부인하게 합니다. 이러한 사실은 이 세

상의 유식한 자들에게서 아주 명확합니다. 유식한 자는 지식들에 의하여 다른 자들의 빛에 비하여 월등히 자기 본성에 속한 빛을 옮깁니다. 왜냐하면 이들이 신령존재를 부인한다는 것, 그리고 신령존재 대신에 자연을 인정한다는 것, 다른 것들에 비하여 더욱 그러하다는 것은 잘 알려져 있기 때문입니다. 그리고 또한 그들이 교리가 아니고, 마음에서 말할 때, 그들은 사후의 삶을 부인하고, 마찬가지로 천계와 지옥을 부인하고, 결과적으로는 그들이 보통사람을 구속하는 것이라고 말하는, 믿음에 속한 모든 것들을 부인합니다. 여기서 얻는 명확한 사실은, 계시가 없는 자연에 속한 빛의 성질이 무엇인지 잘 알 수 있다는 것입니다. 이러한 것은 자연적인 신학(natural theology) 위에 저술한 수많은 사람들이 잘 입증해 주고 있고, 그들의 성품에 속한 빛으로부터 그들은 그들의 교회에 속한 교리에 속한 그런 것들을 능숙하게 확증하고, 그리고 저 세상에서는 동일한 것들을 마음 속에서 다른 자에 비하여 매우 능숙하게 부인합니다. 그리고 그들은 성언 자체를 부인하고, 그들은 그 성언까지도 전적으로 파괴하려고 합니다. 왜냐하면 저 세상에서는 마음으로 말하기 때문입니다. 입증된 사실은, 동일한 사람은 천계에서 오는 입류는 전혀 받을 수 없고, 다만 지옥에서 오는 것만을 수용한다는 것입니다. 그러므로 여기서 얻는 결론은 계시 밖에 있는 자연에 속한 빛의 성질이 무엇이지 잘 알 수 있다는 것입니다. 결과적으로 사람의 고유한 총명에서 오는 그것의 성질이 무엇인지 잘 알 수 있다는 것입니다.

[2] 그러나 이 주제에 관해서 마음을 의심의 상태로 몰고 가는 두 가지 문제들이 야기됩니다. 그 첫째는 이방 사람들이었던 고대 사람들은 그럼에도 불구하고 신령한 것이 있다는 것을 알지 못하였다는 것이고, 그리고 이 존재는 예배를 받아야 한다는 것, 그리고 사람은 영혼의 측면에서 불사(不死)적이라는 것입니다. 그 둘째는 이러한 것들은 오늘날 그들에게는 계시가 없지만, 수많은 민족에게

잘 알려져 있다는 것입니다. 그러나 고대 사람들을 살펴보면, 그들은 그들 자신의 성품에 속한 빛으로 인하여 이런 것들을 안 것이 아니고, 오히려 교회에서 그들에게 널리 퍼져나간 계시에서 비롯되었다는 것입니다. 왜냐하면 주님의 교회는 태고시대부터 가나안 땅에 있었기 때문입니다(3686 · 4447 · 4454 · 4516 · 4517 · 5136 · 6516항 참조). 이런 근원에서 비롯된 그런 것들은 주위의 여러 민족들에게 퍼져나간 신령예배에 관한 것이었습니다. 그리고 마찬가지로 이웃하는 그리스 사람들이나, 그리고 이들에게서부터 이태리 사람들, 즉 로마 사람들에게 퍼져나갔습니다. 이 근원에서 그리스 사람이나 로마 사람들은 최고 신성존재(the Supreme Deity)를 시인하였고, 그리고 영혼의 불멸(不滅)이나 그들의 유식한 자들이 저술한 것에 관해서 시인하였습니다.

[3] 오늘날 하나의 신령존재가 있다는 것, 그리고 사후에 삶이 있다는 것 등을 알고 있는 민족에 관해서 살펴보면 이들은 이 지식을 그들 자신의 성품에 속한 빛으로 말미암아 가진 것이 아니고, 오히려 고대 때의 그들에 의하여 유래(由來)된 종교성에서 시인하고 있습니다. 그것은, 계시를 가지고 있었던 교회에서부터 다종다양한 방법으로 퍼져나간 그런 것들 위에 터를 잡고 있습니다. 이러한 사실은 곧 주님의 신령섭리(神靈攝理 · the Lord's Divine Providence)입니다. 더욱이 그들의 종교성으로부터 신령존재가 삼라만상(森羅萬象)을 다스리신다고 시인하는 자들 중에는, 그리고 그들의 종교성으로 말미암아 그들의 이웃에 대한 인애에 속한 의무들을 수행하는 자들 중에는, 그들이 저 세상에서 교육을 받고, 믿음에 속한 진리들을 수용하고, 그리고 구원을 받습니다(2589-2604항 참조).

8945. "너희는 제단에 층계를 놓아서는 안 된다."

이 말씀이 천적인 것을 가리키는 내면적인 것들에의 고양(高揚)이 전혀 없다는 것을 뜻한다는 것은 자신의 자아(=고유속성)를 보다 높은 것, 즉 내면적인 것들에게 일으켜 세우는 것을 가리키는 "너는 계단으로 제단에 올라가지 말라"는 말의 뜻에서 잘 알 수 있습니다. 우리가 "내면적인 것들"이라고 말을 하든, "보다 높은 것들"이라고 말하든 그것은 동일합니다. 왜냐하면 내면적인 것들은 높은 것들로 보이기 때문입니다(2148 · 3084 · 4210 · 4599항 참조). 그리고 또한 주님의 으뜸되는 표징을 가리키는 "제단"의 뜻에서(921 · 2777 · 2811항 참조), 따라서 "너는 계단으로 내 제단에 올라간다"라는 말은 자기 고유속성(=자아)을 주님에게 내세우는 것을 뜻합니다. 결과적으로 천적인 것들인 내면적인 것들에게 대하여 자기 자아를 내세우는 것을 뜻합니다. 왜냐하면 주님께서는 내면적인 것들 안에 더욱 현존하시기 때문입니다. 극내적인 천계에 있는 그런 것들을 천적인 것이라고 부릅니다. 그리고 중간천계에 있는 것들을 영적인 것들이라고 합니다. 왜냐하면 천계는 두 왕국으로 분별되기 때문입니다. 다시 말하면 천적 왕국과 영적 왕국으로 구분됩니다. 천적 왕국에 있는 자들은 극내적 천계, 즉 삼층천에 있고, 따라서 가장 주님 가까이에 있습니다. 왜냐하면 거기에 있는 그들은 주님 사랑 안에 있고, 그리고 이노센스 상태에 있고, 결과적으로는 다른 어떤 천사들에 비하여 매우 월등한 지혜 안에 있기 때문입니다. 그러나 영적 왕국에 있는 자들은 중간천계, 즉 이층천에 있고, 그리고 따라서 주님에게서 매우 멀리 떨어져 있습니다. 거기에 있는 자들은 이웃을 향한 사랑인 인애 안에 있고, 그리고 인애를 통하여 주님과 함께 있습니다. 이들 두 왕국과 그들의 차이에 관해서는 2048 · 2088 · 2227 · 2507 · 2669 · 2708 · 2715 · 2718 · 3235 · 3246 · 3374 · 3887 · 4448 · 4585 · 4938 · 4939 · 5113 · 5922 · 6367 · 6435 · 7877항을 참조하십시오.

[2] 내면적인 것들을 향한 제고(提高)에 관해서 그 경우가 어떠한 것인지 몇 마디 부연하고자 합니다. 여기서 내면적인 것들에 대한 제고는 곧 우리의 본문인 "층계에 의하여 제단에 올라가는 것"이

뜻하는 천적인 것들에의 제고를 뜻합니다. 저 세상에서는 자신이 처해 있는 선의 계도 이상으로 천계에 보다 높이 올리워지는 것은 어느 누구에게도 허락되지 않습니다. 왜냐하면 만약에 어느 누구가 높이, 그의 오염(汚染)이 올리워진다면, 다시 말하면 그의 애욕들에게 속한 온갖 악들이나, 그것에서 비롯된 것들은 아주 명확하게 드러나기 때문입니다. 왜냐하면 천계에서는 내면적이면 그럴수록 순결하고 거룩하기 때문입니다. 보다 더러운 상태에 있는 자들은 보다 낮은 영역에 있는데, 그 곳에서 그들의 추잡함이나 불결들이 지각되지 않고, 그리고 그렇게 나타나지 않습니다. 그 이유는 그들은 아주 조잡한 선 안에 있고, 보다 불영명한 진리 안에 있기 때문입니다.

[3] 가끔, 그들이 보다 큰 기쁨이나 즐거움을 거기에서 누릴 것이라고 믿기 때문에 천계에 들어온 자들은 보다 더 내면적인 천계에 오르기를 열망합니다. 그들에게 고착(固着)되어 있는 이 열망이 이동하기 위하여 그들은 사실 보다 더 내면적인 천계에 올리워집니다. 그러나 그들이 거기에 갔을 때 그들은 자기 자신들의 애욕에 속한 악들 때문에 고통을 받기 시작합니다. 그 때 악들은 자기 자신들의 지각에 이르게 되고, 그리고 그들은 역시 그들에게 있는 온갖 악들에게서 비롯된 거짓들에 의하여 추악한 몰골이 됩니다. 이런 것들을 지각하기 때문에 그들은 자기 자신들을 보다 내면적인 천계로부터 아래로 내동댕이치고, 그리고 그들이 종전의 처지에 이르기까지는 평온이나 평화의 상태로 바뀌지는 않습니다. 이런 일련의 모든 것들이 우리의 본문 계율인 "너희는 제단에 층계를 놓아서는 안 된다. 그것을 밟고 올라설 때에, 너희의 알몸이 드러나서는 안 되기 때문이다"라는 말이 뜻하는 것입니다.

[4] 이 경우는 천계 아래에 있는 자들에게도 꼭 같습니다. 만약에 그들이 준비하기 전에 천계에 올리워기를 열망한다면, 그들이 거기에 올리워졌다면 그들은 거의 지옥적인 고통을 느낄 것이고, 그리

고 자신들에게는 마치 자신들이 송장처럼 보일 것입니다. 심지어 그들에게 있는 생활은 그들이 죽음의 고통에 있는 자들의 삶과 같이 고생을 할 것입니다. 그러므로 그들은 머리를 아래로 하고 쑤셔 박을 것이고, 그리고 그런 일이 있은 뒤에는 그들은 그들이 있는 처지의 삶의 상태 이상으로 올라가기를 더 이상 열망하지 않을 것입니다.

[5] 저 세상에서 천계는 주님에 의하여 그 누구에게도 부인되지 않는다는 것과 그리고 수많은 사람들이 열망하듯이 모두에게 허용된다는 것을 주지하여야 하겠습니다. 천계는 이웃사랑과 주님사랑에 속한 선 안에 있는 천사들의 사회들 안에 존재합니다. 어느 누구에게 천계가 허용되었을 때 그들은 그런 사회들에게 인도됩니다. 그러나 그 때 그들의 생명의 영기(靈氣)가, 다시 말하면 그들의 사랑에 속한 삶이 일치하지 않는다면 그 때 충돌과 다툼이 일어나고, 그리고 그것으로부터 그들은 심히 괴로워하고, 기가 꺾이고, 우울한 상태에 빠집니다. 이런 식으로 그들은 천계에 속한 삶에 관해서 배우게 되고, 그리고 서로 비교하는 가운데 그들 자신의 삶의 상태를 배우게 되고, 또한 이것은 이 세상에서도 일반적인 소견이지만, 어느 누구도 단순하게 용납되고, 허용된다는 것에 의하여 천계를 소유하지 못한다는 사실에 관해서도 배우게 됩니다. 사람은, 그의 이 세상의 삶에 의하여 그가 있는 천계에 있는 자들과 같은 그런 인품이 될 수 있다는 것도 배우게 됩니다. 경험을 통해서 이 주제에 관해서 이미 설명된 내용을 참조하십시오(3938 · 4225 · 4226 · 4299 · 4674 · 5057 · 5058 · 7186 · 7519 · 8794 · 8797항 참조). 이러한 것들이 우리의 본문 계율, 즉 "너희는 제단에 층계를 놓아서는 안 된다. 그것을 밟고 올라설 때에 너희의 알몸이 드러나서는 안 되기 때문이다"라는 계율이 뜻하는 것입니다. 그리고 그 내용은 출애굽기서 28장 42, 43절의 계율이 뜻하기도 합니다.

[6] "층계를 밟고 올라간다"라고 언급되었는데, 그 이유 때문에

내면적인 것들로서 고양(高揚)이 영들의 세계에서 나타나 보이는데 거기에서는 천적인 것들이나 영들의 것들이 이 세상에 있는 동일한 형체들 안에 나타나 보입니다. 그것은 마치 층계들을 통하여 오르는 것과 같이 보입니다. 이 표징은 내가 보도록 자주 허락된 것입니다. 이런 이유 때문에 야곱에 의하여 그의 꿈에서 사닥다리 계단에 의하여(창세기 28 : 12), 주님에게 오르는 천사들이 보여졌습니다. 그러므로 성경에서 "계단들"(=층계들)은 보다 높은 것들에 오르는 것을 뜻합니다. 다시 말하면 내면적인 것들에 오르는 것을 뜻합니다(에스겔 40 : 6, 22, 26, 31, 34). 그리고 아모스서에서도 마찬가지입니다.

하늘에 높은 궁전을 지으시고(=하늘에 그의 층들을 짓고),
땅 위에 푸른 하늘을 펼치시며,
바닷물을 불러 올려서 땅 위에 쏟으신다.
그분의 이름은 '주'이시다!
(아모스 9 : 6)

8946. "너희의 알몸이 드러나서는 안 되기 때문이다."
이 말씀이, 그 때 그 개념이 명확하게 드러나게 될 그것들에 관해서 거짓들로 가득한 생각(思想)에 속한 개념을 뜻한다는 것은 그것이 진리들의 결핍(缺乏)을 가리키는(5433항 참조) "알몸"(裸體)의 뜻에서, 따라서 거짓들로 가득 찬 생각(思想)의 개념을 가리키는, "알몸"의 뜻에서, 그리고 명료하게 드러난 것을 가리키는 "드러난다"라는 말의 뜻에서 잘 알 수 있습니다. 여기의 경우가 어떠한 것인지는 바로 위에서 설명되었습니다(8945항 참조). 다시 말하면 사람·영·천사는, 그들이 내면적으로 천계에 올리워졌을 때, 그의 생명들의 측면에서 그런 존재로 나타납니다. 다시 말하면 진리들에 관한 그의 생각(=이해)에 속한 생명의 측면에서, 선들에 관한 그의 의지에 속한 생명의 측면에서 그런 존재로 나타납니다. 왜냐하면 내면적이면 그럴수록, 보다 더 순수한 선이나 보다 더 순수한 진리들을 가리키는 천계로 전진하기 때문입니다. 그러므로 생각(=이해)에 속한 거짓들이나 의지에 속한 악들이 드러나지 않고, 오히려 숨겨지기 위하여 그것들은 낮은 영역에 갇혀 있습니다. 그들은 그 영역에서 상대적으로 영명(英明)하지 않은 빛 안에 있습니다. 이렇게 볼 때 "여호와를 볼 수 없고, 보는 자는 죽을 것이다"라는 말의 뜻이 무엇인지 잘 알 수 있겠습니다. 왜냐하면 여호와(=주님)는 순수한 사랑이고, 그분에게서 순수한 빛이 오기 때문입니다. 그리고 이런 것들 안에서 보인다는 것은 소멸할 것이기 때문입니다. 그러므로 천계에 잇는 천사들은 구름으로 가리워져 있고(6849항 참조), 지옥에 있는 자들은 짙은 구름에 쌓여 있습니다(3340·8137·8138·8814·8819항 참조). 왜냐하면 거기에서의 구름은 거짓들이기 때문입니다.

토성(土星)의 영들이나 주민들에 관한 속편

8947. 그 지구에서 온 영들과 그리고 마찬가지로 그 지구 자체가 무릎 아래 낮은 영역의 평면 아주 먼 거리의 정면에 나타났습니다. 눈이 거기를 향하였을 때 그 지구에서 온 수많은 영들의 무리가 시야에 들어왔습니다. 그들은 그 지구의 오른쪽 측면에서 보였습니다.

8948. 나에게 그들과 대화를 하는 것이 허락되었습니다. 나는 그들과의 대화에 의하여 다른 자들과의 비교로 그들의 성품을 아는 것도 허락되었습니다. 그들은 정직하였고, 그리고 겸손하였습니다.

그들은 자기 자신을 다른 자들과 비교하여 작은 존재로 여겼기 때문에, 그러므로 저 세상에서 그들은 작게 나타났습니다. 왜냐하면 저 세상에서의 모두의 외현(外現)은 그의 마음과 일치하고, 그의 삶과 일치하기 때문입니다.

8949. 그들은 예배 때에는 아주 겸손하였습니다. 왜냐하면 예배 때 그들은 자신들을 아무것도 아닌 존재로 여기기 때문입니다. 그들은 우리 주님을 예배하였고, 그리고 그분을 유일하신 한 분 하나님으로 시인하였습니다. 왜냐하면 주님께서 가끔 그 지구의 사람들에게 천사적인 모습으로, 따라서 하나의 사람으로 나타나시기 때문입니다. 그 때 신령존재께서는 그분의 얼굴에서 광채를 발하시고, 그리고 그들의 마음을 감동시키셨습니다. 더욱이 그 주민들이 적정의 나이가 되면, 그들은 영들과 대화를 하는데, 그 영들은 주님에 관하여, 그리고 어떻게 그분을 예배하는 지에 관해서, 그리고 그들이 어떻게 살아야 하는지에 관하여 그들을 가르칩니다.

8950. 어떤 자가 그 지구의 영들을 나쁜 길로 인도하려고 했을 때, 그리고 그들을 주님을 믿는 믿음에서, 그리고 그분에 대한 겸비(謙卑)의 상태에서, 그리고 정직한 삶에서 떼어 놓으려고 하였을 때 그들은, 그렇게 되느니 차라리 자신들이 죽는 것이 났다고 말하였습니다. 그들의 손에 작은 칼들이 보였습니다. 그들은 그 칼들에 의하여 자신들의 가슴을 찌르려고 하는 것같이 보였습니다. 그들이 왜 그와 같이 하는지에 대해서 질문을 받았을 때, 그들은 그들이 주님에게서 떠나는 것 보다는 오히려 죽는 것이 더 났다고 대답하였습니다. 가끔 우리 지구의 영들은 이런 것들에 대하여 비웃고, 그리고 그들이 왜 그런 일을 하는지 수많은 질문들을 가지고 그들을 공격, 괴롭힙니다. 그러나 그들은 그들이 자기 자신들을 살해(殺害)하지 않으려는 것을 너무나도 잘 알고 있다고 대답하였습니다. 이러한 자세는 그들의 마음에 속한 바람(will)에서 발출하는 드러냄이라고 대답하였습니다. 그리고 그들은 그들이 주님예배에서 제거되는 것 보다

는 차라리 죽는 것이 더 낫다는 것을 보여 주었습니다.

8951. 그 지구의 몇몇 자들이 있었는데, 그들은 한 밤중의 그들의 빛을 매우 크신 주님이라고 불렀습니다. 그러나 이들은 나머지들에게서 분리되었고, 그리고 그들 가운데 너그럽게 용인되지 않았습니다. 한 밤중의 이 빛은 먼 거리에 있는 그 지구를 에워싸고 있는 매우 큰 벨트(=고리)에서 비추는 것이고, 그리고 토성의 위성(衛星)들이라고 하는 달(月)들에게서 오는 빛이었습니다.

8952. 그들은, 그것이 마치 우리 지구에서 보면 그 지구의 지평선 위에 높이 올리워진 것 같이 보이는 그 큰 벨트에 관해서 질문을 받았습니다. 그리고 그것의 위치는 자주 바뀌었습니다. 그들은, 그들에게는 그것이 하나의 벨트로 보이지 않고, 흰 빛(a snowy light)으로 보인다고 대답하였습니다.

8953. 그 지구의 주민들이나 영들은, 영적인 감관과 자연적인 감관 사이에 있는 사람 안에 있는 것과 관계를 가지고 있었습니다. 그러나 그들은 자연적인 것에서 후퇴하고, 영적인 것에 더 가까이 갔습니다. 그러므로 이런 영들은 자주 천계로 올려지거나 또는 잡아끌려지는 것처럼 그들에게 보였지만, 그 뒤 즉시 되돌아오는 것처럼 보였습니다. 따라서 이러한 일은 번갈아 일어났습니다. 왜냐하면 영적인 감관에 속한 것은 무엇이나 천계에 있기 때문입니다. 그러나 자연적인 감관에 속한 것은 천계 아래에 있기 때문입니다.

8954. 거기에는 도시들도 없고, 왕국들도 없습니다. 다만 그들은 가족들 단위로 구분되어서 살고 있습니다. 각각의 가족은 서로서로 떨어져 있습니다. 따라서 남편과 아내는 그들의 자녀들과 함께 모여서 삽니다. 자녀들이 혼인을 하게 되면, 그들은 자신들의 부모의 집에서 분리됩니다. 그리고 그것에 대해서는 더 이상 관심도 없습니다. 그러므로 그 지구에서 온 영들은 둘씩 둘씩 보입니다.

8955. 우리 지구에서는 전혀 다르지만, 그 지구의 모든 자들은 그들이 죽은 뒤에도 산다는 것을 잘 알고 있습니다. 그러므로 그들

은 자신들의 육체들에 속한 것은, 일상적인 생활에 필요한 정도를 제외하면, 무가치(無價値)한 것으로 여깁니다. 그들은 주님과 함께 있는 것이고, 그리고 주님을 섬기는 것이 제일이라고 말합니다. 이런 이유 때문에, 역시 그들은 죽은 시체(屍體)를 땅에 묻지 않고 오히려 숲에 버리거나, 또는 숲에서 취한 나무들의 가지들로 그 시체를 덮어 둡니다.

8956. 그들은 먹거리나 입는 것에 관해서는 거의 열망하지 않습니다. 그들은 자신들의 땅에서 생산되는 여러 종류의 열매들이나 푸성귀들로 살아갑니다. 그들은 옷을 겨우겨우 입습니다. 왜냐하면 그들은 추위에 피해진, 두터운 가죽이나 외투에 쌓여 있기 때문입니다.

8957. 토성의 지구의 영들이나 주민들에 관한 속편은 다음 장의 말미에서 볼 수 있겠습니다.

≪ 표징적 교회 [21]권≫ 끝

□ 옮긴이 약력

이 영 근 서강대학교 경상대학 경제학과, 중앙대학교 사회개발 대학원 사회복지학과, 한국 새교회 신학원에서 공부하였으며, 예수교회 목사로 임직한 이후 예수교회 공의회 의장을 역임하였고, 월간 「비지네스」 편집장, 월간 「산업훈련」 편집장, 한국 IBM(주) 업무관리부장을 역임하였다. 현재 예수+교회 제일예배당 담임목사이고, 「예수+교회」 발행인 겸 편집인, 도서출판 〈예수인〉 대표이다. 역서로는 스베덴보리 지음 〈순정기독교 상·하〉(공역·1995), 〈최후심판과 말세〉(1995), 우스터 지음 〈마태복음 영해〉(1994), 스베덴보리 지음 〈천계비의1권〉 아담교회·2권 노아교회[1]·3권 노아교회[2]·4권 표징적 교회[1]·5권 표징적 교회[2]·6권 표징적 교회[3]·7권 표징적 교회[4]·8권 표징적 교회[5]·9권 표징적 교회[6]·10권 표징적 교회[7]·11권 표징적 교회[8]·12권 표징적 교회[9]와 13권 표징적 교회[10]·14권 표징적 교회[11]·15권 표징적 교회[12]·16권 표징적 교회[13]·17권 표징적 교회[14]·18권 표징적 교회[15]·19권 표징적 교회[16]·20권 표징적 교회[17]·21권 표징적 교회[18],·22권 표징적 교회[19],·23권 표징적 교회[20], 〈천계와 지옥(上·下)〉(공역·1998), 〈신령사랑과 신령지혜〉(공역·1999), 〈혼인애〉(2000) 〈새로운 교회·새로운 말씀〉(공역·2001), 〈스베덴보리 신학 총서(上·下)〉(2002), 〈영계일기[1]〉(공역·2003)·영계일기[2]〉(공역·2006), 〈영계일기[3]〉(공역·2008), 〈영계일기[4]〉(공역·2009), 〈영계일기[5]·[6]〉(공역·2011), 〈새로운 교회의 사대교리〉(2003), 〈묵시록 해설 1권·2권·3권〉(공역 2008)과, 〈묵시록 계현 1권·2권·3권·4권·5권〉(2009-2010), 저서로는 <이대로 가면 기독교 또 망한다>(2001), 성서영해에 기초한 설교집 <와서 보아라>[1]·[2](2004)와 [3](2005)이 있다.

천계비의 제24권

표징적 교회[21]

—출애굽기 19·20장 영해—

2011년 12월 17일 인쇄
2011년 12월 24일 발행
지 은 이 임마누엘 스베덴보리
옮 긴 이 이 영 근
펴 낸 이 이 영 근
펴 낸 곳 예 수 인

1994년 12월 28일 등록 제 11-101호
(우) 157-014
연락처 · 예수교회 제일예배당 · 서울 강서구 화곡 4동 488-49
전 화 · 0505-516-8771 · 2649-8771 · 2644-2188
대금송금 · 국민은행 848-21-0070-108 (이영근)
우리은행 143-095057-12-008 (이영근)
우 체 국 012427-02-016134 (이영근)

ISBN 97889-88992-10-4 04230(set) 값 14,000원
ISBN 97889-88992-52-4 04230